高职高专**市场营销专业**
工学结合规划教材

商务谈判
（第二版）

庞岳红　编著

清华大学出版社
北京

内 容 简 介

本书根据教育部《全面提高高等职业教育教学质量的若干意见》(教高〔2006〕16 号)文件精神,按照"项目引领,任务驱动"思路,以真实商务谈判活动过程为主线进行结构设计和内容组织,充分体现项目化、任务化和教学做一体化的特征。

全书分为 4 个项目:总揽商务谈判、备战商务谈判、挑战商务谈判、签订与履行商务谈判合同,附录为商务谈判相关能力测试。总揽商务谈判使学生认识商务谈判,掌握商务谈判成功的基本要领;备战商务谈判、挑战商务谈判、签订与履行商务谈判合同全程展开商务谈判技巧的学习以及模拟与实战演练,提升学生的商务谈判技能;附录测试学生商务谈判能力,有针对性地加强商务谈判训练。

本书适合高职高专市场营销类专业、经济类专业、工商管理类专业及相关专业选用,也适合作为商务谈判人员工作实践指导用书或参加营销类考试人员的参考用书。

本书封面贴有清华大学出版社防伪标签,无标签者不得销售。
版权所有,侵权必究。举报: 010-62782989, beiqinquan@tup.tsinghua.edu.cn。

图书在版编目(CIP)数据

商务谈判/庞岳红编著. —2 版. —北京:清华大学出版社,2018(2023.9重印)
(高职高专市场营销专业工学结合规划教材)
ISBN 978-7-302-49247-4

Ⅰ. ①商… Ⅱ. ①庞… Ⅲ. ①商务谈判-高等职业教育-教材 Ⅳ. ①F715.4

中国版本图书馆 CIP 数据核字(2018)第 002973 号

责任编辑:左卫霞
封面设计:傅瑞学
责任校对:袁 芳
责任印制:宋 林

出版发行:清华大学出版社
　　网　　址:http://www.tup.com.cn, http://www.wqbook.com
　　地　　址:北京清华大学学研大厦 A 座　　　邮　编:100084
　　社 总 机:010-83470000　　　　　　　　　　邮　购:010-62786544
　　投稿与读者服务:010-62776969, c-service@tup.tsinghua.edu.cn
　　质量反馈:010-62772015, zhiliang@tup.tsinghua.edu.cn
　　课件下载:http://www.tup.com.cn, 010-83470410

印 装 者:三河市铭诚印务有限公司
经　　销:全国新华书店
开　　本:185mm×260mm　　印　张:14.75　　字　数:350 千字
版　　次:2011 年 6 月第 1 版　　2018 年 2 月第 2 版　　印　次:2023 年 9 月第 5 次印刷
定　　价:49.00 元

产品编号:077954-03

高职高专市场营销专业工学结合规划教材编委会名单

主　　　任：胡德华（丽水职业技术学院）

编委会成员（按姓氏音序排列）：

　　　　　　李凤燕（无锡商业职业技术学院）

　　　　　　李　隽（连云港职业技术学院）

　　　　　　李祖武（安徽工商职业学院）

　　　　　　庞岳红（湖州职业技术学院）

　　　　　　阮红伟（青岛大学高等职业技术学院）

　　　　　　王令芬（台州职业技术学院）

　　　　　　王培才（丽水职业技术学院）

　　　　　　徐汉文（无锡商业职业技术学院）

　　　　　　杨再春（温州科技职业学院）

　　　　　　于翠华（齐齐哈尔大学应用技术学院）

　　　　　　赵　轶（山西省财政税务专科学校）

　　　　　　钟立群（唐山职业技术学院）

策划编辑：左卫霞（zuoer_2002@163.com）

丛书序

我们正面临的是一个快速变化的新营销时代,今天的成功经验还没来得及总结,可能已成为明天进步的阻碍。"微利时代"给企业营销提出了新的挑战。

几乎所有的营销者都希望能像阿里巴巴一样,站在一个宝库的门前,念一句"芝麻开门",就能不费吹灰之力得到里面的"真金白银"。为此,他们也确实下了不少功夫去寻找和学习这种本领;然而,无论学习的是菲利普·科特勒和阿尔·里斯的"咒语",还是大卫·艾克的"法术",最后大多数人都以失败而告终。因为无论那些"咒语"和"法术"如何精妙灵验,如果没有与企业自身的营销实践相结合,没有运用科学的营销方法与策略,也无法显示其威力。

因此,所有的营销者都不应忘记,市场上的宝藏有很多,但是在使用那些灵验的"咒语"之前,先要找到适合自己和企业的营销理论、方法与策略。只有这样,行走在营销大道上的营销者才能穿越无数可能使他们迷失方向的迷雾与陷阱,最终在市场营销的秘密处所运用自己学到的"咒语"和"法术"打开成功的大门。

随着我国社会经济的发展,社会对市场营销人才的需求日益扩大,与此同时,企业在市场上的营销竞争也愈加激烈。因此,培养出高素质和高技能、能够充分适应和满足企业市场营销需要的营销专业人才已成为当前我国高职高专院校和市场营销业界的重要任务。

要培养出一支高素质、高技能的市场营销队伍,前提就是要编写出一套体系科学、内容新颖、切合实际、操作性极强的市场营销专业教材。正是基于这样的需要,我们在广泛征求全国高职高专院校市场营销专业的教授、专家、学者、学生,以及企业营销业界专业人士对市场营销专业教材建设的意见与建议的基础上,成立了高职高专市场营销专业工学结合规划教材编写委员会,组建了一支既具有丰富的市场营销教学科研经验,又拥有丰富的企业营销实践技能的专家、教授、学者和"双师型"教师的编写队伍。

高职高专市场营销专业工学结合规划教材的编写原则与特色如下。

1. 与时俱进,工学结合

为贯彻落实全国职业教育工作会议精神和《国务院关于加快发展现代职业教育的决定》(国发〔2014〕19号)要求,深化职业教育教学改革,全面提高人才培养质量,2015年7月27日教育部发布了《关于深化职业教育教学改革 全面提高人才培养质量的若干意见》(教职成〔2015〕6号),提出坚持校企合作、工学结合,突出做中学、做中教,强化教育教学实践性和职业性。

本系列教材在充分贯彻和落实上述文件精神的基础上,注重市场营销新理论、新方法和新技巧的运用,充分体现了前沿性、新颖性、丰富性等特点。同时又根据高职高专市场营销专业学生毕业后就业岗位的实际需要来调整和安排教学内容,充分体现了"做中学、学中做",方便"工学结合",满足学生毕业与就业的"零过渡"。

2. 注重技能,兼顾考证

本系列教材根据营销专业的岗位知识、能力要求来选择内容,注重理论的应用,不强调理论的系统性和完整性。既细化关键营销职业能力和课程实训,又兼顾营销职业资格的考证,并通过大量案例体现书本知识与实际业务之间的"零距离",实现高职高专以培养高技术应用型人才为根本任务和以就业为导向的办学宗旨。

3. 风格清新,形式多样

本系列教材在贯彻知识、能力、技术三位一体教育原则的基础上,力求在编写风格和表达形式方面有所突破,充分体现"项目引领,任务驱动"和"边做边学,先做后学"。在此基础上,运用图表、实例、实训等形式,降低学习难度,增加学习兴趣,强化学生的素质和技能,提高学生的实际操作能力。同时,力求改善教材的视觉效果,用新的体例形式衬托教材的创新,便于师生互动,从而达到优化学习效果的目的。

由于编者的经验有限,高职高专市场营销专业工学结合规划教材对我们来说还是首次探索,书中难免存在不妥之处,敬请营销业界的同行、专家、学者和广大读者批评与指正,以便我们能够紧跟时代步伐,及时修订和出版更新、更优的教材。

高职高专市场营销专业工学结合规划教材
编写委员会

第二版前言

《商务谈判》自2011年6月出版以来,承蒙广大师生的厚爱,收到了许多宝贵的教材修订建议。为了使《商务谈判》教材更方便师生使用,结合使用教材学校的反馈意见,编著者对原教材进行了修订。

再版后的《商务谈判》在第一版的基础上作了如下修订。

(1) 将谈判过程礼仪、谈判风险的内容由"挑战商务谈判"调整到"备战商务谈判",使教材知识体系更加严谨。

(2) 去掉"同步实务"的业务分析,改为业务讨论,将结论描述改为设置问题,引导学生思考探讨问题。

(3) 更换或添加"小链接"和"特别提示",使教材内容与时俱进,更生动、更实用。

(4) 删除部分陈旧或冗长的"拓展阅读",使教材内容更精练。

(5) 修改教材中难以理解的内容表述,使知识更加通俗和易于掌握。

(6) 将团队考核下的个人评定改为团队考核,去掉"个人实训评分表",强调团队管理能力与协作精神培养。

总之,修订后的《商务谈判》知识体系更严谨,内容更通俗、更充实、更精练,也更突出学生能力和素质的培养。

修订后的教材配有课件、习题参考答案及视频资源,以方便教师教学和学生自主学习,可登录清华大学出版社官网 www.tup.com.cn 下载。

本书由庞岳红执笔,香飘飘食品股份有限公司闵建民、浙北大厦集团有限公司黄金为企业专家,提供案例、素材,并参与教材编写。

由于水平有限,书中难免有疏漏和不当之处,敬请广大专家和读者提出批评意见和建议,并请反馈给我们(pyh829@126.com),以使教材进一步修改完善。

本书修订过程中参考了不少专著和教材,得到有关专家、学者及清华大学出版社的大力支持,在此表示感谢!

庞岳红

2017年11月

第一版前言

尊敬的读者,当您拿到这本书,大致翻阅一下,就会发现这是一本新颖、实用、有趣的书。

首先是新颖。本书的项目和任务设计体现了动态的商务谈判活动过程(见下图)。先引导您认识商务谈判,再进入谈判角色,经历完整的商务谈判活动过程,获得商务谈判的真实体验,从而掌握商务谈判技能。

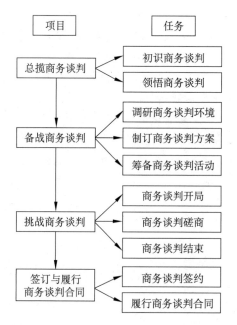

本书各项目内容形成"感知→认识→模拟→提炼→实战→巩固"步步深入递进的循环。"情景展示"生动展现了商务谈判活动场景,使您直观商务谈判过程,感受商务谈判氛围;"知识储备"系统介绍商务谈判相关知识和技巧,使您深入认识和掌握商务谈判的基本要领;"任务演练"带您进入模拟谈判场景和角色,体验商务谈判过程,获得初步商务谈判经验;"重点概括"梳理商务谈判知识框架,归纳提炼商务谈判知识和技能要点,使您形成清晰的商务谈判知识体系;"综合实训"导入商务谈判实战,使您在实际的商务谈判活动中锻炼和提升商务谈判技能;"思考练习"帮助您对重要知识加以巩固。

本书系统性地进行商务谈判知识学习与技能训练。总揽商务谈判、备战商务谈判、挑战商务谈判、签订与履行商务谈判合同4个项目的"情景展示"贯穿于一项商务谈判活动中,过程展现清晰、细致而完整;任务演练以"情景展示"内容为背景导入,模拟训练直观、系统而深入;单元实战也以一个项目贯穿始终,各环节紧密衔接,环环相扣。

本书突出学生素质的培养和提升。实训以团队形式进行,考核方式为团队考核下的个人评定,考核项目设计了仪表、语言、举止、协作等内容,以培养学生的团队精神、竞争意识、管理能力以及沟通能力。附录可供学生进行商务谈判素质测试和针对性训练。

其次是实用。本书的知识内容按照商务谈判过程组织，紧紧围绕商务谈判活动任务精心选择，文字精练，重点突出。"特别提示"对各部分的操作要点加以引申和强调。"拓展阅读"就相关谈判知识和技巧加以拓展，开阔视野。

本书的"任务演练"和"综合实训"环节均设计了翔实而完整的实训指导材料，训练和考核的资料齐备，教师指导和学生学习都非常方便。

最后是有趣。本书语言通俗易懂，案例丰富生动，既加深了学生对知识的理解，又增添了很多趣味。同时，书中还穿插有"小幽默"，使您忍俊不禁后若有所思。

本书由丽水职业技术学院胡德华教授确定体例和主审，无锡商业职业技术学院徐汉文副教授、安徽工商职业学院李祖武副教授、齐齐哈尔大学应用技术学院于翠华副教授、唐山职业技术学院钟立群副教授、青岛大学高等职业技术学院阮红伟副教授以及清华大学出版社编辑均给予了很好的建议，在此一并表示感谢！

本书在编写过程中参阅了大量商务谈判专家的研究成果，除注明出处的部分外，由于种种原因未能一一列出，在此也向相关参考书和网络信息的作者表示感谢！

由于编者水平有限，书中难免有不妥之处，敬请广大专家和读者提出批评意见和建议。

庞岳红
2011 年 4 月

001 项目1 总揽商务谈判

学习任务1.1 初识商务谈判 / 001
情景展示　小男孩买西瓜 / 001
知识储备 / 002
　　1.1.1　商务谈判内涵 / 002
　　1.1.2　商务谈判要素 / 003
　　1.1.3　商务谈判类型 / 004
　　1.1.4　商务谈判内容 / 008
　　1.1.5　商务谈判过程 / 009
任务演练　购物情景模拟 / 010

学习任务1.2 领悟商务谈判 / 011
情景展示　买戒指 / 011
知识储备 / 012
　　1.2.1　商务谈判理论 / 012
　　1.2.2　商务谈判原则 / 019
　　1.2.3　商务谈判成败标准 / 024
任务演练　对话企业谈判实战专家 / 026

重点概括 / 027
综合实训 / 028
思考练习 / 033

035 项目2 备战商务谈判

学习任务2.1 调研商务谈判环境 / 035
情景展示　椰果公司销售经理调研商务谈判环境 / 035
知识储备 / 036
　　2.1.1　商务谈判环境调查内容 / 036
　　2.1.2　商务谈判信息收集原则 / 041
　　2.1.3　商务谈判信息收集方法 / 043
　　2.1.4　商务谈判信息整理分析 / 045
任务演练　模拟调研椰果公司与A食品有限公司谈判环境 / 049

学习任务2.2 制订商务谈判方案 / 052
情景展示　椰果公司销售经理制订商务谈判方案 / 052
知识储备 / 055

目录

2.2.1 制订商务谈判方案步骤 / 055
2.2.2 制订商务谈判方案基本要求 / 056
2.2.3 商务谈判方案主要内容 / 057
2.2.4 模拟谈判 / 067

任务演练 模拟制订椰果公司与 A 食品有限公司谈判方案 / 070

学习任务 2.3 筹备商务谈判活动 / 072

情景展示 椰果公司积极筹备椰果购销谈判 / 072

知识储备 / 073

2.3.1 商务谈判场所布置 / 073
2.3.2 商务谈判接待 / 075
2.3.3 商务合同准备 / 084
2.3.4 商务谈判人员管理 / 087

任务演练 模拟筹备椰果公司与 A 食品有限公司谈判 / 092

重点概括 / 100

综合实训 / 102

思考练习 / 114

项目3 挑战商务谈判

学习任务 3.1 商务谈判开局 / 117

情景展示 椰果公司与 A 食品有限公司谈判开局 / 117

知识储备 / 118

3.1.1 营造谈判开局气氛 / 118
3.1.2 开场陈述与倡议 / 125
3.1.3 谈判摸底 / 128

任务演练 模拟椰果公司与 A 食品有限公司谈判开局 / 134

学习任务 3.2 商务谈判磋商 / 135

情景展示 椰果公司与 A 食品有限公司交易磋商 / 135

知识储备 / 139

3.2.1 商务谈判报价 / 139
3.2.2 价格解释与评论 / 144
3.2.3 商务谈判讨价 / 147
3.2.4 商务谈判还价 / 147
3.2.5 讨价还价中的让步 / 150
3.2.6 打破僵局 / 157
3.2.7 巧妙拒绝 / 162
3.2.8 谈判语言技巧 / 164

任务演练 模拟椰果公司与 A 食品有限公司交易磋商 / 167

学习任务 3.3　商务谈判结束 / 168
　　情景展示　椰果公司与 A 食品有限公司结束谈判 / 168
　　知识储备 / 169
　　　　3.3.1　谈判结束方式 / 169
　　　　3.3.2　谈判结束阶段策略 / 170
　　任务演练　模拟椰果公司与 A 食品有限公司结束谈判 / 172
重点概括 / 173
综合实训 / 175
思考练习 / 182

183　项目4　签订与履行商务谈判合同

学习任务 4.1　商务谈判签约 / 183
　　情景展示　椰果公司与 A 食品有限公司签订椰果购销合同 / 183
　　知识储备 / 184
　　　　4.1.1　商务谈判合同签订过程 / 184
　　　　4.1.2　商务谈判合同书 / 186
　　　　4.1.3　合同风险规避 / 188
　　　　4.1.4　签约礼仪 / 194
　　任务演练　模拟椰果公司与 A 食品有限公司签订椰果购销合同 / 196
学习任务 4.2　履行商务谈判合同 / 197
　　情景展示　椰果公司与 A 食品有限公司履行购销合同 / 197
　　知识储备 / 198
　　　　4.2.1　合同履行 / 198
　　　　4.2.2　合同变更 / 199
　　　　4.2.3　合同解除 / 199
　　　　4.2.4　合同纠纷处理 / 200
　　任务演练　模拟椰果公司与 A 食品有限公司履行合同 / 203
重点概括 / 204
综合实训 / 205
思考练习 / 210

212　参考文献

213　附录　商务谈判相关能力测试

项目 1
总揽商务谈判

知识目标

(1) 掌握商务谈判内涵、要素及过程。
(2) 了解商务谈判类型、内容。
(3) 理解原则式谈判的要求。
(4) 理解商务谈判的基本理论、原则及成败标准。

技能目标

(1) 能按商务谈判过程完成商务谈判活动。
(2) 能运用商务谈判理论、原则开展商务谈判。
(3) 能依照商务谈判成败标准,争取商务谈判成功。

训练路径

(1) 专题讲座。请实战专家介绍商务谈判的成功经验和失败教训。
(2) 案例分析。通过对商务谈判案例的分析,加深对商务谈判基础知识及原理的理解。
(3) 模拟演练。学生模拟购物经历,运用商务谈判知识对购物谈判过程进行评价。
(4) 实战演练。学生购买小商品,体验商务谈判特点及商务谈判原则、原理的运用。

学习任务 1.1 初识商务谈判

情景展示

小男孩买西瓜

一位法国人,他家有一片小农场,种的是西瓜。他的家里经常有人来电话,要订购他的西瓜,但是每一次都被他拒绝了。有一天,来了一位约 12 岁的小男孩,他说要订购西瓜,也被法国人回绝了。这个小男孩却不走,法国人做什么,他都跟着。小男孩在法国人身边专谈自己的故事,一直谈了近一个小时。站在瓜田里的法国人听完小男孩的故事,开口了:"说够了吧?"他对小男孩说,"喏,那边那个大西瓜给你好了,一个法郎。""可是,我只有一毛钱。"小男孩说,"一毛钱?"那个法国人听了,便指着瓜田里的另一个西瓜说,"那么,给你那边那个较小的绿色的瓜,好吧?"他一面说,一面对旁边站着的小男孩眨了眨眼睛。"好吧,我就要那一个,"小男孩说,"请不要摘下来,我弟弟会来取。两个礼拜以后,由我弟弟来取货。先生,你知道,我只管采购,我弟弟负责运输和送货。我们各有各的责任。"

小男孩通过收集谈判信息,制订谈判方案,做好充分的谈判准备。坚持不懈地努力与农场主拉近关系,以不可思议的低价购买到西瓜,并机智地应对农场主对他的捉弄,成功实现谈判目标。如果小男孩注意巩固和发展与农场主的关系,则小男孩以后就不愁没有西瓜吃了。

知识储备

1.1.1 商务谈判内涵

商务谈判是交易方为了促成交易达成,或是为了解决交易争议或争端,取得各自经济利益的一种磋商活动。

商务谈判具有以下几个特征。

1. 普遍性

商务谈判在社会经济生活中普遍存在。商务谈判当事方可涉及经济组织、政府机关、科研院所、医疗机构、文化团体、学校、军队以及个人等;内容可涉及商品买卖、劳务买卖、工程承包、咨询服务、中介服务、技术转让、资金融通、合资合作等方面。

2. 交易性

商务谈判是实现交易的关键环节。货物、技术、劳务、资金、资源、信息等都可以成为交易内容,即谈判标的。

3. 利益性

商务谈判以追求经济利益为目的,一切谋划与技巧均以之为出发点。交易方围绕各自经济利益进行磋商,争取利益最大化。

4. 协商性

商务谈判当事方都有解决问题和分歧的愿望,通过沟通信息来减少分歧,从而达成一致意见。

5. 博弈性

商务谈判过程也就是谈判者收集信息、研究对方、运用策略和技巧达到谈判目的的过程,谈判各方获得的最终利益是谈判博弈的结果。

同步实务 1-1

印度人烧画

在比利时的一个画廊里,有一个印度人带来了三幅画,同画商进行谈判。开始时,印度人对三幅画总共要价250美元。画商不同意,印度人被惹火了,跑了出去,把其中的一幅付之一炬。画商爱画心切,心中倍感伤痛。这时,画商又问印度人现在两幅画愿意出价多少,印度人仍然要价250美元。画商拒绝这个价格时,印度人竟然又烧掉了其中的一幅画。最后,画商只好恳求对方不要再烧最后一幅了。画商拿过剩下的最后一幅画,问印度人愿意卖多少,印度人坚决地告诉画商,还是250美元。

最后,印度人从画商那里拿走了他需要的250美元。

(资料来源:李爽. 商务谈判[M]. 北京:清华大学出版社,2007.)

业务讨论:印度人与比利时画商是否进行了商务谈判?

1.1.2 商务谈判要素

商务谈判的要素是指构成商务谈判活动的必要因素。就一项具体的商务谈判而言,商务谈判由谈判主体、谈判客体、谈判目标和谈判背景构成。

1. 商务谈判主体

商务谈判主体是指从事商务谈判的人或组织,商务谈判主体分为谈判关系主体和谈判行为主体。

(1) 商务谈判关系主体是指有资格参加谈判,并能承担谈判后果的自然人、组织或其他各种社会实体。

商务谈判关系主体具有以下特征。

① 必须是谈判关系的构成者。

② 必须直接承担谈判后果。

③ 必须有行为能力和谈判资格。

(2) 商务谈判行为主体是指亲自参加谈判,通过自己的行为直接完成谈判任务的自然人。

商务谈判行为主体具有以下特征。

① 必须是亲自参加谈判的自然人。

② 必须通过自己的行为直接完成谈判任务。

当谈判关系主体为自然人时,谈判行为主体为其自身或委托人;当谈判关系主体为组织或其他社会实体时,谈判行为主体为其派出或委托的谈判人员。

【小链接】

据报载,1991年,一位来自伊朗的平民百姓突发奇想,想体味与美国总统谈判的乐趣。于是他便把国际电话打到了白宫,要求与美国总统布什谈关于释放美国人质的问题。美国官方,包括联邦调查局虽然觉得事情有些蹊跷,但出于解决人质危机的侥幸心理,还是把该电话接到了总统办公室。就这样,一个世界上最有权威的国家的总统便稀里糊涂地与一位凡夫俗子谈判起来,而且一谈就是一个多小时。结果谈成了什么呢? 当然不会有任何结果。那位伊朗平民根本不具备人质危机谈判的主体资格,别说解决人质危机,就连人质在哪里他都不知道。后来他自己也说,只是想和美国总统聊一聊,并没有其他意思,弄得美国朝野很气愤,也很难堪。

(资料来源:毛国涛. 商务谈判[M]. 北京:北京理工大学出版社,2008.)

2. 商务谈判客体

商务谈判客体是指谈判标的和双方所共同关心并希望解决的问题,即议题。没有需要解决的问题就没有谈判的必要和可能。

一个问题要成为谈判议题,一般需要具备以下两个条件。

(1)与谈判主体的利益相关。谈判议题必须与谈判主体的利益相关。比如,商品交易的条件是交易双方的重要谈判议题;而对于局外人来说,它便不能构成谈判的议题,而只能作为谈话的话题。

(2)具有"可谈性"。某个问题对于谈判主体来说属于"可以商量"的范畴,谈判主体首先要愿意去做,其次还要有可能那样去做。

3. 商务谈判目标

谈判是一种目标很明确的行为。概括地说,谈判的直接目标就是最终达成协议。谈判双方的具体目标(如价格、质量、数量、交货期、付款方式等)是有差异的,甚至有可能是对立的,但它们都统一于谈判的直接目标。只有谈判的直接目标实现了,最终达成了协议,谈判各方的目标才能够实现。

4. 商务谈判背景

商务谈判背景是指谈判所处的客观条件。任何商务谈判都不可能孤立地进行,而必然处在一定的客观条件下并受其制约。这种背景既包括外部的大环境,如政治、经济、文化、科技、法律、自然等;也包括市场及竞争状况;还包括参与谈判的组织背景,如组织的行为理念、规模实力、财务状况、市场地位等;谈判当事人的情况,如职位级别、教育程度、工作作风、心理素质、谈判风格、人际关系等;以及谈判的时间、地点、场所等。

同步实务 1-2

地摊主的生意告吹

一位老艺术家在一个偏远乡村的集市上,意外地发现了一把名贵的 17 世纪意大利小提琴,老艺术家因一时的庆幸和喜悦竟然连价都没还就爽快地答应买下。老艺术家的爽快使卖主心里犯嘀咕:"摆了几年都无人问津的旧琴,怎么这个人连价都不还就决定要?"于是,他试探着将价格提高了一倍。老艺术家也马上答应了。没想到,由此却引起了一连串的提价,价格一直升到了天文数字。最后,老艺术家还是决定买,但因当时手中没有足够多的钱,所以,双方商定,过几天交钱取琴。当老艺术家凑足了钱来取琴时,万万没有想到,小提琴被卖主漆得白白的挂在墙上,老艺术家只好十分惋惜地拒绝成交,而此时的卖主既感到莫名其妙又无可奈何。

(资料来源:孙兆臣,易吉林. 谈判训练[M]. 武汉:武汉大学出版社,2003.)

业务讨论:地摊主的生意为何告吹?

1.1.3 商务谈判类型

商务谈判按谈判的态度、谈判的方式、谈判的所在地、谈判的沟通方式、参加谈判的人员数量等做出如下分类。

1. 按谈判的态度不同分类

(1) 软式谈判。软式谈判也称关系型谈判,它强调建立和维持良好关系。一般做法:提出建议→做出让步→达成协议→维持关系。

(2) 硬式谈判。硬式谈判也称立场型谈判,它强调谈判立场、针锋相对,认为谈判是一场意志力的竞赛,只有按照己方的立场达成协议才是谈判的胜利。

【小链接】

英国首相撒切尔夫人在欧共体的一次首脑会议上表示,英国在欧共体中负担的费用过多。她说,英国在过去几年中,投入了大笔的资金,却没有获得相应的利益。因此,她强烈要求将英国负担的费用每年减少10亿英镑。这是一个高得惊人的要求,欧共体其他成员国首脑认为撒切尔夫人的真正目标是减少3亿英镑(其实这也是撒切尔夫人的底牌),于是他们回应只能削减2.5亿英镑。一方的提案是每年削减10亿英镑,而另一方则只同意每年削减2.5亿英镑,差距太大,双方一时难以协调。然而,这种情况早在撒切尔夫人的预料之中。撒切尔夫人告诉下议院,原则上必须按照她提出的方案执行,同时含蓄地警告各国,并对在欧共体中同样有较强态度的法国施加压力。针对英国的强硬态度,法国采取了一些报复的手段。他们在报纸上大肆批评英国,说英国在欧共体合作事项中采取低姿态,企图以此来解决问题。面对法国的攻击,撒切尔夫人让对方知道,无论采取什么手段,英国都不会改变自己的立场,绝不向对手妥协。由于撒切尔夫人顽强的抵制,终于迫使各国首脑做出了很大的让步。最终欧共体会议做出决议,同意每两年削减由英国承担的8亿英镑开支。

(资料来源:乔淑英,王爱晶. 商务谈判[M]. 北京:北京师范大学出版社,2007.)

(3) 原则式谈判。原则式谈判也称价值型谈判。这类谈判最早由美国哈佛大学谈判研究中心提出,故又称哈佛谈判术。原则式谈判,吸取了软式谈判和硬式谈判之所长而避其极端,强调公正原则和公平价值,是一种既理性又富有人情味的谈判态度与方法。运用原则式谈判具有以下要求。

① 当事各方相互尊重,平等协商,立足于解决问题。
② 明确双方寻求的利益。
③ 提出满足双方利益的方案,争取共同满意的谈判结果。

【小链接】

美国电影明星珍·罗素与制片商霍华·休斯签订了一项价值100万美元,为期一年的雇用合同。一年期满后,恰逢休斯现金不充裕,休斯便与罗素谈判,要求推迟付酬期限。起初,罗素坚决不同意,坚持要休斯立即付款。双方各自聘请了律师,准备打官司。后来,双方开始协商,经过一段时间的商讨,创造性地提出了一个双方都满意的解决方案:双方同意将付酬合同修改为分期付款,每年付5万美元,分20年付清。对休斯来说,可解决资金的周转困难;对罗素来说,付酬总数100万美元没有变化,每年收入5万美元,所得税税率降低,20年赋税总额减少,实际收益提高了。而且演员职业收入不稳定,有20年的基本收入保证,是罗素梦寐以求的事。

(资料来源:Herb Cohen. 实用谈判技术[M]. 许是祥,译. 台北:前程企业管理公司,1982.)

软式谈判、硬式谈判、原则式谈判适宜不同的谈判场景:如己方处于谈判弱势地位,该项谈判合作对己方又很重要,则一般选择软式谈判;如己方处于谈判优势地位,对对方能有效控制,或该项谈判结果对己方无足轻重,则一般选择硬式谈判;如双方谈判地位相当,对谈判结果都很重视,期望达成双方满意的结果,则一般选择原则式谈判。

> **同步实务 1-3**
>
> **礼仪绢花订单谈判**
>
> 　　有一位批发商到某礼仪绢花厂拟定制一批公关活动中嘉宾佩戴的绢花。该绢花由三朵玫瑰花,以及一些叶片、满天星组成,配有丝带点缀,设计精巧别致。双方就产品加工、交货、付款方式等内容很快达成一致,但双方因每束 0.2 元价格差僵持不下。
>
> 　　**业务讨论**:若你是礼仪绢花厂的谈判人员,该如何解决目前的问题,从而拿下订单?

2. 按谈判的方式不同分类

(1) 纵向谈判。纵向谈判是指在确定谈判的主要问题之后,逐个讨论问题和条款,逐个解决问题,直到谈判结束。例如,一项产品交易谈判,双方确定出价格、质量、运输、保险、索赔等几项内容后,开始就价格进行磋商,只有价格谈妥之后,才依次讨论其他问题。

纵向谈判方式的优点是:程序明确,把复杂问题简单化;每次只谈一个问题,讨论详尽,解决彻底;避免多头牵制、议而不决的弊病。

纵向谈判方式的不足之处在于:议程确定过于死板,不利于双方的沟通与交流;讨论问题时难以通融、变通,当某一问题陷于僵局后,不利于结合其他问题协同解决。

(2) 横向谈判。横向谈判是指在确定谈判所涉及的主要问题后,开始逐个讨论预先确定的问题,在某一问题上出现矛盾或分歧时,就把这一问题放在后面,先讨论其他问题。如此周而复始地讨论下去,直到所有内容都谈妥为止。或者把与此问题有关的部分一起提出来,一起讨论研究,从而有利于问题的解决。

横向谈判方式的优点是:议程灵活,方法多样;多项议题同时讨论,有利于寻找变通的解决办法;有利于更好地发挥谈判人员的创造力、想象力,更好地运用谈判策略和谈判技巧。

横向谈判方式的不足之处在于:对谈判人员综合统筹能力要求较高;容易使谈判人员纠缠在枝节问题上,而忽略了主要问题。

在商务谈判中,采用哪一种形式,主要是根据谈判的内容、复杂程度、谈判的规模来确定。一般来讲,大型复杂的谈判多采用横向谈判的形式,小型简单的谈判多采用纵向谈判的形式。

3. 按谈判所在地不同分类

(1) 主场谈判。主场谈判是指在己方所在地进行的谈判,包括在本国、本地、本市或本企业的办公场所进行的谈判。由于己方的谈判人员熟悉谈判的环境,可以随时检索各种谈判资料,可以及时向领导请示和汇报,在心理上形成一种安全感和优越感,因而通常会占据"地利"优势,但主场方须承担较烦琐的接待事务和一定的谈判招待费用。

(2) 客场谈判。客场谈判是指在谈判对手所在地进行的谈判,包括外国、外地或者对方的办公场所进行的谈判。处于客场谈判的一方,往往会存在较大的心理压力和工作、生活上的不便,但当对方索要不便透露的资料或要求己方做出苛刻的承诺时,也可以此为由加以拒绝。

(3) 中立地点谈判。中立地点谈判是指谈判地点既不设在对手一方,也不设在自己一方,而是在第三地进行的谈判。当双方都想占据主场之利,且难以协调时或者双方的关系微妙,在主场、客场谈判均不合适时,才采用中立地点谈判。中立地点谈判可以避免主、客场对谈判的影响,为谈判提供平等的环境。

一般而言,谈判方应争取主场谈判,但有时候为了表示合作的愿望,或实地考察的需要,也可以主动提出或接受对方邀请去客场谈判。

同步实务 1-4

日本人怎样在谈判中变被动为主动

作为以进口资源为主要发展手段的岛国,日本非常希望能够从澳大利亚购买到足够的钢铁和煤炭,而资源方面占绝对优势的澳大利亚从来都不愁找不到好的贸易伙伴。

日本人在与澳大利亚谈判前充分研究了对方的特点,他们深知澳大利亚商人过惯了富裕和舒适的生活,对日本的生活环境和习惯会很不适应,而且澳大利亚人一般都特别讲究礼仪,不至于过分侵犯东道主的权益。于是,日本人有意识地邀请澳大利亚商人到日本进行生意谈判,澳大利亚商人欣然前往。

果然,澳大利亚商人到日本后对饮食、语言、风俗习惯等各方面都相当不适应。没过几天,就着急地想回到澳大利亚别墅的游泳池、海滨丛林,以及自己妻子儿女的身边去。

作为东道主的日本人,澳大利亚商人的焦躁正是其所预料和期望的,因此他们在谈判过程中镇定自如,态度温和、不急不躁,在价格方面和对手展开拉锯战,紧紧咬住自己的价格丝毫都不让步。在谈判过程中,日本方面的这种主动和顽强完全征服了急躁不安的澳大利亚商人,所谓的澳大利亚资源优势统统消失了,双方在谈判桌上的相互地位发生了180°大转变,日本人完全占据了谈判的主动权。经过双方的讨价还价,日本方面仅仅花费了相当小的经济代价做"诱饵"就把澳大利亚这条"超级大鱼"顺利捕获了,最终日本人取得了按照常规难以得到的巨大利润。

(资料来源:吕晨钟. 学谈判必读的95个中外案例[M]. 北京:北京工业大学出版社,2005.)

业务讨论:你从此项谈判中得到什么启示?

---

4. 按谈判的沟通方式不同分类

(1) 口头谈判。口头谈判是指谈判人员面对面直接用口头语言来交流信息和协商条件,或者在异地通过电话进行商谈。口头谈判是谈判活动的主要方式,其主要优点是:当面陈述、解释,比较直接、灵活;反馈及时,利于有针对性地调整谈判策略;能够利用情感因素促进谈判的成功等。

口头谈判也存在一些缺陷:如利于对方察言观色,推测己方的谈判意图及达到此意图的坚定性;如果没有书面文件辅助,难以把一些复杂要点表达清楚;容易发生谈判之后的纠纷;

谈判的费用支出较高等。

（2）书面谈判。书面谈判是指谈判者利用文字和图表等书面语言进行交流沟通的谈判。书面谈判一般通过信函、电传、网络等具体方式进行。书面谈判的优点是：可以促使双方事先做好准备，导向明确；谈判内容均有文字记录，避免了相互之间的扯皮和争吵，谈判效率较高；谈判的费用亦较口头谈判低。

书面谈判也有其缺点：缺乏情感交流，比较"生硬"；对已形成的书面文件，难以更改；当文不达意时，有可能出现理解上的误会和纠纷；由于要通过邮递或计算机网络进行沟通，可能会发生因邮递延迟，或网络发生故障或受病毒、黑客攻击中断，导致谈判破裂的结果。

在谈判实践中，谈判者可以根据具体情况，单独运用口头谈判或书面谈判，也可以将口头谈判与书面谈判结合起来，综合运用。

5. 按参加谈判的人员数量不同分类

（1）单人谈判。单人谈判也称一对一谈判，是指谈判各方只派一名代表出席的商务谈判。单人谈判灵活、效率高，但对谈判者素质、知识、经验要求较高，适宜简单、小型的谈判。

（2）团队谈判。团队谈判是指谈判各方派两名或两名以上代表参加的商务谈判。团队谈判可以集思广益，取长补短，发挥团队优势，但管理协调难度较大，适宜复杂或大型的谈判。

此外，商务谈判还可以根据其他多种不同的标准分类。如按谈判参与方的数量不同可分为双方谈判和多方谈判；按谈判的透明程度的不同可分为公开谈判和秘密谈判；按谈判的目的的不同可分为解决问题谈判和意向探讨谈判；按谈判要点的不同可分为价格型谈判和成本型谈判等。

1.1.4 商务谈判内容

1. 合同之外的商务谈判

合同之外的商务谈判是指合同内容以外事项的谈判，它是谈判的一个重要组成部分，为谈判直接创造条件，影响谈判的效果。它主要包括以下4个部分。

（1）谈判时间的谈判。谈判时间不同对双方的影响是不同的。谈判时间不同，双方准备程度不同，外部环境的状况不同，双方的需求程度不同，进而谈判实力也不同。因此，谈判者要尽量争取对己方有利的谈判时间。

（2）谈判地点的谈判。一般来说，主场谈判比客场谈判更有利。谈判地点往往由谈判有利一方决定，但也可协商争取。

（3）谈判议程的谈判。先谈什么、后谈什么，主要谈什么、次要谈什么、不谈什么都对谈判结果有明显影响，其确定往往是双方协商的结果。

（4）其他事宜的谈判。包括谈判参加人员的确定、谈判活动的相关规定、谈判场所的布置等，通过协商可以争取于己方更有利的条件。

2. 合同之内的商务谈判

（1）交易条件的谈判。就某项交易具体内容的谈判。商品购销、建筑工程承包、技术转让、合资合作等谈判各自有其具体内容，在规范的合同文本中均有体现。双方也可另行约定内容。

（2）合同条款的谈判。合同条款是构成一份完整、有效的合同所必不可少的部分，是履行合同的保证。它主要包括双方的违约责任、纠纷处理、合同期限、补充条件和合同附件等。

1.1.5　商务谈判过程

1. 收集信息

收集谈判微观环境信息，如谈判对手的实力、资信、需求、诚意、期限、谈判代表、履约担保；竞争者的类型、数量、资金、成本、价格、目标、服务措施、营销手段；客户购买的动机、购买习惯、市场供求状况；企业自身生产规模、资金状况、库存状况、新产品开发状况以及产品的产量、品种、质量、成本、价格、销售量、信誉、售后服务等方面的数据、资料。

收集谈判相关政治、经济、文化、科技、自然等宏观环境信息。

2. 制订洽谈计划

通过对收集信息的分析，明确谈判双方的谈判地位、双方寻求的利益、利益满足的可能途径。确定谈判主题、谈判目标、谈判地点、谈判议程、谈判组成员、谈判策略、谈判风险、谈判费用等，形成谈判方案。

3. 建立洽谈关系

在正式洽谈前，要与对手建立良好的关系，取得对方一定的信任，从而使谈判的难度降低，增大谈判成功的可能性。谈判者必须表现出本方的诚意，通过自己的实际行动让对方相信自己。

4. 达成洽谈协议

谈判中，对彼此意见一致的问题加以确认，而对彼此意见不一致的问题则要通过双方充分的磋商，互相交流，寻求双方利益均能得到满足、双方都能够接受的方案来解决问题，最终达成一致协议。

5. 履行洽谈协议

达成了协议并不意味谈判已经结束，获得双方利益的关键在于协议的履行。履行洽谈协议，首先要认真履行协议规定的相关义务，向对方证实己方的诚实守信；其次，对对方遵守协议约定的行为应适时地、恰当地给予赞赏与肯定。

6. 维持良好关系

当谈判结束后，要注意维持与对方的良好关系。如果不积极地、有意识地对双方关系加以维持，双方关系就会逐渐地淡化、疏远，有时甚至出于某些外因还会导致关系的恶化，给竞争者以可乘之机。因此要注意保持与对方的接触和联系，特别应注意个人之间的接触，因为不管什么规模的经济实体，它都是由人来构成的。

【小链接】

韩国SM服装厂欲在中国开办分厂，但由于他们不太了解中国的情况，于是就打算先与中国内地的一个中小型服装厂合作。

SM 服装厂看中了人口密集、劳动力低廉的河南某县的小型 ED 服装厂，并派谈判代表来河南考察、商谈。

ED 服装厂的代表在飞机场接到 SM 服装厂的三位谈判代表后，请他们到七朝古都开封"第一楼"品尝了中华名吃。在晚宴上，SM 服装厂的谈判代表对中国文化赞不绝口，其中他们谈到了闻名中外的少林寺。这时，ED 服装厂的代表提出明日带兴致勃勃的 SM 服装厂的谈判代表去少林寺参观，SM 服装厂的谈判代表非常惊喜。通过参观少林寺，SM 服装厂的谈判代表对 ED 的代表留下了很好的印象，认为他们非常善解人意。

第三日上午，SM 服装厂的谈判代表参观了 ED 服装厂。下午，双方开始谈判，由于之前双方已经建立了良好的感情基础，所以谈判过程非常顺利。

（资料来源：邢桂平．谈判就这么简单[M]．北京：北京工业大学出版社，2010.）

任务演练

购物情景模拟

背景资料

商务谈判过程是商务谈判成功的规律性总结，将发生在我们生活中的商务谈判活动与之对照，可帮助我们提高商务谈到能力。

演练要求

（1）以小组为单位，描述某一次购物经历。
（2）模拟、演练。
（3）将此次购物谈判经历"情景再现"。
（4）己方小组对此次谈判给予评价。
（5）其他小组对该小组表现给予评价。
（6）教师点评。

演练条件

（1）组建学习竞赛团队。
（2）多媒体教室。
（3）准备模拟表演道具。

演练指导

1. 组建学习竞赛团队

（1）按实力均衡原则，4~5 名学生形成一支学习团队，推选出组长。组长负责小组实训的组织协调，并对组员进行管理。
（2）小组讨论确定小组名称及名称注解、小组理念、小组标志、小组口号、小组规则及小组成员介绍。要求立意新颖、表现形式活泼，体现小组团结向上、积极进取精神。
（3）运用 PPT 或电子杂志、Photoshop、Flash 等软件制作小组介绍作品。
（4）课堂完成小组形象展示。

注：
（1）学习竞赛团队数量为偶数。
（2）小组介绍作品参考本书提供的教学资源。

2. 演练考核（见表1-1）

表1-1　小组实训成绩评分表

实训小组_____　　　　　　　　　　　　　　　　　　　　　实训名称：购物情景模拟

评估指标	评估标准	分项评分	得　分
模拟准备	台词资料翔实完整 道具、场景布置完备 模拟组织井然有序	30	
模拟表现	表演自然逼真	30	
评价分析	语言清楚流畅 观点正确 条理清晰	30	
团队协作	模拟表演配合默契	10	
总成绩			

教师评语		签名： 年　月　日
学生意见		签名： 年　月　日

学习任务1.2　领悟商务谈判

● 情景展示

买　戒　指

　　贾先生想为他的女朋友买一枚戒指。他已经攒了大约800元，并且每星期还继续攒20元。一天，他在东方明珠珠宝店，一下子被一枚标价1 200元的戒指吸引住了。他认为这就是他想送给女朋友的礼物，但他买不起。该店老板说："你可以几个星期后来买，但我不能保证这枚戒指还在。"贾先生很沮丧。随后，他偶然进入另一家珠宝店，看见有一枚戒指与东方明珠的那枚很相似，每枚标价800元。他想买，但仍惦记着东方明珠那枚1 200元的戒指。几个星期后，东方明珠的那枚戒指仍未售出，还降价20%，减为960元。但贾先生的钱仍然不够。他把情况向老板讲了。老板很乐意帮助他，再向他提供10%的特别优惠现金折扣，现付864元。贾先生当即付款，怀着喜悦的心情离开了。

　　其实两家珠宝店的戒指是完全相同的，都是从批发商那里以每枚700元进的货。东方明珠获纯利164元；而另一店标价虽低，却未能吸引贾先生。贾先生为自己等待数星期后获得降价好处的明智之举而感到愉快，还为与老板讨价还价后又得到10%的特别优惠而高兴。

　　由此可见，商务谈判中把握顾客心理和利益诉求，巧妙加以诱导，才能使己方利益得到实现，也使谈判对方感到满意，从而获得谈判成功。

　　（资料来源：刘文广，张小明．商务谈判[M]．北京：高等教育出版社，2004.）

知识储备

1.2.1 商务谈判理论

1. 谈判需要理论

心理学认为,人们的所有行动都有形成其动因的需要,不论是有意识的或是无意识的,一直都在发挥着作用。谈判的实质是谈判各方在各自需要的驱动下,通过谈判来满足这种需要的方式。依照美国心理学家马斯洛提出的需要层次理论,谈判者存在以下需要。

(1) 生理需要。生理需要是指谈判者在谈判过程中衣、食、住、行等维持生存方面的需要。谈判者必须吃得可口营养,住得舒适安静,穿得整洁得体,行动自由方便,否则会产生消极情绪或精神体力不支,影响谈判目标的实现。

【小链接】

大部分人相信在《独立宣言》上面签字的美国开国元勋都是凭着满腔的爱国热情,主动自愿地签下自己的大名的。而事实如何呢?托马斯·杰斐逊在暮年写给朋友的信中说:那时签字的独立厅就在马厩的隔壁,七月的天气非常闷热,到处都是苍蝇。代表们穿着短马裤和丝袜参加会议,一边发言一边不停地用手帕赶走腿上的苍蝇,苍蝇扰得代表们心烦意乱。最后,大家决定立即在《独立宣言》上签字,以便尽快地离开那个鬼地方。杰斐逊几年之后曾经说道:在不舒适的环境下,人们可能会违背本意,言不由衷。

(资料来源:范云风,贾文华. 谈判高手[M]. 北京:京华出版社,2004.)

【特别提示】

- 谈判者应警惕避免在恶劣的环境或疲劳状态下谈判,否则会因身体状况不佳或心烦气躁导致谈判失误。
- 在客场谈判时,出行前要了解谈判地的气候状况,备好衣服、雨具等物品。较正式的谈判宜准备适宜谈判场合的正装。住处宜选择离谈判场所较近、步行可到达的宾馆,避免因交通阻塞影响谈判。食物应保证新鲜卫生、营养丰富,可准备少量治疗感冒、腹泻、水土不服的药物。若没有专车随行,要迅速熟悉当地交通状况,必要时可预约订车。
- 对谈判对手生理需要方面的关心与照顾往往能赢得对方的好感与感激。
- 必要时也可通过干扰对方生理需要的满足达到谈判目标。

(2) 安全需要。安全需要是指谈判者希望在谈判中不出现重大失误,不被欺骗,以及保障谈判者本人的人身、财产安全等的需要,主要体现在人身安全、地位安全、信用安全方面。

【小链接】

1977年,英国首相詹姆斯为了提高自己在工党的声望,在未与波兰政府就价值1亿英镑的造船合同达成最终协议之前就向全国公布了。波兰人知道后,立即抓住这个机会,在准备签约时的关键时刻,突然提出几项折扣要求,要求英国在财务和付款上能做出进一步的让步,约值100万英镑。此时詹姆斯如果不签约,就会颜面尽失,甚至首相地位不保,所以为地位安全的考虑,必须不计代价地保住这份合约,无奈之下只好签约。

（资料来源：孙绍年. 商务谈判理论与实务[M]. 北京：清华大学出版社,北京交通大学出版社,2007.）

【特别提示】

- 客场谈判的谈判者由于对当地的风俗习惯、社会状况缺乏了解,会感到孤独和不安全,此时如果受到主场谈判者热情陪伴,则会将其视为可依赖的人,使谈判更加顺利和融洽。
- 谈判者每次谈判都可能影响其在公司和同事心目中的地位,能否顺利完成谈判任务,关系到谈判者原有职位的保持或晋升。谈判者会小心谨慎、极力争取己方的利益,有时也可能会为避免空手而归、无法交差而让步签订较差交易条件的协议。
- 谈判者通常愿意与老客户打交道,如果必须面对新客户,则须对对方的资信做全面的调查,达到知己知彼。

（3）爱和归属感需要。爱和归属感需要是指谈判者追求社会交往中人际关系协调的需要。谈判期间,己方谈判小组内部要建立和谐合作的关系,与谈判对手要建立融洽、友好的关系。

【小链接】

中方某企业与日本某株式会社就设备引进谈判。我方了解到日方负责技术的谈判代表患有严重的颈椎病,就请来中国著名的推拿理疗师给他做治疗。几次推拿治疗以后,日方技术代表病情大大缓解,对我方深为感激。该代表在谈判中一直与我方保持良好关系,没有提出过分和苛刻的要求,谈判进行得很顺利。

【特别提示】

- 就一般性的谈判而言,谈判人员通常不愿意在紧张和对立的气氛中谈判,而希望在友好合作的气氛中达成协议,实现双赢。为增进友谊,双方可互赠礼品,举行宴会、舞会、游览观光等活动。此外,还要注意帮助对方解决实际困难。
- 谈判人员在谈判组内应能畅所欲言、受到尊重、得到支持和关心,团队凝聚力的形成,将提升谈判组的谈判力量。

（4）尊重需要。尊重需要是指谈判者要求在人格、地位、身份、学识与能力方面得到尊重和欣赏,主要体现在受人尊重和自尊两个方面。

【小链接】

国内某企业为了引进一套先进的技术设备而同时与几家外国公司接触。中方在与国际上一家著名公司谈判时,向对方说:"贵公司在国际上信誉度很高,我们很信得过你们,也很想与你们做成这笔交易,但令人遗憾的是,你们提出的交易条件与其他几家相比,实在不具备竞争力,看来我们只好找其他商家了。这笔交易本身做成与否不是什么大问题,关键是对贵方来讲,是声誉上的大事。请诸位考虑一下,以贵公司的实力和在金融界所享有的声誉,居然败于其他无名公司,其影响和后果是可想而知的。"

中方的这番话非常尊重对方,并从对方的角度指出了其目前行动的后果。该公司权衡再三,为了维护其企业的声誉而大幅度降低了交易条件。

（资料来源：孙绍年. 商务谈判理论与实务[M]. 北京：清华大学出版社,北京交通大学出版社,2007.）

【特别提示】

为满足谈判者尊重的需要,应做到以下几点。
- 言辞礼貌,看待问题对事不对人,不能向对方进行人身及精神攻击。
- 在接待及谈判的过程中,要按照惯例,依据对等原则,符合礼仪,力求接待规格与对方的身份、地位相符。
- 对于对方的学识与能力不能进行讥讽,要及时给予肯定和赞扬。

商务谈判中只有尊重对方才能获得对方的尊重,达到既自尊又受人尊重的效果。

(5) 自我实现需要。自我实现需要是指谈判者充分发挥其潜能,用出色的业绩来证明自己的工作能力,体现自我价值的需要。

【特别提示】

要满足对方的自我实现需要,首先,必须善于发现对方人生的成功点,并给予赞誉。其次,在确保己方利益充分获取的条件下,尽量强调对方谈判所获利益,赞扬对方的工作能力与工作精神,并及时在对方的上司和同伴面前对对方予以表扬,使对方得到心理慰藉。

商务谈判活动中,谈判者往往同时具有多种需要,并且一般会有一种或几种需要占主导地位。了解、分析对手的需要,有针对性地予以诱导和满足是获得谈判成功的重要条件。

【小幽默】

紧 急 跳 海

某一天,在一艘游船上,来自各国的一些贸易代表边观光边交谈。突然,船出事了,并开始慢慢下沉。船长命令大副:"赶快通知那些先生,穿上救生衣,马上从甲板上跳海。"几分钟后,大副回来报告:"真急人,谁都不肯马上跳。"

于是,船长亲自出马。说来也怪,没过多久,这些代表都顺从地跳下海去。

这时,大副请教船长:"你是怎样说服他们的呀?"

船长说:"我告诉英国人,跳海也是一项运动;对法国人,我说跳海是一种别出心裁的游戏;我同时警告德国人,跳海可不是闹着玩的;在俄国人面前,我就认真地表示,跳海是革命的壮举;我对日本人说,跳海是命令。"

"你又怎样说服那个美国人呢?"

"那还不容易,"船长得意地说,"我只说已经为他办了巨额保险。"

(资料来源:张翠英. 商务谈判理论与实训[M]. 北京:首都经济贸易大学出版社,2008.)

启示:把握对方心理,针对性地实施诱导才能取得谈判成功。

【拓展阅读】

如何发现谈判对手的需要

想要发现谈判对手的需要,可以从以下几方面入手。

(1) 在谈判的准备阶段要尽可能多地收集谈判对手的有关资料,如谈判对手的财力状况、性格特点、社会关系、目前状态等,这些是在谈判中发现对方需要、了解对方需要、满足对方需要的基础,也是谈判成功的条件。

(2) 在谈判过程中要多提一些问题,在对方讲话时要注意分析其中的内在含义,借此发现了解对方的潜在需要和真正需要。比如,当买主对产品犹豫不决时,卖主应提出一些引起诱导性、启发性的问题,从中发现买主的真正需要,促成交易。

（3）谈判过程中要善于察言观色，通过对方的形体语言发现需要。假设你想向你的谈判对手提出一个合理化建议，在你开始解释时，你看到谈判对手两眼盯着窗外的一根电线杆，就应该明白你所谈的内容不能满足他的需要，应该进行必要的调整；相反，在你谈到某一点时，谈判对手非常专心地注视着你，身体向前尽可能地倾向于你，这就说明你所讲的内容正是他所需要的。

（4）对于一些在谈判过程中无法了解到，但对谈判又非常重要的需要，可以采取私下的形式或其他的渠道获得。比如，与谈判对手一起吃饭时闲聊，与谈判对手的相关机构或人员进行交往、交涉。总之，在谈判进行中要通过一切可能、可行的方法和渠道，尽可能全面地了解谈判对手多方位、多层次的潜在需要，并想方设法予以满足。

（资料来源：张翠英. 商务谈判理论与实训[M]. 北京：首都经济贸易大学出版社，2008.）

同步实务 1-5

售货员应该怎么做

一天晚上，一对夫妻在浏览杂志时，看到一则广告中当作背景的老式时钟把气氛衬托得十分幽雅。妻子说道："这座钟是不是你见过的最漂亮的一个？把它放在我们的过道或客厅当中，看起来一定不错吧？"丈夫回答："的确不错！我也正想找个类似的钟挂在家里，不知道多少钱？广告上没有标明价格。"研究之后，他们决定要去古董店中寻找那座钟，并且商定假如找到那座钟，只能出500元以内的价格。

经过3个月的搜寻，他们终于在一家古董展示会场的橱窗里看到那座钟，妻子兴奋地叫起来："就是这座钟！没错，就是这座钟！"丈夫说："记住，我们绝不能超出500元的预算。"他们走近那个展示摊位。"哦喔！"妻子说道，"时钟上的标价是750元，我们还是回家算了，我们说过只有500元的预算，记得吗？""我记得，"丈夫说，"不过我们还是试一试吧，我们已经找了那么久，不差这一下子。"

他们私下商谈，指定丈夫作为谈判者。丈夫鼓起勇气，对那座钟的售货员说："我注意到你们有座钟要卖，我知道定价就贴在钟座上，而且蒙了不少灰尘，显得这座钟有些旧了。"丈夫紧接着又说："告诉你我的打算吧，我给你出个价，只出一次价买那座钟，就这么说定。我想你可能会吓一跳，你准备好了吗？"他停了一下以增加效果，"你听着——250元。"那座钟的售货员连眼也不眨一下，说道："卖了，那钟是你的了。"

那个丈夫的第一个反应是什么？得意洋洋？"我真是棒透了，不但获得了优惠，而且又得到了我要的东西。"不！绝不！他的最初反应必然是："我真蠢！我该对那家伙出价150元才对！"你也知道他的第二个反应："这座钟怎么这么便宜？一定是有什么问题！"

夫妻俩把钟挂在家里的客厅中。那座钟看起来非常美丽，而且也似乎没什么毛病，但是他和妻子却始终感到不安。那晚他们安歇之后，半夜曾三度起来。为什么？因为他们要断定没有听到时钟的声响，这座老式时钟成了他们的心病。

（资料来源：高建军，卞纪兰. 商务谈判实务[M]. 北京：北京航空航天大学出版社，2007.）

业务讨论：售货员的行为有什么不妥？如果你是售货员，将如何满足顾客需要？（从马斯洛的五层次需要分析）

2. 谈判博弈理论

"博弈论"译自英文 Game Theory,其中 Game 一词英文的基本含义是游戏。"游戏"都有这样一个共同特点,即策略或计谋起着举足轻重的作用,当确定了游戏的基本规则之后,参与游戏各方的策略选择将成为左右游戏结果的关键因素。

【小链接】

有一天,一位富翁家的财物被盗。警方在此案的侦破过程中,抓到两个犯罪嫌疑人——斯卡尔菲丝和那库尔斯,并从其家中搜到富翁丢失的财物。于是警方将两人隔离,分别关在不同的房间进行审讯,并由地方检察官分别和两个人谈话。

检察官说:"你们涉嫌偷盗案,据掌握情况看你们至少判刑 1 年,但我可以和你做个交易。如果你单独坦白偷窃的罪行,我只判你 3 个月的监禁,但你的同伙要被判 10 年刑;如果你拒不坦白,而被同伙检举,那么你就将被判 10 年刑,他只判 3 个月的监禁;但是,如果你们两人都坦白交代,那么你们都要被判 5 年刑。"

斯卡尔菲丝和那库尔斯该怎么办呢?

他们面临着两难的选择——坦白或抵赖。显然最好的策略是双方都抵赖。但是由于两人处于隔离的情况下无法串供,所以,按照亚当·斯密的理论,每一个人都是从利己的目的出发,他们选择坦白交代是最佳策略。因为坦白交代可以期望得到很短的监禁 3 个月,虽然前提是同伙抵赖,但显然要比自己抵赖坐 10 年牢好。这种策略是损人利己的策略。不仅如此,坦白还有更多的好处。如果对方坦白了而自己抵赖了,那自己就得坐 10 年牢。太不划算了!因此,在这种情况下还是应该选择坦白交代,即使两人同时坦白,至多判 5 年,总比被判 10 年好吧。所以,两人合理的选择是坦白,原本对双方都有利的策略(抵赖)和结局(被判 1 年刑)就不会出现。

这样两人都选择坦白的策略以及因此被判 5 年的结局被称为"纳什均衡",也称非合作均衡。因为,每一方在选择策略时都没有"共谋"(串供),他们只是选择对自己最有利的策略,而不考虑社会福利或任何其他对手的利益。也就是说,这种策略组合由所有局中人(也称当事人、参与者)的最佳策略组合构成。没有人会主动改变自己的策略,以便使自己获得更大利益。

(资料来源:范银萍,刘青. 商务谈判[M]. 北京:北京大学出版社,中国林业出版社,2007.)

"囚徒的两难选择"有着广泛而深刻的意义。各人追求利己行为而导致的最终结局是一个"纳什均衡",也是对所有人都不利的结局。两个囚徒都是在坦白与抵赖策略上首先想到自己,这样他们必然要受服长的刑期。只有当他们都首先替对方着想时,或者相互合谋(串供)时,才可以得到最短时间的监禁结果。

3. 谈判公平理论

谈判的结果应该使谈判各方有公平感,能够接受,从而顺利实现交易。当谈判方有不公平感产生时协议往往难以达成,即使达成,协议的履行也难以保证。

公平没有统一的标准,对待同一事物人们对公平的理解是多种多样的。

【小链接】

一个穷人和一位富人在海边钓鱼,不幸的是他们的鱼钩搅在了一起,两人只好合力将鱼钩拉了上来。意想不到的情况发生了:两个鱼钩上竟挂着一个沉甸甸的钱袋,钱袋里装了

200块黄灿灿的金币。两人喜出望外,都想独吞这笔钱。从互不相让到大动干戈,最后只得诉诸法院。

在这笔钱的分配问题上,四位法官做出了四种截然不同的裁决。

法官甲的裁决是以不同经济能力的人所具有的不同心理承受能力为依据,按7:3的比例对这笔钱进行分配,富人得140块,而穷人得60块。在他看来,60块金币对穷人来说是一个大数目,穷人失去60块金币与富人失去140块金币一样伤心。

法官乙以"补偿原则"作为裁决的标准,富人得50块,穷人得150块。在他看来,法官甲的裁决好比乌龟和兔子赛跑,二者如果同时起步,那么兔子将会把乌龟越甩越远,真正的公正是让乌龟先跑一程再让兔子起步。

法官丙的裁决是尊崇一种"绝对公平"的标准,就是按1:1的比例平均分配。既然是两个人合力钓上来的,那么理所当然应该各得一半。

法官丁从税务的角度考虑,做了新的裁决。他以纳税后的实际所得作为分配的标准,富人拿142块,穷人拿58块,这样纳税后穷人、富人所得一样多。

四位法官的裁决各有各的道理,人们对裁决结果的评判也会因每个人标准的不同而不同。事实上,在复杂多变的世界中处理事情,公平标准也是多种多样的。

(资料来源:田缨. 谈判谋略与技巧[M]. 成都:四川大学出版社,1997.)

【特别提示】

商务谈判活动是一项经济活动,是一个利益分配的过程,但分配的结果不会是均等的,只要谈判各方感到满意即可。商务谈判过程中要采取策略让对方充分认识到其所获得的利益,提高其对所得收益的满意度。

4. 谈判信息理论

商务谈判的过程是谈判各方进行信息沟通和交流,缩小分歧,达成一致的过程。商务谈判过程中掌握信息较多的一方往往占据主动。

【小链接】

中国某公司与日本某公司就有关技术问题进行谈判时,中方将日方代表邀请到中国。在谈判开始后,双方人员彼此做了介绍,并马上投入了技术性的谈判。中方商务人员利用谈判休息时间,对日方技术人员表示赞赏:"技术熟悉,表述清楚,水平不一般,我们就欢迎这样的专家。"该技术人员很高兴,表示他在公司的地位重要,知道的事也多。中方商务人员顺势问道:"贵方主谈人是你的朋友吗?""那还用问,我们常在一起喝酒,这次与他一起来中国,就是为了帮助他。"他回答得很干脆。中方又挑逗了一句:"为什么非要你来帮助他,没有你就不行吗?"日方技术员迟疑了一下:"那倒也不是,但这次他希望成功,这样他回去就可升为取缔役本部长了。"中方随口跟上:"这么讲,我也得帮助他了,否则,我就不够朋友。"在此番谈话后,中方认为对方主谈为了晋升,一定会全力以赴要求谈判的结果——合同。于是,在谈判中巧妙地加大压力,谨慎地向前推进,成功地实现了目标。

(资料来源:张丽芳,宋桂华. 实用商务谈判[M]. 北京:北京交通大学出版社,2007.)

【特别提示】

商务谈判者在谈判前应多渠道收集和提炼有价值的信息。谈判过程中也要细心观察对手的言谈举止,洞察对手的真实意图,同时应注意已方信息的保密。为规避谈判信息风险,谈判尽量将双方利益捆在一起,通过担保、试用等方式约束对方。

在商务谈判活动中,有时为迷惑对方,谈判者往往会散布或传递虚假信息,以达到目的。

【小链接】

我国南方某省的茶叶丰收了,茶农们踊跃地将茶叶交到了茶叶收购处,这使得本来库存量就不小的茶叶进出口公司库存量更高,形成了积压。如此多的茶叶让进出口公司的业务员很犯愁,如何设法销出去呢?

正在这时,有外商前来询盘。

我进出口公司感到这是一个极好的机会,一定要想办法把握住,既要把茶叶卖出去,同时还要设法卖个好价钱。为此,他们做了周密的部署。

在向外商还盘时,我方将其他各种茶叶的价格按国际市场的行情逐一报出,唯独将红茶的价格报高了。

外商看了报价,当即提出疑问:"其他茶叶的价格与国际市场行情相符,为什么红茶的价格暴涨了那么多?"

我方代表坦然地说:"红茶报价高是因为今年红茶收购量低、库存量小,再加上前来求购的客户很多,所以价格就只得上涨。中国有句古话叫'僧多粥少',就是这个意思。"

外商对我方所讲的话将信将疑,谈判暂时中止。

随后的几天,又有许多客户前来询盘。我方照旧以同样的理由、同样的价格回复他们。

这是怎么回事呢?外商心中没了底。虽说他们对红茶报价高心存疑问,想去了解真正的产量与需求量等问题,但是他们在此地无法直接了解各种情况,只能靠间接的途径通过其他渠道了解。而其他途径,只能是向其他客户去询问,询问的结果与自己得到的信息是一致的。

于是外商赶快与我进出口公司就购销红茶一事签订了合同,唯恐来迟了而无货可供,价格按照我方所报价而没有降低。这样一来,其他客户纷纷仿效,在很短的时间内把积压的红茶销售一空,而且卖了个好价钱。

(资料来源:方其. 商务谈判——理论、技巧、案例[M]. 北京:中国人民大学出版社,2008.)

5. 谈判期望理论

谈判期望是谈判者希望在一定时间内达到一定的谈判目标以满足谈判需要的心理活动。美国心理学家弗罗姆(V. H. Vroom)在 1964 年出版的《工作与激励》一书中提出了期望理论。该理论可以用下列公式表示:

$$激励力量 = 效价 \times 期望值$$

式中,激励力量为调动一个人交易积极性的强度;效价为达成交易对于满足个人需要的价值;期望值为交易成功的可能性。

该公式说明,假如一个人把达成交易的价值看得越大,估计交易成功的可能性越高,那么激发的交易力量也就越大。

【特别提示】

(1) 提高效价途径。

● 深入调查了解交易对方。如职业、年龄、身份、性格、爱好、身体状况、生活状态等。

- 从马斯洛的需要的五个层次出发,结合具体产品分析交易对方的需求。
- 深入了解己方交易产品特点,找到与交易对方需求的契合点。
- 深入了解竞争产品特点,降低交易对方对竞争产品的价值认知。
- 提供建议,当好交易对象的参谋。
- 争取交易利益最大化。

(2) 提高期望值方法。
- 增强对自己及产品的自信心。
- 拉近双方距离,取得交易对方信任。
- 表现合作的诚意。
- 建立良好的关系。

同步实务 1-6

如何劝导小赵选择旅游行程

小赵是广州的一位在读大学生,寒假期间,他想进行一次为期一周的海南岛旅游。

在某旅行社营销服务网点,小赵提出了他的四点期望:价格便宜、游玩景点多、游玩时间长、吃住条件好。希望旅行社能帮他选择安排适当的旅游行程,否则他会另找其他旅行社。

期望提出来以后,服务小姐帮他查了一下,发现没有哪一种旅游套餐是能完全满足他的期望的,目前只有以下四种旅游行程供其选择。

(1) 飞机来回白发海南随团环岛七天游,吃住在三星级酒店,价格最高。
(2) 飞机来回晚发海南随团环岛七天游,吃住在三星级酒店,价格次高。
(3) 飞机晚发火车晚回海南随团环岛七天游,吃住在三星级酒店,价格次低。
(4) 轮船来回海南自助环岛七天游,吃住在二星级酒店,价格最低。

业务讨论:运用谈判期望理论,帮小赵选择适合他的旅游行程。

1.2.2 商务谈判原则

1. 合法原则

商务谈判是一种法律行为,它必须遵守国家的有关法律、法规、政策。涉外谈判还应遵守国际法则并尊重对方国家的有关法规、惯例等。否则,即使协议达成了,但终究会因不合法而使谈判的努力付之东流。

商务谈判的合法原则具体体现在以下几方面。

(1) 谈判主体合法。首先,参与谈判的各方组织及其谈判人员必须具备合法资格。他们或者是独立的法人组织;或者是经法人组织总部授权的具有独立经营资格的合法有效的法人分支机构;或者是依法成立的非法人组织。其次,商务谈判的直接参与者也必须合法,要具备法定的权利能力和行为能力。

【特别提示】

审查谈判主体合法资格须注意以下事项。
- 18周岁以上且没有智力障碍的我国公民具有完全民事主体资格。
- 法人组织的法人代表对外享有法定的代表法人组织的资格,其他人员不具有法定的代表组织的资格,谈判前需要由法人组织的负责人授权给当事人。
- 商务谈判的当事人应该向对方出示营业执照(特殊行业还须出示生产许可证、经营许可证或相应的资质证明)、身份证件、授权委托书之类的证明材料。

(2) 谈判议题合法。谈判议题合法也就是谈判的内容、交易项目具有合法性。与法律、政策有抵触的,即使谈判双方自愿并且意见一致,也是不允许的,如走私贩毒等。

【特别提示】

谈判前须查看对方《企业法人营业执照》或《营业执照》规定的经营范围,超出经营范围的交易协议在法律上也是无效的。

(3) 谈判手段合法。应通过公正、公平、公开的手段达到谈判的目的,而不能采取欺诈威胁、行贿受贿等不正当手段。

【特别提示】

谈判前应注意考察对手的资产负债状况,如果资不抵债或负债率过高就是危险信号。同时要了解对手的信用度,以免上当受骗。

商务谈判只有遵纪守法,谈判及其协议才具有法律效力,当事人的权益才能得到法律的保护。

【小链接】

天津制药工业公司为了引进国际先进的医药生产技术和打入国际市场,决定与美国第八大制药公司S公司合资建厂。谈判时,S公司草拟了一份合同,交中方审阅。中方的法律顾问发现合同中有29处是违背我国的《中外合资经营企业法》及有关法律的,如《中外合资经营企业法》第四条规定,合资企业的形式为有限责任公司。有限责任公司是不能发行股票的,而S公司的合同却要求发行并自由转让股票,这些股票如果转移到某些我国不承认的政府手里,那就成了我国与该政府的合作,其后果是严重损害我国的外交立场。我方没有因为这次合资建厂对于天津制药工业公司非常重要而放松在法律上的把关,严肃郑重、有理有据地与S公司的代表进行了旷日持久的谈判,终于使S公司对此合同做出了修正,保证了国家和企业利益的实现。

(资料来源:毛国涛. 商务谈判[M]. 北京:北京理工大学出版社,2008.)

2. 诚信原则

诚,就是真实、不欺骗;信,就是守信,真心实意地遵守履行诺言。商务谈判过程中,双方都应抱有合作的诚意、高度重视信用问题,以诚相待、信任对方、遵守诺言,在双方之间建立一种互相信任的关系,这样才能建立一种诚挚和谐的谈判氛围,从而促使交易成功。

【小链接】

李嘉诚是我国香港的首富,关于他的成功之道,很多书籍杂志都有记载。他成功的秘诀只有一个字:诚。正如他所说:"我绝不同意为了成功而不择手段,如果这样,即使侥幸略有所得,也必不能长久。"

李嘉诚驰骋商界，是从生产塑胶花开始的。当初，曾有一位外商希望大量订货。为确证李嘉诚有供货能力，外商提出必须有富裕的厂家做担保。李嘉诚白手起家，没有背景。他跑了几天，磨破了嘴皮子，也没有人愿意为他作担保。无奈之下，李嘉诚只得对外商如实相告。李嘉诚的诚实感动了对方。外商对他说："从你坦白之言中可以看出，你是一位诚实君子。诚信乃做人之道，亦是经营之本，不必用其他厂商作担保了，现在我们就签合约吧。"没想到，李嘉诚却拒绝了对方的好意。他对外商说："先生，能受到您如此信任，我不胜荣幸之至！可是，因为我资金有限，最近虽竭尽全力也未获得贷款，无法完成您这么多的订货。因此，我还是很遗憾，不能与您签约。"李嘉诚这番实话实说使外商内心大受震动，他没想到，在"无商不奸，无商不奸"的说法为人们广泛接受的今天，竟然还有这样一位"出淤泥而不染"的诚实商人。于是，外商决定，即使冒再大的风险，他也要与这位具有罕见诚实品德的人合作一回，李嘉诚值得他破一次例。他对李嘉诚说："你是一位令人尊敬的可信赖之人。为此，我预付货款，以便为你扩大生产提供资金。"外商的鼎力相助，使得李嘉诚既扩大了生产规模，又拓宽了销路，由此发展成为"塑胶花大王"。

（资料来源：乔淑英，王爱晶. 商务谈判[M]. 北京：北京师范大学出版社，2007.）

讲诚信是不欺诈，守信用，并不是要将自己的所有一切都向对方袒露无余，商务谈判中应注意自己的重要信息，特别是商业机密的保密。

【小链接】

日本某电脑公司与美国某电脑公司根据双方高层人士达成的合作意向，决定对一项微机软件的专利购销进行谈判。

当美方公司总经理助理高寒飞抵大阪机场，日方两位主任经理山田圭和片冈聪便恭恭敬敬地把高寒请上一辆大轿车，将他送到一座高级宾馆预订的房间，并询问高寒返程时间，办好入住手续。

第二天，高寒白天被主人带到各个风景区游玩，晚上又随着主人出入各种娱乐场所。不知不觉地过了十来天，双方才坐到谈判桌之前。开始是例行公事的寒暄，其他非实质性谈判程序又用去了半天。下午各方报价，高寒的卖价是1 000万美元，山田圭的买价是800万美元，双方的差额达到200万美元。双方的交锋刚刚开始就不得不提早结束，因为主人安排的打高尔夫球的时间到了。高寒至此才感觉到自己受到了捉弄，但却无力回天。

双方继续交锋，山田圭和片冈聪却丝毫不肯让步。高寒回国时间到了，山田圭和片冈聪开车送高寒到机场，把路上的短暂时间变为谈判的紧张时刻。山田圭异常恳切地说："为了促成我们之间首次交易的成功，我自作主张地将报价提高到880万美元，您如果同意，我们现在就签订合同。不过，请您回到美国之后，给我们董事长打个电话替我说说情好吗？"于是在大轿车上，双方继续谈判合同条款。就在轿车抵达终点之前，双方以880万美元完成了这笔交易。高寒回到美国，总经理劈头盖脸地说道："日本人最低报价应是950万美元！"高寒因无意泄露自己预定回国时间，在日本被对方牵着鼻子走，中了日本人的圈套。

（资料来源：吕晨钟. 学谈判必读的95个中外案例[M]. 北京：北京工业大学出版社，2005.）

3. 平等协商原则

平等协商原则要求商务谈判双方在地位平等、自愿合作的条件下建立商务谈判关系，并通过互相协商、公平交易来实现双方的权利和义务的对等。

商品经济条件下,作为交易双方的企业虽然从事经济活动的职能、规模、范围及经营方式、经营能力各不相同,但他们的法律地位是平等的。因此,在谈判桌前,无论企业大小、强弱都要平等对待。任何一项交易都应在双方平等协商的基础上达成。我国经济合同法规定,凡是通过强迫命令、欺诈、胁迫等手段签订的合同,在法律上都是无效的。

【小链接】

某国曾经与墨西哥就天然气的买卖进行谈判。但该国谈判代表以强国自居,无视墨西哥谈判代表团的感受,单方面拟订合同,并在合同文本中将墨西哥的需求置之度外。结果,墨西哥代表团感到受到侮辱而中断了谈判。不公平谈判的结果必然是双方利益的损失。

(资料来源:周琼,吴再芳. 商务谈判与推销技术[M]. 北京:机械工业出版社,2005.)

4. 求同存异原则

求同存异原则要求谈判双方在谈判过程中,要将能暂时放下的分歧放在一边,而从双方的共同利益和目标出发,进行建设性的磋商,达成一致,取得谈判的成功。

【小链接】

约翰·墨菲是一个汽车销售人员,他正在向可能买主奈特介绍一辆赛车。

墨菲:"奈特先生,这辆赛车是非常舒适的。"

奈特没有做出回答。

墨菲忙说:"请坐到汽车驾驶员的座位上试一试吧。"

奈特坐进驾驶室。

墨菲:"您坐在里面感到舒适吗?"

奈特:"行,挺舒服的。不过,驾驶室太小了,我感觉在里边坐着有点儿憋气。"

墨菲:"但汽车前舱的空间有两英尺啊!"

墨菲意识到他的错误,就停止了反驳:"当然了,这辆车比不上大型车辆宽敞。但正如您刚才说的那样,坐在里面还是很舒服的。您可能已注意到这辆车的装潢还是相当不错的,使用的装潢材料是皮革,还有比皮革这种材料更好的吗?"

奈特:"我不懂得什么皮革不皮革的。但我觉得皮革夏天太热了,冬天又太冷。"

墨菲决定避开皮革问题:"对,那仅仅是个人爱好问题。其实,我明白您的意思,在炎热的夏天,皮革确实有点儿热。但在这个国家,夏天从来都不是太热的,皮革肯定要比塑料凉爽得多,您同意这个看法吗?"

墨菲:"奈特先生,您开车是很有经验的吧?"

奈特:"我想还可以吧!"

墨菲:"那么,依您看,车的哪一方面最重要?"

奈特:"唔……车开起来稳不稳,车速和车的质量当然是最重要的了。噢,还有销售价格问题。"

墨菲谨慎地纠正对方的看法:"当然也要节省,是吗?"

奈特:"当然了。"

墨菲:"所以,应该是稳、速度和节省。奈特先生,在决定一辆车的价值的时候,它们的作用是很重要的。在这一点上,我们的看法是一致的。"

现在,墨菲知道他应该怎样进行洽谈,应该避免哪些问题。他从上述三个方面解释了这辆车的价值,并且间接地反驳了奈特认为车的售价太高的看法,终于把这辆跑车销售出去了。

(资料来源:吕晨钟. 学谈判必读的95个中外案例[M]. 北京:北京工业大学出版社,2005.)

【小幽默】

是"烤"还是"煮"

两个饿极了的猎人在荒无人烟的草地上突然发现了一只徘徊的大雁,它好像掉队了。猎人甲一边张弓搭箭,一边欣喜若狂地说道:"这回可有美味了,我最喜欢吃烤得香喷喷的雁肉了!"听了这话,猎人乙好像觉得有什么不对:"哎,老兄,干吗要烤呢?我喜欢煮的!"猎人甲放下了手中的弓箭,跟他的兄弟较上了劲:"不行,我就要烤的!"

就这样,两人你一言我一语地吵了起来。最后,不知谁的脑子中闪出了一丝理智,他们达成协议:等射下大雁,一半烤着吃,一半煮着吃。但当他们再次拿起弓箭时,大雁早已飞得没影了。

(资料来源:乔淑英,王爱晶. 商务谈判[M]. 北京:北京师范大学出版社,2007.)

启示:只有求同存异,谈判才可能有结果,否则将陷入无休止的争论。

5. 互惠互利原则

互惠互利原则要求商务谈判双方在适应对方需要的情况下,互通有无,使双方利益都能得到满足。谈判取得成功的唯一标志是达成于双方都有利的协议,而绝不是一方全胜,一方皆输。

【小链接】

世界著名的网球明星克丽丝蒂娜与劳力士手表公司就双方合作进行谈判。当时想与网球明星克丽丝蒂娜合作的有很多公司,这些公司纷纷许诺愿以高价求得这位举世闻名的体育明星成为自家品牌的代言人。对于劳力士公司来说,与这位世界级的网球明星合作无疑更有利于公司品牌的进一步延伸和公司影响力的增强,但是劳力士却不愿意为此而花费巨额报酬。在与克丽丝蒂娜接触的过程中,劳力士公司始终让这位网球明星注意到:如果与其他公司联手,凭借自己在网球运动方面的知名度以及在体育史上的地位或许能保证其获得更好的报酬,但是如果选择劳力士作为合作伙伴,那么这种联合将会体现出一流的水平和质量,而这一点对克丽丝蒂娜来说比有形的财富更重要。几经权衡,克丽丝蒂娜决定在报酬方面做出让步与劳力士合作。

(资料来源:乔淑英,王爱晶. 商务谈判[M]. 北京:北京师范大学出版社,2007.)

6. 双方利益最大化原则

商务谈判过程实际上就是不断沟通,创造价值的过程。谈判的成功,很大程度上取决于能不能把蛋糕做大,通过双方努力降低成本、减少风险,使双方利益得到增长。谈判双方要充分交流,想方设法寻求最大利益方案。

【小链接】

有一个人把一个橙子给了邻居的两个孩子。这两个孩子便讨论如何分这个橙子。两个人吵来吵去,最终达成了一致意见,由一个孩子负责切橙子,而另一个孩子选切好的橙子。

结果,这两个孩子按照商定的办法各自取得了一半橙子,高高兴兴地拿回家去了。第一个孩子把半个橙子拿到家,把皮剥掉扔进了垃圾桶,把果肉放到果汁机里榨果汁喝;另一个孩子回到家,把果肉挖掉扔进了垃圾桶,把橙子皮留下来磨碎了,混在面粉里烤蛋糕吃。

从以上故事,我们可以看出,虽然两个孩子各自拿到了看似公平的一半,然而,他们各自得到的东西却未物尽其用。这说明,他们在事先并未做好沟通,也就是两个孩子并没有申明各自利益所在,没有事先申明寻求的价值导致了双方盲目追求形式上和立场上的公平。结果,双方各自的利益并未在谈判中达到最大化。

试想,如果两个孩子充分交流各自所需,或许会有多个方案和多种情况出现。其中一种可能的情况,就是依据上述情形,两个孩子想办法将皮和果肉分开,一个拿果肉去榨果汁,另一个拿皮去烤蛋糕。然而,也可能经过沟通后出现另外的情况:恰恰有一个孩子既想要皮做蛋糕,又想喝橙子汁。这时,如何创造价值就非常重要了。

结果,想要整个橙子的孩子提议可以将其他的问题拿出来一块儿谈,他说:"如果把这个橙子全给我,你上次欠我的棒棒糖就不用还了。"其实,他的牙齿被蛀得一塌糊涂,父母上星期就不让他吃糖了。另一个孩子想了一想,很快就答应了:他刚刚从父母那儿要了5元钱,准备买糖还债。这次他可以用这5元钱去买汉堡,才不在乎这酸溜溜的橙子汁呢。这样,两个孩子的利益实现了最大化。

(资料来源:毛国涛. 商务谈判[M]. 北京:北京理工大学出版社,2008.)

1.2.3 商务谈判成败标准

谈判有其价值评判标准,成功的谈判应该是双赢的。一般来讲,成功的谈判最少应该具有以下3个价值评判标准。

1. 目标实现标准

谈判的最终结果是否达到预期的目标,它是评价一场谈判是否成功的首要标准。

2. 成本优化标准

任何谈判都是要花费一定成本的,一场普通的谈判包括以下3种成本。

(1)达成协议所做出的让步,也就是预期谈判收益与实际谈判收益之间的差距,它是谈判的基本成本。

(2)人们为谈判所花费的各种资源,即人、财、物和时间等,它是谈判的直接成本。

(3)因为参加了这项谈判,所占用的资源失去了其他获利机会,损失了其他可望获得的价值,它是谈判的机会成本。

3. 人际关系标准

谈判是人与人之间的一种交流与沟通活动,不仅存在利益得失的对抗,也存在人际关系的加强和削弱。谈判的结果不只是体现在利益的分配等损益关系上,还体现在人际关系上。因此,在谈判中,谈判者既要争取实现其预定目标,还要重视改善和加强双方友好的合作关系。

一般而言,成功的谈判应该是在实现预期目标的前提下,谈判所获收益与所费成本之比最大,并使双方的友好合作关系得到进一步的发展和加强。

同步实务 1-7

高先生与铜器商的谈判

美国华克公司承包了一项建筑,要在一个特定的日期前在费城建一座庞大的办公大厦。开始时计划进行得很顺利,不料在接近完工阶段,负责供应内部装饰用的铜器承包商突然宣布无法如期交货。这样一来,整个工程不仅要耽搁了,而且要付巨额罚金。于是华克公司与铜器承包商长途电话不断,双方争论不休。一次次交涉都没有结果,华克公司只好派高先生前往纽约。

高先生一进那位承包商的办公室,就微笑着说:"你知道吗?在布骆克林巴,有你这个姓氏的人只有一个。哈!我一下火车就查阅电话簿想找到你的地址,结果巧极了,有你这个姓氏的人只有一个。"听完这句话,承包商兴致勃勃地查阅起电话簿来。"我从来不知道,不错,这是一个很不平常的姓。"承包商很有些骄傲地说,"我这个家族从荷兰移居纽约,几乎有200年了。"他继续谈论他的家族及祖先。当他说完后,高先生就称赞他居然拥有这么大的一家工厂。承包商说:"这是我花了一生的心血建立起来的事业,我为它感到骄傲,你愿不愿意到车间里参观一下?"

高先生欣然前往,在参观时高先生一再称赞他的组织制度健全、机器设备新颖。这位承包商高兴极了,他称这里有一些机器还是他亲自发明的呢。高先生马上又向他请教:"这些机器如何操作?工作效率如何?"到了中午,承包商坚持邀请高先生吃饭,他说:"到处都需要铜器,但很少有人对这一行像你这样感兴趣的。"(到此为止,你一定注意到高先生一次也没有提到此次访问的真正目的。)吃完午饭,承包商说:"现在我们谈谈正事吧。虽然我知道你此次来的目的,但我没有想到我们的相会竟如此的愉快。你可以带着我的保证回费城去,我保证你们要的材料如期运到。我这样做会给另一笔生意带来损失,不过我认了。"高先生轻而易举地获得了他所急需的东西,那些材料及时运到,使大厦在契约到期的那一天完工了。

(资料来源:孙绍年. 商务谈判理论与实务[M]. 北京:清华大学出版社,北京交通大学出版社,2007.)

业务讨论:从成功谈判的三个标准分析高先生的谈判是否成功?你从中得到什么启示?

【拓展阅读】

商务谈判中的八字真言

关于商业经营中的诚信原则,中国自古就有"货真价实,童叟无欺"的八字经典。有趣的是,在英文中也有一个八字真言:"NOTRICKS"。从字面来看,与中文的意义非常相近。不过"NOTRICKS"并不仅仅代表字面的意思,每一个字母还有更深一层的含义——谈判中的八种力。

"N"代表需求(need)。对于买卖双方来说,如果买方的需求更强烈,卖方就拥有相对较强的谈判力;卖方越希望卖出产品,买方就越拥有较强的谈判力。

"O"代表选择(options)。如果卖方可选择的交易机会多,而买方没有太多选择余地,甚至卖方的产品或服务是他唯一的选择,卖方就拥有较强的谈判力;反之,买方的交易机会多,而卖方的交易对象少,则买方拥有较强的谈判力。

"T"代表时间(time)。指谈判中的时间限制,如果买方受到时间的压力,自然会增强卖方的谈判力;反之亦然。

"R"代表关系(relationship)。如果与顾客之间建立强有力的关系,在谈判时就会拥有关系力。

"I"代表投资(investment)。在谈判过程中投入时间和精力越多,对达成协议承诺越多的一方往往拥有较少的谈判力。

"C"代表可信性(credibility)。如果顾客曾经使用过某种产品,而该产品具有价格和质量等方面的优势时,无疑会增强卖方的谈判力。

"K"代表知识(knowledge)。如果卖方充分了解顾客的问题和需求,并知道自己的产品能如何满足顾客的需求,则无疑会增强卖方的谈判力;反之,如果顾客对产品拥有更多的知识和经验,顾客就有较强的谈判力。

"S"代表的是技能(skill)。这可能是增强谈判力最重要的内容了。不过,谈判技巧是综合的学问,需要广博的知识、雄辩的口才、灵敏的思维……

(资料来源:高建军,卞纪兰. 商务谈判实务[M]. 北京:北京航空航天大学出版社,2007.)

◉ 任务演练

对话企业谈判实战专家

背景资料

谈判是与对方短兵相接、博弈竞争的商务活动。来自一线谈判专家鲜活的谈判实例、他们对于谈判的独特理解和感悟,以及他们的谈判实战经验与技巧,将使谈判的初学者对谈判有更真切的感受和更深入的理解。

演练要求

(1) 联系学校所在地较知名企业的谈判专家。
(2) 请谈判专家讲述其谈判经历和感悟。
(3) 谈判专家与学生互动交流。
(4) 学生完成一篇 1 500 字的总结体会。

演练条件

(1) 多媒体教室或会议厅。
(2) 麦克风、桌签。

演练指导

(1) 联系企业领导,到企业参观后,在企业安排的场所听谈判专家讲座,也可邀请谈判专家到学校来做讲座。
(2) 要求学生做好笔记,并准备1~2个问题。
(3) 演练考核(见表1-2)。

表 1-2 实训成绩评分表

姓名_____　　　　　　　　　　　　　　　　　实训名称：对话企业谈判实战专家

评估指标	评 估 标 准	分项评分	得　分
实训准备	笔记本、笔 问题（1～2 个）	10	
现场表现	遵守纪律 举止文明 积极提问	10	
体会总结	语言通顺 逻辑严谨 内容充实 版面规范	80	
总成绩			
教师评语			签名： 年　月　日
学生意见			签名： 年　月　日

重点概括

本项目的内容结构如图 1-1 所示。

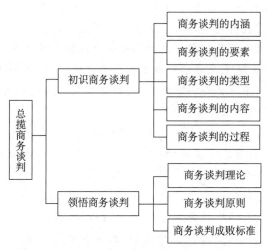

图 1-1　项目 1 的内容结构

- 商务谈判是交易方为了促成交易达成，或是为了解决交易争议或争端，取得各自的经济利益的一种磋商活动。商务谈判具有普遍性、交易性、利益性、协商性、博弈性等特征。
- 商务谈判的要素是指构成商务谈判活动的必要因素。就一项具体的商务谈判而言，商务谈判由谈判主体（谈判关系主体和谈判行为主体）、谈判客体、谈判目标和谈判背景构成。商务谈判关系主体必须具备:是谈判关系的构成者、直接承担谈判后果、有行为能力和谈判资格三个条件。商务谈判行为主体必须是亲自参加谈判的自然人。商务谈判客体必须与谈判主体的利益相关且具有"可谈性"。

- 商务谈判按不同标准可分为软式谈判、硬式谈判、原则式谈判;纵向谈判、横向谈判;主场谈判、客场谈判、中立地点谈判;口头谈判、书面谈判等类型。不同分类从不同侧面反映出商务谈判的丰富内涵。
- 商务谈判内容包括:合同之外的商务谈判和合同之内的商务谈判。合同之外的商务谈判包括谈判时间的谈判、谈判地点的谈判、谈判议程的谈判、其他事宜的谈判;合同之内的商务谈判包括交易条件的谈判、合同条款的谈判。
- 完整的商务谈判过程包括收集信息、制订洽谈计划、建立洽谈关系、达成洽谈协议、履行洽谈协议、维持良好关系六个环节。
- 商务谈判理论主要包括谈判需要理论、谈判博弈理论、谈判公平理论、谈判信息理论、谈判期望理论。商务谈判理论是商务谈判活动运用的基本原理。
- 商务谈判原则包括合法原则、诚信原则、平等协商原则、求同存异原则、互惠互利原则、双方利益最大化原则。商务谈判原则指出了商务谈判活动遵守的主要规则。
- 商务谈判成败的评判依据有三个标准:目标实现、成本优化、建立良好的人际关系。

综合实训

- 案例分析 •

案例 1	谈判家和小贩之间的故事

　　美国著名的谈判家荷伯·科恩曾与妻子去墨西哥城旅游。一天,他们正在马路上观光,妻子突然对他说道:"我看到那边有什么东西在闪光!"

　　"唉,不,我们不去那儿。"荷伯解释道:"那是一个坑骗旅游者的商业区,我们来游玩并不是要到那儿去。我们来这里是领略一种不同的文化风俗,参观一些未见过的东西,接触一些尚未被污染的人性,亲身体会一下真实,遛遛这些人如潮涌的街道。如果你想去那个商业区,你就去吧,我在旅馆里等你。"

　　妻子走了,荷伯独自朝旅馆走去。当他穿过人潮起伏的马路时,看到在相距很远的地方有一个真正的当地土著居民。当荷伯走近时,看见他在大热的天气里仍披着几件披肩毛毯。并大声叫卖:"1 200 比索!"

　　"他在向谁讲话呢?"荷伯问自己:"绝对不是向我讲! 首先,他怎知道我是一个旅游者呢? 其次,他不会知道我在暗中注意他。"荷伯加快脚步,尽量装出没有看见他的样子,甚至用他的语言说:"朋友,我确实敬佩你的主动、勤奋和坚持不懈的精神。但是,我不想买披肩毛毯,请你到别处卖吧。你听懂我的话吗?"

　　"是。"他答道,说明他完全听懂了。荷伯继续向前走,却听到背后仍然有脚步声。土著人一直跟着荷伯,好像他俩系在一条链条上了。他一次又一次叫道:"800 比索!"荷伯有点儿生气,开始小跑。但是土著人紧跟着一步不落。这时,他已降到600 比索了。到了十字路口,因车辆横断了马路,荷伯不得不停住脚步,土著人却仍在他的身边唱着他的独角戏:"600 比索？500 比索？好吧,400 比索！"

当车辆过尽后,荷伯迅速横过马路,希望把他甩在马路那边。但是荷伯还未来得及转过身,就听到他笨重的脚步声和说话声了:"先生,400 比索！"

这时候,荷伯又热又累,身上一直冒汗,土著人紧跟着他使他很生气。荷伯气呼呼地冲着土著人从牙缝里挤出这句话:"我告诉你我不买！别跟着我了！"

土著人从荷伯的态度和声调中听懂了他的话。"好吧,你胜利了。"他答道,"只对你,200 比索！""你说什么？"荷伯叫道。此时,荷伯对自己的话也吃了一惊,因为他压根儿没想过要买一件披肩毛毯。

"200 比索！"土著人重复道。"给我一件,让我看看。"荷伯说。又是一番讨价还价,小贩最终的要价是 170 比索。荷伯从小贩那里得知,在墨西哥城的历史上以最低价格买到一件披肩毛毯的人是一个来自加拿大温尼培格的人,他花了 175 比索。而荷伯买的这件只花了 170 比索,使他在墨西哥历史上创造了用最低价格买走披肩毛毯的新纪录。

那天天气很热,荷伯一直在冒汗。尽管如此,他还是把披肩毛毯披到了身上,感到很洋气。在回旅馆的路上,他一直欣赏着从商店橱窗里映出来的自己的身影。

当荷伯回到旅馆房间,妻子正躺在床上读杂志。

"嗨！看我弄到了什么？"他有点儿得意。"你弄到什么了？"她问道。"一件漂亮的披肩毛毯！""你花了多少钱？"她顺口问道。

"是这么回事,"他充满自豪地说,"一个土著谈判家要 1 200 比索,而一个国际谈判家,就是周末有时间同你住在一屋的这个人,花 170 比索就买到了。"

她讪笑道:"嗤。太有趣了。我买了同样一件,花了 150 比索,在壁橱里。"

(资料来源:张翠英. 商务谈判理论与实训[M]. 北京:首都经济贸易大学出版社,2008.)

(1) 墨西哥小贩为何能成功说服荷伯购买披肩？
(2) 墨西哥小贩的行为有何不妥？
(3) 如果你是墨西哥小贩,你将如何做？

案例 2　　　　　　　　贷款分期拨付

某国曾向我国某一项目提供了一笔数额较大的政府贷款。根据当时有关规定,贷款合同一经生效,该贷款额就已经全部筹集好并存放在指定银行里,借款者根据需要来提用。为了催促借方按期完成项目,对未提用的部分需支付承诺费。

由于这笔贷款数额很大,而且计划用款时间相当长,前后历经 6 年,经计算,所需支付的承诺费数额将十分可观。为此,我方认为,有关支付承诺费的计算方法只是一种传统规定而已,不是原则问题,是可以与外方进行谈判的。我方提出:把这笔贷款按年度分成六部分使用,根据工程用款计划,对方按年度将资金先后调拨到位。每年的额度若没有用完,应按当年未用部分计算承诺费,而以后若干年的贷款额则不计在内。

经过谈判,双方认为这样做对彼此都有利。因为对中方来说,可避免支付一笔可观的承诺费;而对于外方来说,资金逐年到位更容易些,它也可以将其余资金投入其他方面取得收益,从而帮助贷款国降低了成本。于是外方接受了我们的要求,这样我方就节约了几百万美元。

(资料来源:张炳达,满媛媛. 商务谈判实务[M]. 上海:立信会计出版社,2007.)

中外双方如何实现双赢?寻求双赢的途径是什么?

【分析要求】
(1) 小组讨论,形成小组《案例分析报告》。
(2) 班级交流,教师对各小组《案例分析报告》进行点评。

【考核标准】
案例分析考核标准如表1-3所示。

表1-3 小组实训成绩评分表

实训小组_____　　　　　　　　　　　　　　　　　　实训名称:××××案例分析

评估指标	评估标准	分项评分	得分
报告质量	语言精练 内容完整 观点正确 条理清晰 制作精美	50	
交流表现	代言人: 仪表整洁端庄 举止动作得体 自信 声音洪亮 引申发挥 富有吸引力	35	
	团队: 相互协作配合 积极主动回答提问	15	
总成绩			
教师评语			签名: 年 月 日
学生意见			签名: 年 月 日

▪ 单元实战 ▪

| 实战题 | 购 物 谈 判 |

【实训目标】

通过实际的购物谈判活动,加深对商务谈判特征、要素、过程、理论及原则的理解,并形成以成功商务谈判标准要求自己谈判行为的意识。

【实训内容】

以小组为单位选择确定拟购买的商品,制订谈判计划,通过与对方谈判达成交易,总结谈判体会。

【操作步骤】

(1) 小组讨论确定要购买的商品(可以是团队统一服装、日用小商品等)。

(2) 初步调查市场,选择确定谈判对象。

(3) 分析谈判对手的心理及寻求的利益。

(4) 小组讨论制订谈判计划。

(5) 与谈判对象展开谈判。

(6) 完成 800～1 000 字的总结。

(7) 课堂交流,教师点评。

【成果形式】

"×××商品购买谈判总结报告"。

【实训资料】

(1) 谈判计划简表(见表1-4)。

表1-4 ×××商品购买谈判计划简表

项 目	内 容	
谈判对手	商家位置及规模:	
	产品质量、报价、服务:	
	谈判者性格、心理、寻求的利益:	
	其他:	
市场行情	商家1	位置:
		规模:
		质量:
		报价:
		服务:
		其他:
	商家2	位置:
		规模:
		质量:
		报价:
		服务:
		其他:
	⋮	⋮

续表

<table>
<tr><th colspan="2">项　目</th><th colspan="2">内　容</th></tr>
<tr><td rowspan="7">谈判目标</td><td rowspan="2">数量</td><td>最低：</td><td></td></tr>
<tr><td>最高：</td><td></td></tr>
<tr><td rowspan="2">价格</td><td>最低：</td><td></td></tr>
<tr><td>最高：</td><td></td></tr>
<tr><td rowspan="3">附加</td><td>赠送：</td><td></td></tr>
<tr><td>送货：</td><td></td></tr>
<tr><td>其他：</td><td></td></tr>
<tr><td rowspan="4">谈判策略</td><td colspan="2">接触</td><td></td></tr>
<tr><td colspan="2">报价</td><td></td></tr>
<tr><td colspan="2">磋商</td><td></td></tr>
<tr><td colspan="2">结束</td><td></td></tr>
<tr><td colspan="3">风险防范</td><td></td></tr>
<tr><td colspan="3">费用</td><td></td></tr>
<tr><td colspan="3">人员分工</td><td></td></tr>
</table>

(2) 谈判过程记录影像。

【实训考核】

购物谈判考核标准如表1-5所示。

表1-5　小组实训成绩评分表

实训小组_____　　　　　　　　　　　　　　　　　　　实训名称：购物谈判

评估指标	评估标准	分项评分	得　分
实训准备	市场调查充分 对谈判对手分析透彻 谈判计划周密	25	
谈判表现	态度自然镇定 意志顽强 随机应变 协调配合	20	
总结报告质量	语言流畅 内容完整 观点正确 条理清晰 制作精美	25	
交流讨论表现	代言人：仪表整洁端庄 举止动作得体 自信 声音洪亮 表达清楚 富有吸引力	20	
	团队：组员相互协作配合 积极主动回答提问	10	

续表

评估指标	评估标准	分项评分	得分
总成绩			
教师评语		签名： 年　月　日	
学生意见		签名： 年　月　日	

思考练习

名词解释

商务谈判　　商务谈判主体　　商务谈判客体　　商务谈判背景
原则式谈判　　纵向谈判　　横向谈判　　书面谈判

选择题

1. 商务谈判是交易方为了促成买卖成交，或是为了解决交易争议或争端，并取得各自经济利益的一种（　　）活动。
   A. 对抗　　　B. 磋商　　　C. 竞争　　　D. 妥协

2. 商务谈判特征包括（　　）。
   A. 普遍性　　　B. 交易性　　　C. 利益性
   D. 协商性　　　E. 博弈性

3. （　　）是商务谈判的根本特征。
   A. 普遍性　　　B. 交易性　　　C. 利益性　　　D. 博弈性

4. 商务谈判要素包括（　　）。
   A. 谈判主体　　B. 谈判客体　　C. 谈判背景　　D. 谈判目标

5. 按谈判的态度不同分类，商务谈判可分为（　　）。
   A. 软式谈判　　B. 硬式谈判　　C. 保守式谈判　　D. 原则式谈判

6. 如果己方想与对方保持长期的业务关系，并且具有这样的可能性，那么就不能采取（　　），而要采取价值型谈判。
   A. 硬式谈判　　B. 软式谈判　　C. 主场谈判　　D. 客场谈判

7. （　　）对谈判者素质要求高，适宜简单小型的谈判。
   A. 主场谈判　　B. 客场谈判　　C. 团队谈判　　D. 单人谈判

8. （　　）可以集思广益。
   A. 主场谈判　　B. 客场谈判　　C. 团队谈判　　D. 单人谈判

9. 在谈一个金融产品交易的时候，要涉及方方面面的情况，如币种、金额、利率、期限等，其中币种变了，显然利率就会发生变化，因此是牵一发而动全身，这时应采取（　　）方式。

A. 纵向谈判　　B. 横向谈判　　C. 软式谈判　　D. 硬式谈判

判断题

1. 谈判行为主体既可以是组织或企业,也可以是自然人。（　）
2. 价值型谈判是把谈判当作一个合作的过程,能和对手像伙伴一样,共同去找到满足双方需要的方案,使费用更合理、风险更小。（　）
3. 商务谈判者往往同时具有多种需要。了解、分析对手的需要结构,有针对性地诱导和满足才能获得谈判的成功。（　）
4. 谈判公平没有统一的标准,只要双方对谈判结果感到满意即为公平。（　）
5. 谈判者在谈判之前收集的信息越充分,在谈判过程中越善于运用各种谈判技巧探寻对方的意图,谈判就越主动。（　）
6. 谈判中应严格保守商业秘密,严防对手刺探。（　）
7. 对对方透露的信息或"秘密"要查证核实,谨慎对待。（　）
8. 法人代表的委托人必须出具法人代表的委托书才能签订商务合同。（　）
9. 违背国家政策、法律的合同是无效的。（　）
10. 超经营范围的合同是无效合同。（　）
11. 求同存异就是商务谈判中不要纠缠于问题的分歧方面,而是要积极寻求达成双方利益的途径和方法。（　）
12. 商务谈判应争取做大蛋糕,实现双方利益最大化。（　）
13. 商务谈判所指的诚信是指将己方的一切向对方袒露无遗。（　）
14. 成功的谈判是自己得到了最大的利益,而对方几乎一无所得。（　）
15. 商务谈判的主体在法律上是平等的,应平等对待,不可恃强凌弱。（　）
16. 实现谈判目标的谈判一定是成功的谈判。（　）
17. 成功谈判是要在投入最少的基础上实现利益的最大化,同时建立或加强与对方的关系。（　）

简答题

1. 简述商务谈判主体的构成及特征。
2. 简述商务谈判客体需具备的条件。
3. 简述原则式谈判要求。
4. 简述口头谈判与书面谈判的优缺点。
5. 简述横向谈判与纵向谈判的利弊。
6. 简述商务谈判的内容。
7. 简述商务谈判的过程。
8. 简述商务谈判需要理论。
9. 简述商务谈判的合法原则。
10. 简述商务谈判成败标准。

项目 2 备战商务谈判

知识目标

（1）了解商务谈判环境调查的内容。
（2）理解商务谈判信息收集的原则。
（3）掌握商务谈判信息收集及加工整理的方法。
（4）掌握制订商务谈判方案的内容、步骤及基本原则。
（5）掌握商务谈判筹备工作的内容及技巧。

技能目标

（1）能正确收集和分析商务谈判宏观及微观环境信息。
（2）能制订完善的商务谈判方案。
（3）能做好商务谈判各项筹备工作。

训练路径

（1）案例分析。通过典型案例分析与讨论，加深学生对商务谈判准备知识的理解，训练学生表达能力，培养团队合作精神。
（2）模拟训练。参照"情景展示"内容，扮演谈判角色，结合相关知识，完成模拟谈判准备任务，提高学生谈判知识的运用能力。
（3）实战演练。通过设置和完成真实的谈判准备任务，提升学生谈判准备的实战能力。

学习任务 2.1　调研商务谈判环境

情景展示

椰果公司销售经理调研商务谈判环境

某椰果公司销售经理，受命与 A 食品有限公司谈判，争取成为其奶茶椰果的供货商。A 食品有限公司是一家颇具规模的食品生产企业，旗下椰果奶茶系列拥有原味奶茶、香芋奶茶、麦香奶茶、巧克力奶茶、绿茶奶茶、咖啡奶茶和草莓奶茶七种口味，旺销全国各地，是全国杯装奶茶的领导品牌，椰果需求量非常大。此举对个人以及公司意义重大，必须竭尽全力。所谓"知己知彼，百战不殆"，销售经理必须摸清此次谈判的相关信息，着手谈判环境调研。

第一步：收集谈判对手信息

（1）通过互联网搜索引擎输入"A食品有限公司"，搜索该公司基本信息，包括地理位置、企业规模、产品线、行业地位、文化理念、员工素质、资质信用、联系方式等。

（2）通过互联网搜索引擎查找"A食品有限公司"产值、盈利情况。若网上没有，设法通过当地统计部门获取信息。

（3）通过关系联系A食品有限公司采购人员，获得公司内部的非公开信息，特别要了解其椰果供应商、采购决策流程及采购关键人员性格、爱好、谈判风格等情况。

（4）联系A食品有限公司采购经理，了解椰果采购要求。

第二步：收集竞争对手信息

（1）通过A食品有限公司采购人员了解竞争对手所供奶茶椰果品种、规格、价格、交货时间及地点、售后服务、要求的付款方式等信息。

（2）通过互联网搜索引擎查找竞争对手基本信息，包括地理位置、企业规模、经营状况、技术水平、员工素质、资质信用、联系方式等。

（3）购买市场上A食品有限公司出售的奶茶，对其中的椰果做技术分析，了解椰果的品质、特点。

第三步：收集市场信息

（1）通过互联网搜索椰果市场供求状况及价格变化趋势。

（2）通过互联网调查椰果主要生产厂商的地理位置、企业规模、技术水平、资质信用、联系方式。以顾客询价的方式打电话给主要椰果厂商的销售部，或通过在线销售服务平台，了解其奶茶椰果品种、质量、价格、最小订货量、交货时间、地点、要求的付款方式及提供的服务。

（3）到奶茶销售点询问消费者对奶茶中椰果形状、颜色、味道、口感的需求以及对A食品有限公司奶茶中椰果的意见。

第四步：收集自己企业的信息

（1）通过财务部门收集本公司资产、产值、盈利以及椰果的原料成本、生产成本等信息。

（2）通过技术部门获取本公司椰果的生产技术、质量检测资料、行业质量技术标准等信息。

（3）通过物流部门获取本公司椰果的原料来源、储运、货物配送等信息。

（4）通过人事部门了解本公司的管理、技术、人才状况。

（5）通过营销部门了解奶茶椰果品种、定价、最小订货量、交货时间及地点、要求的付款方式、售后服务等信息。

第五步：收集相关环境信息

通过互联网搜索引擎了解与本次谈判有关的政策法规、经济状况、文化历史、风俗习惯、科学技术、自然地理等信息。

注：若资金宽裕，除自己企业的信息外，其他信息可委托专业调研公司调查。

● **知识储备**

2.1.1 商务谈判环境调查内容

任何企业的商务谈判活动都是在一定的谈判环境中进行的，受到宏观及微观环境因素的影响和制约,调查商务谈判环境是成功谈判的关键步骤。

1. 宏观环境

商务谈判宏观环境是影响商务谈判的大的外在影响因素,涉及政治环境、经济环境、科技环境、文化环境和自然环境。

(1) 政治环境,包括政治体制、政府政策、国家(地方)政局、法律、法规、消费权益等。商务谈判政治环境关系到谈判项目的风险、合法性、履行的结果和权益的保护。

【小链接】

中国某工程承包公司在加蓬承包了一项工程。当工程的主体建筑完工之后,中方由于不需要大量的劳动力,便将从当地雇用的大批临时工解雇,谁知此举导致了被解雇工人持续40天的大罢工。中方不得不同当地工人举行了艰苦的谈判,被解雇的工人代表提出让中方按照当地的法律赔偿被解雇工人一大笔损失费,此时中方人员才意识到他们对加蓬的法律了解得太少了。根据加蓬的《劳动法》,一个临时工如果持续工作一周以上而未被解雇则自动转成长期工;作为一个长期工,他有权获得足够维持两个妻子和三个孩子的工资此外,还有交通费和失业补贴等费用。一个非熟练工人如果连续工作一个月以上则自动转成熟练工,如果连续工作三个月以上则升为技术工人。工人的工资也应随之而提高。而我国公司的管理人员按照国内形成的对临时工、长期工、非熟练工、熟练工以及技工的理解来处理加蓬的情况,结果为自己招来了如此大的麻烦。谈判结果可想而知,公司不得不向被解雇的工人支付了一大笔失业补贴,总数相当于已向工人支付的工资数额,而且这笔费用属于意外支出,并未包括在工程的预算中,全部损失由公司自行承担。

(资料来源:白远. 国际商务谈判[M]. 北京:中国人民大学出版社,2007.)

(2) 经济环境,包括经济发展趋势、产业结构、基础设施、物价水平、消费结构、储蓄信贷等。商务谈判经济环境关系到谈判项目的市场机会、投资成本、盈利水平等。

【小链接】

改革开放初期,中国向世界敞开国门,许多电视机厂商纷纷涌入中国。在考察一番后,商人们纷纷摇头离去。精明的日本商人却发现了中国市场的商机。他们了解到当时中国居民家庭收入水平虽然很低,但却有一定数量的储蓄,便与中方谈判出口黑白电视机。果然,质优价廉的日本黑白电视机一进入中国市场就大受欢迎,日本商家大赚了一笔。

(3) 科技环境,包括科技发明、技术创新、知识产权、技术引进、科技人员等。当今科技发展日新月异,新技术、新发明的出现和普及会给某些企业带来机会,也会导致某些企业丧失技术优势,甚至面临淘汰。

【小链接】

石家庄市第三印染厂准备与德国卡佛公司以补偿贸易形式进行为期15年的合作生产,规定由外方提供黏合衬布的生产工艺和关键设备,该工艺包含了大量的专利。初次谈判德方要求我方支付专利转让费240万马克。我方厂长马上派人对这些专利进行了专利情报调查。调查发现其中的主要技术——"双点涂料工艺"专利的保护仅剩下七年将过期。在第二轮的谈判中,我方摆出这个证据,并提出降低转让费的要求,外商只得将转让费降至130万马克。

(资料来源:冯华亚. 商务谈判[M]. 北京:清华大学出版社,2006.)

(4) 文化环境,包括民族习惯、社会风俗、宗教信仰、价值观念、行为规范、商业惯例、文化教育等。谈判者必须了解谈判对方的文化和习俗,才能与对方形成良好沟通,在交往中建立良好关系,也可避免经济利益损失。

【小链接】

我国上海某企业到泰国合资开办了一家药厂,虽然产销对路,但因流动资金不足而被迫停产。究其原因,按泰国市场习惯,药商都实行赊销办法,生产厂家要等药商卖光产品才能收回货款,这就使厂家因资金周转期长、流动资金不足而停产。

(5) 自然环境,包括地理位置、气候特点、交通及通信状况、自然资源、生态环境等。自然环境是分析谈判项目的可行性以及成本的重要考虑因素,同时也是异地谈判准备不可忽视的因素,忽略自然环境可能导致谈判被动或失败,给公司带来损失。

【小链接】

某建筑公司通过激烈的竞争,终于承揽下一项建筑工程的施工任务,承诺一年交付使用。可没有想到的是该地区天气温润潮湿,经常下雨,工程进展缓慢,最后因不能按期交付使用而承担巨额赔偿。

2. 微观环境

微观环境是与企业直接相联系的影响谈判的因素,包括谈判对手、竞争者、市场行情、企业自身等。

(1) 谈判对手,包括谈判对手资信、实力、需求、谈判期限、谈判代表、履约担保等。

① 资信,对于经济组织而言,包括经济组织的历史、合法资格、银行信用等级、权威机构的评定等;对于个人而言,包括合法资格以及个人信用。

【特别提示】

● 具有合法资格的谈判主体是:具备法人资格的社会团体或组织;经核准登记,领取营业执照的其他经济组织;经核准登记,领取营业执照的个体工商户;加入农村集体经济组织的农村承包经营户;年满18周岁(个体工商户、农村承包经营户年满16周岁),精神智力健全,具有完全行为能力的自然人。

● 审查谈判对手的合法资格及信用必须要求对方出具企业法人营业执照、非企业法人营业执照、承包合同、身份证明并严格审验。对方委托第三者谈判或签约时,应让代理人出具委托证明。

② 实力,包括经营范围、注册资本、固定资产、流动资金、资产负债、技术装备水平、产销规模、市场占有率、销售渠道、人员素质、行业地位等。

【特别提示】

● 注意通过公共会计组织审计的年度报告或银行出具的证明等途径了解对方资本营运情况,即使是一个注册资本很大的公司,也会由于经营不善、负债累累而濒临破产或实际已破产。

● 注意不同经济组织对于债务承担的法律责任不同。

独资企业:债务由业主资产抵偿,出资者对企业承担无限责任。

合伙企业:合伙人对整个合伙企业所欠的债务负有无限的责任。

公司企业:出资者按出资额对公司承担有限责任。

- 注意区别母-子公司、总-分公司的权利与责任,谨防落入对方拉大旗做虎皮的圈套。

【小链接】

某建筑公司是具有构筑物建造资格的合法企业,曾获建筑业最高奖"鲁班奖",在业界有较高声望。该公司下设工贸公司,工贸公司具有独立法人资格,经营项目为日杂五金,自负盈亏,独立核算。由于经营管理不善,公司濒临倒闭。为了缓解资金压力,该工贸公司以建筑公司名义对外承揽了 35 米砖烟囱的施工项目。由于没有过硬的构筑物建筑技术,35 米砖烟囱倾斜度严重不合格,导致报废。建设方要求该公司赔偿损失,可该公司营业执照中无此类经营项目,合同无效,只好不了了之。

③ 需求,包括对方与我方谈判的目标、意图,对实现谈判目标的迫切程度,是否真诚等。

【小链接】

美国著名谈判大师荷伯·科恩曾代表一家大公司去购买一座煤矿。公司给荷伯一个可以接受的心理价格是 2 400 万美元,但矿主十分固执,坚持要价 2 600 万美元,谈判陷入了僵局。在以后的几个月,荷伯的出价逐渐提高:1 800 万美元、2 000 万美元、2 100 万美元、2 150 万美元,但是卖主毫不动心。

在不断的接触中,荷伯反复向矿主解释自己的还价合理,可是矿主就是不说话或说别的。一天晚上,矿主终于对荷伯的反复解释正面应对了。他说:"我的一个朋友的煤矿卖了 2 550 万美元,而且有一些附加利益。"

这句话终于使荷伯明白了症结所在,他们对煤矿进行了更深入的走访,最终发现了该矿主的另外一些需求。

- 矿主对他苦心经营的煤矿有很深的感情,他不希望将煤矿卖掉后就和煤矿没有丝毫关系了。——这是从和他一同创业的一个同事那里了解到的。
- 这个煤矿的大部分工人都在这里工作了很久,他们和矿主的关系很好,矿主很担心煤矿卖掉后这些老兄弟丢掉饭碗。——这是从一位老工人那里了解到的。
- 矿主所提到的他的朋友是他一直以来的竞争对手,他一直都不想输给他。——这是荷伯和他一起吃饭时了解到的。

针对这些需求,荷伯与矿主又对交易的额外条件进行了商谈,最后达成了以下几个附加条件。

- 收购后的煤矿仍旧沿用老煤矿的名称,并且聘请矿主担任技术顾问。——事实上,公司也缺乏一个经验丰富的人来把关。
- 煤矿中 80% 的工人与新东家签订劳动合同,继续为煤矿服务。——其实公司也正在为招聘人手而发愁,这只是顺水推舟。
- 公司一次性付清款项。——这比他的那位朋友的 5 年之内付清的条件好得多。

不久,谈判就达成了协议。最后以 2 250 万美元的价格成交。——并没有超过公司的预算,但是附加条件却使矿主感到自己干得远比他的朋友强。而正是这些附加条件使矿主得到了更大的满足,而公司为此却没有真正付出什么。

(资料来源:吕晨钟. 学谈判必读的 95 个中外案例[M]. 北京:北京工业大学出版社,2005.)

④ 谈判期限,包括谈判起止时间、分阶段时间等。

谈判过程中,谈判期限宽松,谈判往往从容、主动;谈判时间紧迫,谈判往往仓促、被动。

【小链接】

越南在刚经历抗法战争之后,就迎来了抗美战争,一场耗时数十年的战争,一场让双方都精疲力竭、迫切需要停下来休息的战争。可在谈判前,越南人说话了:"我们要把这场战争打627年,如果我们再打128年,那有什么要紧呢,打32年的战争对我们来说只是一场速战。"这是一种典型的心理战术,一个向美方施加时间压力与谈判的"魔法"。双方同意在巴黎进行和谈,美方以哈里曼为谈判代表,他们在巴黎市文化中心文达姆区里兹宾馆租了一间按周付款的房间;越南代表团呢,他们在巴黎市郊租了一座租期为两年半的别墅。双方的时间压力显然出现了不均衡,谈判的结果就可想而知了。

(资料来源:范银萍,刘青. 商务谈判[M]. 北京:北京大学出版社,中国林业出版社,2007.)

⑤ 谈判代表,包括谈判对手出席人员的构成、身份、地位、权限、性格、爱好、专长、谈判经验、思维方式、谈判风格、惯用策略和技巧等。

【小链接】

我国某进出口公司与泰国一家公司洽谈钢板网和瓦楞钉生意。谈判开始时就不顺利,双方提出的交易条件相去甚远,中方有意放弃。有一天,中方公司副经理李鼎贺上街购物,无意中发现泰国公司经理徐先生在街头象棋摊边盘桓多时,一副饶有兴趣的样子。李鼎贺心里一动。这天黄昏,李鼎贺带着一副精工制作的象棋来到徐先生下榻的宾馆。"下一盘棋怎么样?"年过半百的徐先生居然像孩子一样兴高采烈。原来,徐先生出身于象棋世家。他的儿子又酷爱收集各种各样的象棋。一场酣战下来,双方意犹未尽。李鼎贺醉翁之意不在酒,又和徐先生畅谈事业、成就、亲情、家世,徐先生对李鼎贺大为赞赏,当即表示:"能和你这样的人交上朋友,这笔生意我少赚一点都值得!"两天后,双方在徐先生下榻的宾馆签了协议。

(资料来源:方其. 商务谈判——理论、技巧、案例[M]. 北京:中国人民大学出版社,2008.)

⑥ 履约担保,包括担保人是否具有担保资格与能力。

【特别提示】

《中华人民共和国担保法》第八条至第十条是对保证人资格的排除性规定,不得为保证人的有:

- 国家机关。
- 以公益为目的的事业单位、社会团体。
- 企业法人的分支机构、职能部门。

(2) 竞争者,包括谈判竞争对手的地理位置、规模、技术、产品质量、性能、成本、价格、服务措施、营销手段、市场占有率等。

(3) 市场行情,包括同类或替代产品市场供求关系及动态;市场需求状况及价格变化趋势;主要生产厂商的供货能力、产品质量、特色、服务、销售价格等。

【小链接】

荷兰某精密仪器生产厂与中国某企业拟签订某种精密仪器的购销合同。但双方在仪器的价格条款上还未达成一致,因此,双方就此问题专门进行了谈判。谈判一开始,荷方代表就将其产品的性能、优势以及目前在国际上的知名度做了一番细致的介绍,同时说明还有许多国家的相关企业欲购买他们的产品。最后,荷方代表带着自信的微笑与口气对中方代表人员说:"根据我方产品所具有的以上优势,我们认为一台仪器的售价应该为4 000美元。"

中方代表听后十分生气。因为据中方人员掌握的有关资料，目前在国际上此种产品的最高售价仅为 3 000 美元。于是，中方代表立刻毫不客气地将其掌握的目前国际上生产这种产品的十几家厂商的生产情况、技术水平及产品售价详细地向荷方代表和盘托出。

荷方代表十分震惊，因为据他们所掌握的情况，中方是第一次进口这种具有世界一流技术水平的仪器，想必对有关情况还缺乏细致入微的了解，没想到中方人员准备得如此充分，荷方人员无话可说，立刻降低标准，将价格调低到 3 000 美元。

（资料来源：张翠英. 商务谈判理论与实训[M]. 北京：首都经济贸易大学出版社，2008.）

（4）企业自身，包括自我需要和满足对方需要的能力。

① 自我需要。
- 希望借助谈判满足己方哪些需要，以及各种需要的满足程度。

【特别提示】

己方的需要是多种多样的，各种需要重要程度并不一样。要搞清楚哪些需要必须得到全部满足，哪些需要可以降低要求，哪些需要在必要情况下可以不考虑，这样才能抓住谈判中的主要矛盾，保证己方的根本利益。

- 需要满足的可替代性。如果需要满足的可替代性大，那么谈判中己方回旋余地就大；如果需要满足的可替代性很小，那么谈判中己方讨价还价的余地就很小。

【特别提示】

需要满足的可替代性包括以下两方面的内容。

一是谈判对手的可选择性有多大。有些谈判者对谈判对手的依赖性很强，就会使己方陷入被动局面，常常被迫屈从于对方的条件。

二是谈判内容可替代性的大小。例如，如果价格需要不能得到满足，可不可以用供货方式、提供服务等需要的满足来代替；眼前需要满足不了，可否用长期合作的需要来代替。

② 满足对方需要的能力。谈判者必须了解自己能满足对方哪些需要；满足对方需要的能力有多大；在众多的竞争对手中，自己具有哪些优势，占据什么样的竞争地位。

【特别提示】

企业满足对方需要的能力可以从生产规模、技术水平、资金状况、新产品开发状况以及产品的产量、品种、质量、成本、价格、交货期、售后服务、信誉等方面分析。

此外，商务谈判还要根据实际需要对谈判中涉及的其他有关内容展开调查。

2.1.2　商务谈判信息收集原则

1. 目的性原则

收集商务谈判信息必须首先明确目的，进而确定收集的信息内容和范围，再通过恰当的途径、方法针对性地采集，做到有的放矢。对收集到的数据、资料，按照调查目的进行归类、整理、分析。

2. 时效性原则

信息与一般物质不同，具有一定的时效性。现实中客观事物是不断发展变化的，反映事物的信息也随之不断变化，一定时期采集的数据、资料将随时间的推移而降低或丧失其价值。因此，信息只有被迅速、及时地收集起来，并传递给需要者，才能有效地发挥作用。

【小链接】

一位超市经理在与朋友闲聊时得知当地今年的雨水将特别多,不禁心里一动。到气象局证实该消息后,立刻组织进购了一大批雨伞。待到雨季来临,果然大雨连绵,购进的雨伞很快销售一空。

3. 准确性原则

准确性是收集信息的一个最基本的要求,"差之毫厘,谬以千里",只有真实、准确的信息,才是可靠、有效的信息。坚持准确性原则意味着在收集信息时,不能凭主观臆断,尊重客观现实并且对获取的数据、资料尽可能地及时进行鉴别、分析,力求把误差降到最低限度。

【小链接】

某建设公司参加一大型炉窑建设投标,由于时间非常紧迫,要求计划部门用3小时估出工程造价。通过计划、采购、技术三部门的协作配合,工程预算书按时完成,经理根据此工程造价参加竞标。不久,公布结果,该建设公司未能中标,询其原因是报价高得不可思议。经理大为恼火,追究计划部门失职责任,该部门认为工程估价过程仔细缜密,不可能出现这样大的问题。继续查找原因,真相大白:计算机取费程序出了问题,将最后一步税金的取费率放大10倍,这是大家怎么也没想到的问题。不过,在交出该预算书之前如果仔细检查一遍,该失误是可以避免的。

4. 经济性原则

收集信息要耗费一定的人力、物力和财力,因此,在收集信息时要讲求投入产出比,注意选择投入少而又行之有效的调查方法和途径,力求以尽可能低的耗费收集到足以能满足需要的信息。

5. 防伪性原则

收集商务谈判信息要注意防范对手散布的假信息,谨防落入对方的圈套。

【小链接】

苏州某公司听说南非是一个诱人的市场,便希望自己的产品打入南非市场。为了摸清合作伙伴的情况,公司决定组团到南非进行实地考察。到达南非后,对方立即安排他们与南非公司的总经理会面,会面地点被安排在一个富丽堂皇的大饭店里。考察团在电梯门口遇到一位满面笑容的招待员,她将考察团引入一间装修豪华、设施现代化的房间。坐在皮椅上的总经理身材肥胖,手中夹着雪茄,脸上一副自信的表情,谈话时充满了激情。他侃侃而谈公司的情况、经营方略以及公司未来的打算。总经理的介绍和他周围所有的一切都深深打动了考察团,他们深信这是一个可靠的财力雄厚的合作伙伴。考察团回国后,马上发去了第一批价值100多万美元的货物,然而,该批货物再也没有了音信。公司只好再派人去调查,此时才发现他们掉进了一个精心设计的圈套里。那位肥胖的"总经理"原来是当地的一个演员,在电梯门口招呼他们的女招待才是真正的总经理,而陈设精良的接待室不过是临时租来的房间。待真相大白之后再寻找这家公司才知道它已宣告破产。

(资料来源:白远. 国际商务谈判[M]. 北京:中国人民大学出版社,2007.)

【特别提示】

有的谈判高手在谈判休会期间故意忘了带走一两份文件或公文包,或者很粗心地在公开场合谈论一些商业机密,或不小心"说漏嘴",让对手上当。对于从对方获得的信息应该头脑冷静,多方证实,不能轻下结论。

2.1.3 商务谈判信息收集方法

1. 阅览大众传媒信息

(1)电视、报纸、杂志、书籍、商品目录、报价单、产品说明书、内部刊物中有着大量的消息、图表、数字、图片,这些信息资料有的与即将展开的谈判密切相关。

【小链接】

20世纪60年代初,我国大庆油田的情况在国外尚未公开。日本人只是有所耳闻,但始终未探明底细。后来日本人在1964年4月26日的《人民日报》上看到"大庆精神大庆人"的字句,判断中国大庆确有其事,但他们仍然弄不清楚大庆究竟在什么地方。在1966年7月的《中国画报》上有一张大庆工人艰苦创业的照片,根据照片上人物的衣着他们断定大庆油田是在冬季温度为零下30℃的中国东北地区,大致在哈尔滨与齐齐哈尔之间。1966年10月,他们又从《人民中国》杂志上看到石油工人王进喜的事迹,事迹中有这样一句话:"王进喜一到马家窑看到……"于是日本人立即找来伪满时期的旧地图:马家窑位于黑龙江海伦东南的一个村子,在北安铁路上一个小车站东边十多千米处,这样他们就把大庆油田的位置弄清楚了。后来,他们又从《中国画报》上发现了一张大庆炼油厂反应塔的照片,根据反应塔上扶手栏杆的粗细与反应塔的直径比例,得知反应塔的内径长为5米。加之《人民日报》刊登的国务院政府工作报告,他们进一步推算出大庆的炼油能力和规模、年产油量等信息。

日方就是利用公开的新闻资料中的一句话、一张照片、一条消息,加以综合分析,掌握了大庆油田的重要情报,揭开了当时尚未公布的一些秘密。随后,日方立即召集相关专家和技术人员,全面设计出了适合中国大庆油田的设备,做好充分的夺标准备。不久,中国政府向国际市场求购石油开采设备,日方以最快的速度和最符合中国要求的设备,一举中标,令西方石油工业大国目瞪口呆,惊诧不已。

(资料来源:石宝明. 商务谈判[M]. 大连:大连理工大学出版社,2008.)

(2)互联网是当今社会非常重要的信息渠道。在网络中可以非常方便快捷地查阅国内外许多公司信息、产品信息、市场信息以及当地政治、经济、文化、科技、自然等宏观环境信息。

(3)各国政府、国际组织、行业协会、消费者组织、质量监督机构定期发布的各类统计报告上包含了大量准确的宏观信息资料以及部分规模企业的相关信息资料。

(4)各银行组织、信息咨询公司的定期报告上包含了大量准确的微观信息资料,且资料详尽,并提供了大量的原始数据。

2. 走访询问

调查者面对访问对象(如公司内部职员、政府主管部门、银行、顾客、对方竞争者等),通过问答的方式获取信息。访谈的形式多种多样,既可座谈,也可发放问卷调查,还可通过电话、QQ等方式询问。走访知情人士和机构比较容易获得详细、准确的信息。

【小链接】

美国有位谈判专家想在家中建个游泳池,建筑设计要求非常简单:长30英尺,宽20英尺,有温水过滤设备,并且在8月1日前做好。谈判专家对游泳池的造价及建筑质量等方面是个外行。谈判专家先在报纸上登了个想要建造游泳池的广告,具体写明建造要求,结果有A、B、C三位承包商来投标:他们都递交了承包的标单,里面有各分项工程所需的器材、费用及工程总费用。

谈判专家仔细地看了这三张标单,发现所提供的温水设备、过滤网、抽水设备、设计都不一样,总费用也有差距。谈判专家对这三位承包商的工程建造质量和应该的合理报价不清楚,使他无法做出选择。谈判专家该怎么办呢?

谈判专家要获得需要的信息,最简单直接的方式就是利用承包商之间的竞争。谈判专家约这三位承包商来他家里商谈,先让他们坐在客厅里彼此交谈着等候。半个小时后,依次请A、B、C进书房去商谈。A先生一进门就宣称他的游泳池一向是造得最好的,好游泳池的设计标准和建造要求他都符合,顺便还告诉主人B先生通常使用陈旧的过滤网,而C先生曾经丢下许多未完成的工程,并且他现在正处于破产的边缘。紧接着B先生告诉主人其他人所提供的水管都是塑胶管,他所提供的才是真正的铜管。而C先生告诉主人其他人所使用的过滤网都是品质低劣的,并且往往不能彻底做完,拿到钱之后就不管了,而他则是绝对做到保质保量。谈判专家通过静静地倾听和旁敲侧击地提问,基本上弄清楚了游泳池的建筑设计要求及三位承包商的基本情况,发现C先生的价格最低,而B先生的建筑设计质量最好。最后他选中了B先生来建造游泳池,而只给C先生提供的价钱。经过一番讨价还价之后,谈判终于达成了一致。

3. 实地考察

(1) 现场考察,调查者亲临对方所在地,甚至对方的生产区、经营区,通过亲临现场观察得到最为真实可靠的信息。

(2) 会议考察,通过参加各种商品交易会、展览会、订货会、企业界联谊会等获取资料。

(3) 社交考察,通过安排社交活动来接近对方,在与对方交往中获取信息资料。

【小链接】

《文汇报》曾有一篇报道,题目是《一口"痰"吐掉一项合作》。说的是某医疗器械厂与外商达成了引进"大输液管"生产线的协议,第二天就要签字了。可当这个厂的厂长陪同外商参观车间的时候,习惯性地向墙角吐了一口痰,然后用鞋底去擦。这一幕让外商彻夜难眠,他让翻译给那位厂长送去一封信:恕我直言,一个厂长的卫生习惯可以反映一个工厂的管理素质。况且,我们今后要生产的是用来治病的输液皮管。贵国有句谚语"人命关天!"请原谅我的不辞而别……

(资料来源:百度文库,http://wenku.baidu.com/view/c42154da50e2524de5187e45.html.)

4. 咨询

通过向咨询公司、大专院校、研究机构、学(协)会的专家咨询,获取信息资料,尤其是通过知名咨询公司获取的资料具有很高的价值,但这种方法获取信息的成本较高。

【小链接】

我国某一公司拟引进彩色胶卷相纸的生产技术,该公司自己花了很长时间来收集该项技术及价格的资料,但始终不得要领,弄不清准确情报。后来委托香港一家咨询公司,请他们对彩色胶卷相纸生产技术的转让和选购有关设备提出意见。在较短时间内,该咨询公司就提出了咨询报告,对世界上几家有名的经营彩色胶卷相纸的生产厂家,如柯达、爱克发、富士、樱花、依克福、汽巴等公司垄断技术市场情况做了分析,还估计了各公司对技术转让的可能态度,估算了引进项目所需要的投资。这些咨询意见为引进该项技术提供了重要的决策依据。

(资料来源:http://wenku.baidu.com/view/448fd4db50e2524de5187e97.html.)

5. 特殊途径

通过非正常手段获取信息,比如通过商业间谍获取信息,通过金钱收买对手核心人物获取信息等,这种方法收集的大都是保密程度很高的核心信息。

【小链接】

有一次,一批甲国影像材料专家到乙国一家著名的照相器材厂参观,实验室主任殷勤地招呼着客人。当参观到这家器材厂的显影溶液时,一位客人由于看得格外仔细,以至于将其领带末端的极小部分微微浸碰到了溶液。这一看似平常的举动并没有逃过主任的眼睛,他知道一旦该领带被带出厂去,只要将领带上的溶液痕迹化验一下,便可轻而易举地得到这显影溶液的配方。于是,在客人准备辞行时,一位负责接待的女士拿着一条崭新的高档领带彬彬有礼地请那位客人换上,那位客人虽一边道谢,一边换上领带,可是脸上却明显地带有一种有苦难言的尴尬神情,窃取机密的行为就这样被制止了。

(资料来源:孙绍年.商务谈判理论与实务[M].北京:清华大学出版社,北京交通大学出版社,2007.)

【特别提示】

收集商务谈判信息的方法还可以是参加聚会、集体活动等,通过接触、观察收集信息。

2.1.4 商务谈判信息整理分析

1. 信息筛选

要将收集的资料进行鉴别和分析,剔除那些与事实明显不符的信息、某些不能有足够证据证明的信息、某些带有较强主观臆断色彩的信息等,保留那些可靠的信息。

2. 信息分类

在保证信息资料可靠性的基础上,将资料进行归纳、分类。将原始资料按时间顺序、问题性质、反映问题角度等指标分门别类地排列成序,以便于更加明确地反映问题的各个侧面或整体面貌。

3. 信息分析

将整理好的资料做认真的研究分析,从表面的现象探求其内在本质,由此问题逻辑推理到彼问题,由感性认识上升到理性认识。

4. 信息结论

在信息分析研究的基础上,做出对问题的正确判断和结论。

【小链接】

王先生将要代表员工与公司方面就调整工资有关问题进行谈判。在收集信息的过程中,发现董事长在以前公司会议上说了这样一段话:"我从未受过正规教育,能有今天,完全是我多年来不断奋斗,不向困难低头的结果。如今公司已经上了轨道,在同行中也占有一席之地,我感到由衷的高兴。"

由此王先生分析,董事长由于未受过正规教育,所以可能对薪酬体系的专业问题了解不透,出面与他交涉的,也许是董事长聘来的专家。只要专家接受你的建议,董事长自然无话可说。另外,董事长是个不断奋斗,不向困难低头,历尽千辛万苦,而后才获得成功的人——这种人通常不会轻易接受员工要求。白手起家的人总有一种观念:不能让步,万一让步,多年努力的成果便将毁于一旦。所以必须准备足够的资料,并且设法让董事长明白员工的要求不但不会妨碍公司的成长,反而会促进公司未来的发展。

(资料来源:吕晨钟.学谈判必读的95个中外案例[M].北京:北京工业大学出版社,2005.)

【拓展阅读】

国际商务谈判环境调查内容

英国谈判专家P.D.V.马什在其所著的《合同谈判守则》中对谈判环境因素做了全面的归纳与分析,可以作为商务谈判特别是国际谈判调查内容的参考。具体地讲,谈判环境调查的内容包括以下几方面。

1. 政治状况

(1)国家对企业的管理程度。这涉及参加谈判的企业是否可以自主决定谈判的内容、目标,以及关键性问题。

(2)国家对企业的领导形式。如果是中央集权制,那么中央政府权力较集中;如果是地方分治制,那么地方政府和企业权力较大。

(3)谈判项目是否有政治上的关注。商务谈判通常是纯商业目的的,但有时可能会受到政治因素的影响。如政府或政党的政治目的参与到商务谈判中,政治因素将影响甚至决定谈判的结果。涉及关系国家大局的重要贸易项目,涉及影响两国外交的敏感性很强的贸易往来,都会受到政治因素的影响。

(4)谈判对手政府的稳定性。国家政局的稳定性对谈判有重要影响,一般情况下如果政局发生动乱,或者爆发战争,都将使谈判被迫中止,或者已达成的协议变成一张废纸。

(5)买卖双方政府之间的政治关系。如果两国政治关系良好,那么买卖双方的贸易是受欢迎的,谈判将是顺利的;如果两国政府之间存在敌对矛盾,那么买卖双方的贸易会受到政府的干预甚至被禁止,谈判中的障碍会很多。

(6)谈判对手是否运用间谍手段。国内外市场竞争较为激烈,有些国家和公司在商务谈判中采取一些间谍手段,如在客人房间安装窃听器,偷听电话,暗录谈话内容,或者用男女关系来诬陷某人等。谈判人员应该提高警惕,防止对方采用各种手段窃取信息,设置陷阱,造成己方谈判被动的局面。

2. 宗教信仰

(1) 该国家占主导地位的宗教信仰。世界上有多种宗教信仰,例如佛教、伊斯兰教、基督教等。宗教信仰对人的道德观、价值观、行为方式都有直接影响。首先要搞清楚该国或地区占主导地位的宗教是什么;其次要研究这种占主导地位的宗教信仰对谈判人的思想行为会产生哪些影响。

(2) 该宗教信仰是否对下列事物产生重大影响。

① 政治事务:例如该国政府的施政方针、政治形势、民主权利是否受该国宗教信仰的影响。

② 法律制度:某些宗教色彩浓厚的国家或地区,其法律制度的制定不能违背宗教,甚至某些宗教教规是至高无上的法律。例如伊斯兰教徒在做出违反协议的行为后,会坦然地说道:"这是安拉的旨意。"

③ 国别政策:一些国家在对外贸易上制定国别政策,对于宗教信仰相同的国家实施优惠政策,对于宗教信仰不同的国家,尤其是有宗教歧视和冲突的国家及企业施加种种限制和刁难。

④ 社会交往与个人行为:宗教信仰对社会交往的规范、方式、范围都有一定的影响;对个人的社会工作、社交活动、言行举止都有这样那样的鼓励或限制。这些都会形成谈判者在思维模式、价值取向、行为选择上的宗教痕迹。

⑤ 节假日与工作时间:不同宗教信仰的国家都有自己的宗教节日和活动,谈判日期不应该与该国的宗教节日、祷告日、礼拜日相冲突,应该尊重对方的宗教习惯。

3. 法律制度

(1) 该国家的法律制度是依据何种法律体系制定的,是英美法还是大陆法。

(2) 在现实生活中法律的执行程度。法律执行情况不同将直接影响到谈判成果能否受到保护。有法可依,执法必严,违法必究,将有利于谈判按照法律原则和程序进行,也将保证谈判签订的协议不会受到任意的侵犯。

(3) 该国法院受理案件的时间长短。法律受理案件时间的长短直接影响到谈判双方的经济利益。当谈判双方在交易过程中以及在合同履行过程中发生争议,经调解无效,递交法院。法院受理案件的速度越快,对谈判争议的解决就越有利,损失就越小。

(4) 该国对执行国外的法律仲裁判决的程序。要了解跨国商务谈判活动必然会涉及两国法律的适用问题,必须清楚该国执行外国法律仲裁判决需要哪些条件和程序。

(5) 该国当地是否有完全脱离于谈判对手的可靠的律师。如果必须在当地聘请律师,一定要考虑能否聘请到公正、可靠的律师,因为律师在商务谈判过程中始终起着重要的参谋和辩护作用。

4. 商业做法

(1) 该国企业是如何经营的,是不是各公司的主要负责人或是公司中各级人员均可参与,有没有真正的权威代表。例如,阿拉伯国家公司大多数是由公司负责人说了算;而日本企业的决策必须经过各级人员相互沟通,共同参与,达成一致意见后再由高级主管拍板。

(2) 是不是做任何事情都必须见诸文字,或是只有文字协议才具有约束力,合同具有何等重要意义。有些国家必须以合同文字为准;另一些国家有时也以个人信誉和口头承诺为准。

(3) 在谈判和签约过程中，律师是不是始终出场，负责审核合同的合法性并签字，还是仅仅起到一种附属作用。

(4) 正式的谈判会见场合是不是只是为双方的领导而安排的，其他出席作陪的成员是不是只有当问到具体问题时才能讲话。如果是这样，那么谈判成员的职权不是很大，领导人的意志对谈判会产生较大影响。

(5) 该国有没有工业间谍活动，应该如何妥善保存机要文件，以免谈判机要被对方窃取。

(6) 在商务往来中是否有贿赂现象，如果有，方式如何，起码的条件如何。调查这些问题的目的在于防止不正当的贿赂使对方人员陷入圈套，使公司利益蒙受损失。

(7) 一个项目是否可以同时与几家公司谈判，以选择最优惠的条件达成交易。如果可以，那么保证交易成功的关键因素是什么，是否仅仅是价格问题。

(8) 业务谈判的常用语种是什么，如使用当地的语言，有没有可靠的翻译。合同文件是否可用两种语言表示，两种语言是否具有同等的法律效力。

谈判语言是非常关键的交流表达手段，要争取使用双方都熟悉的语言进行谈判，翻译一定要可靠。合同文件如果使用双方官方语言文字，两种语言应该具有同等的法律效力，这对双方来讲都是公平的。

5. 社会习俗

谈判者必须了解和尊重该国、该地区的社会风俗习惯，并且善于利用这些社会风俗为己方服务。比如，该国家或地区的人们在称呼和衣着方面的社会规范标准是什么，是不是只能在工作时间谈业务。赠送礼物有哪些习俗，当地人在大庭广众之下是否愿意接受别人的批评，人们如何看待荣誉、名声问题，当地人公开谈话时喜欢哪些话题，妇女是否参与经营业务，在社会活动中妇女是否与男子拥有同样的权利。这些社会习俗都会对人们的行为产生影响和约束力，必须了解和适应。

6. 财政金融状况

(1) 该国的外债情况如何。如果该国的外债过高，就有可能因为外债紧张而无能力支付交易的款项，必然使商务谈判成果不能顺利实现。

(2) 该国的外汇储备情况如何。该国主要依靠哪些产品赚取外汇，如果该国外汇储备较多，则说明该国有较强的对外支付能力；如果外汇储备较少，则说明该国对外支付会出现困难。该国如果以具有较高附加价值的机械、电子产品、高科技产品为主赚取外汇，则说明该国换汇能力比较强，支付外汇能力也必然较强。

(3) 该国货币是否可以自由兑换，有何限制。如果交易双方国家之间的货币不能自由兑换，就要涉及如何完成兑换，要受到哪些限制的问题。汇率变动也会对双方造成一定的风险，这也是需要认真考虑和协商的。

(4) 该国在国际支付方面信誉如何，是否有延期的情况。了解该国在国际支付方面的信誉情况也是必要的，如果对方信誉不佳，就要考虑用何种手段控制对方，以免延误支付。

(5) 要取得外汇付款，须经过哪些手续和环节。这些问题会涉及商务交易中支付能否顺利实现，怎样避免不必要的障碍。

(6) 该国适用的税法是什么，是根据什么法规进行征税的，该国是否签订过避免双重征税的协议,与哪些国家签订过。

(7) 公司在当地赚取的利润是否可汇出境外,有什么规定。搞清楚这些问题,可使交易双方资产形成跨国间顺利流动,保证双方经济利益不受损失或少受损失。

7. 该国基础设施与后勤供应系统

该国人力方面如必要的熟练工人和非熟练工人、专业技术人员情况如何,该国物力方面如建筑材料、建筑设备、维修设备情况如何,在财力方面有无资金雄厚、实力相当的分包商,在聘用外籍工人、进口原材料、引进设备等方面有无限制,当地的运输条件如何。

8. 气候因素

气候因素对谈判也会产生多方面的影响。例如,该国家雨季的长短、冬季的冰雪霜冻情况、夏季的高温情况、潮湿度情况,以及台风、风沙、地震等情况。

● 任务演练

模拟调研椰果公司与A食品有限公司谈判环境

背景资料

某椰果公司销售经理受命与A食品有限公司谈判,争取成为其奶茶椰果的供货商。此举意义重大,销售经理立刻着手调查收集此次谈判的相关信息,摸清谈判环境状况。

A食品有限公司采购经理也为此次谈判积极准备,广泛收集谈判相关信息,做到知己知彼。

演练要求

(1) 将学习竞赛小组两两结对,分别扮演买方:A食品有限公司,卖方:××××椰果生产商。

(2) 按照分配的任务完成谈判环境调研。

(3) 整理调研资料,课堂交流讨论。

(4) 修改完善调研资料。

(5) 将买卖方模拟小组资料整合,供双方共享。

演练条件

(1) 多媒体教室。

(2) 计算机、网络、电话。

(3) 香飘飘奶茶售卖场。

(4) 50元现金。

演练指导

1. 任务分配

(1) 卖方调研任务。

① 调查A食品有限公司信息。

● 调查A食品有限公司地理位置、企业规模、行业地位、经营状况、文化理念、员工素质、资质信用、经营状况、联系方式等信息。

● 调查A食品有限公司椰果采购关键人员的身份、性格、爱好、谈判风格等(按扮演学生情况模拟)。
- 调查A食品有限公司购买奶茶椰果的期望与要求。
② 调查A食品有限公司椰果供货商信息。
- 调查A食品有限公司奶茶椰果供货商的地理位置、企业规模、经营状况、技术水平、文化理念、员工素质、资质信用,以及奶茶椰果品种、规格、质量、成本(可假设)、价格、交货时间及地点、售后服务、要求的付款方式等信息。
- 购买A食品有限公司奶茶,观察其椰果的形状、色泽,品尝椰果味道、口感。

③ 调查物流信息。调查每吨椰果从卖方企业以及现有供货商到A食品有限公司的物流费用及运输时间。

④ 调查宏观环境信息。调查与此次谈判相关的政策、法律、经济、技术状况以及A食品有限公司所在地文化历史、风俗习惯、地理及气候特点等。

(2) 买方调研任务。

① 调查谈判对手信息。
- 调查谈判对手的地理位置、企业规模、经营状况、技术水平、文化理念、员工素质、资质信用,以及奶茶椰果品种、规格、质量、成本(可假设)、价格、交货时间及地点、售后服务、要求的付款方式等信息。
- 调查谈判对手的谈判人员身份、性格、爱好、谈判风格等(可按扮演学生情况模拟)。

② 调查谈判对手所在地相关环境信息。调查谈判对手当地的经济发展状况、文化历史、风俗习惯、地理及气候特点等。

③ 调查椰果市场信息。
- 询问消费者对奶茶中的椰果形状、味道、口感的需求意见,以及对A食品有限公司奶茶中椰果的评价。
- 调查椰果市场供求状况及价格变化趋势。
- 调查市场上主要的椰果生产商的地理位置、企业规模、技术水平、资质信用,以及奶茶椰果价格、质量、交货时间及地点、要求的付款方式及提供的服务。

2. 调研方法

(1) 使用百度等网络搜索引擎查找信息。

(2) 实地访问。

(3) 电话询问。

(4) 通过在线咨询、在线客服等询问。

3. 相关说明

(1) A食品有限公司及其现有奶茶供货商、谈判卖方企业均由教师指定。

(2) 椰果价格设定为出厂价(含发票税金)。

(3) 交货时间设定为从订货到椰果厂家发货的时间,交货地点设定为椰果厂家所在地。

(4) 付款方式内容为:付款时间(款到发货、货到付款、预付款、货到结清),买方付款方式(银行转账、在线支付、邮局汇款)。

(5) 模拟谈判买卖双方将收集的信息汇总整理,供双方共同使用。

4. 调研信息收集（见表 2-1）

表 2-1　调研信息收集表

调研任务：

序号	调查项目	收集方法	具体途径	信息描述

5. 调研信息汇总（见表 2-2）

表 2-2　调研信息汇总表

调研任务	调查项目	信息描述

6. 演练考核（见表2-3）

表 2-3 小组实训成绩评分表

实训小组_____　　　　　　　　　　　　　　　　实训名称：商务谈判环境调研

评估指标		评估标准	分项评分	得　分
信息收集		调查方法、途径正确 信息收集全面完整	25	
信息质量		信息内容精练、完整 信息针对调研目的 信息有价值	40	
交流讨论表现	代言人	仪表整洁端庄 举止动作得体 自信 声音洪亮 表达清楚 富有吸引力	25	
	团队	组员相互协作配合 积极主动回答提问	10	
总成绩				
教师评语				签名： 　年　月　日
学生意见				签名： 　年　月　日

学习任务2.2　制订商务谈判方案

○ 情景展示

椰果公司销售经理制订商务谈判方案

椰果公司销售经理经过前期的调查，掌握了与A食品有限公司进行椰果销售谈判的相关信息，接着制订与A食品有限公司的椰果销售谈判方案。

第一步：分析商务谈判环境

（1）分析A食品有限公司相关信息。

① 把握A食品有限公司的企业规模、经营状况、资质信用、员工素质、行业地位以及寻求的利益。

② 把握 A 食品有限公司椰果采购人员的身份、性格、爱好、谈判风格、权限等。

(2) 分析椰果市场信息。

① 把握高纤维椰果市场供求状况及价格趋势。

② 把握消费者对奶茶中椰果的形状、味道、口感的要求。

③ 把握主要椰果制造商家的地理位置、企业规模、技术水平、资质信用，以及奶茶椰果的品种、质量、价格、最小订货量、交货时间、地点、要求的付款方式及提供的服务。

(3) 分析竞争对手与己方企业相关信息。把握己方企业在地理位置、企业规模、资质信用、经营状况、技术水平、员工素质，以及奶茶椰果品种、质量、价格、供货、服务等方面较之于竞争对手的优劣势。

(4) 分析己方与 A 食品有限公司的谈判实力。

(5) 分析谈判宏观环境。

把握谈判的政治、经济、文化、科技、自然等状况。

第二步：制订商务谈判方案

(1) 明确谈判主题。主题：与 A 食品有限公司达成椰果购销协议。

(2) 明确谈判的目标。

① 希望通过此次谈判获得的成果：以高于成本价与 A 食品有限公司达成合作，成为其奶茶椰果供货商，并获取一定利润。

② 此次谈判的最好结果：成为 A 食品有限公司奶茶椰果独家供货商，价格不低于市场正常售价。

③ 此次谈判底线：以成本价与 A 食品有限公司达成合作，成为其奶茶椰果供货商。

(3) 明确谈判地点。谈判地点是我公司行政办公楼会客厅。

(4) 明确谈判组成员及职责。

① 谈判组长。谈判一线总负责人，可由公司销售经理担任。

② 技术专家。负责产品规格、加工工艺、质量保障等方面的事务，可由公司技术部负责人担任。

③ 商务专家。负责销售数量、价格、交货方式、售后服务、保险等方面事务，可由公司销售经理兼任。

④ 财务专家。负责货款及费用支付、对方经营能力审查等财务方面的事务，可由公司财务部负责人担任。

⑤ 法律专家。负责对方经济组织及谈判代表的合法资格审查、合同文本的准备、违约责任、纠纷处理等方面的事务，可由公司合同专员担任。

⑥ 后勤保障人员。负责安排 A 食品有限公司谈判代表食宿及休闲活动，准备谈判会场，预订宴席，购买礼品，整理及保管谈判资料，做谈判记录等事务，可由公司办公室主任担任。

(5) 明确谈判策略。

① 开局阶段。营造融洽和谐的气氛。在我方做公司介绍时，要让对方了解我方的实力，重点介绍哪些知名企业是我们的长期用户；我们在为这些企业保证产品质量、降低成本方面做出了哪些贡献。在做人员介绍时，重点是让对方相信我方的技术负责人是椰果方面的专家。

② 交易磋商阶段。

• 报价：我方此次谈判的目的是达成与 A 食品有限公司的合作，考虑报价因素和此次谈判对今后交易价格的影响,我们第一次按略高于市场平均价格报价,为后面的谈判留下足够的空间。

- 议价:重点强调我方提供的椰果对A食品有限公司奶茶提升产品市场形象的积极作用,因为这是对方最为关心的。同时展示我方的技术资料及产品,证明我公司椰果的优良品质。
- 让步:售后服务方面可做比较大的让步。为了做好A食品有限公司这个"样板"用户,即使对方不要求,在服务方面我们也应该是不遗余力的。

在价格方面应该采取小幅度递减的让步策略,让对方感到我们的价格没有多少水分,避免对价格的过高期望。对方可能会在谈判中凭其优势地位不肯在价格上让步,我方必须突出优势,并在情感上打动对方,争取对方让步。

在付款条件方面,坚持"先款后货",并在对方提出"先货后款"要求时,以本公司不开先例为由阻止对方。

交货期限为五天。当对方提出小于五天的交货期,向对方说明本公司要增加投入,提高价格。若出现僵局,可暂时休会。通过场外沟通缓和气氛。

对方可能采取我方未曾预料的策略,让我方陷入被动。对此,我方必须沉着冷静,协调一致,灵活应对。

③ 结束阶段。不管谈判的成果如何,我们始终都应该保持积极的态度,显示我方的诚意。要与对方谈判人员建立融洽的关系,切不可使谈判出现双方关系紧张。

(6) 明确谈判议程。与A食品有限公司采购经理取得联系,邀请对方到我公司谈判。索要谈判代表团名单,了解其谈判时限以及参观访问等方面的意愿,制订以下谈判议程。

- 8月9日　迎接A食品有限公司谈判代表,安排食宿。引领对方参观企业。设欢迎晚宴。
- 8月10日　A食品有限公司谈判代表参观游览。
- 8月11日　启动谈判。
- ◆ 8:30—11:30　议题:椰果品种、质量、规格、包装、订货数量、交货方式、供货价格及货款支付。
- ◆ 11:40　工作餐。
- ◆ 13:30—17:00　议题:货物验收、提出异议、违约责任、争议解决、其他事项。
- 8月12日 8:30　就争议问题进一步磋商,达成一致。确认椰果购销合同内容,签订协议。拍照留念,设晚宴庆祝。
- 8月13日　送A食品有限公司谈判代表到机场(车站)返回公司并赠送礼物。

(7) 明确谈判风险。

① 若本次谈判的供货价格长期稳定,我公司将面临椰果原料价格上涨、利润下降的风险,须与原料供货商签订长期供货协议,稳定原料供货价格。

② 若本次谈判交货地点在A食品有限公司所在地,运输过程中存在途中货物损失风险,必须购买相关保险。

③ 产品交货后,对方验货时存在质量争议风险,须明确产品交货质量检验方法与标准。

(8) 明确谈判费用。

- 车费:500元。

- 宴请费及用餐费：12 000元。
- 参观费：5 000元。
- 礼品购置费：2 000元。
- 电话费：300元。
- 住宿费：10 000元。

（9）明确联络方式。谈判过程中如有紧急情况请示或需要资料文件，由销售经理直接与主管副总经理电话联系。销售经理每天20:00向主管副总经理汇报工作。

（10）明确应急预案。

① 如A食品有限公司谈判代表出现身体不适，立刻调用公司轿车送往市第一人民医院诊治。

② 如A食品有限公司原椰果供货商提出大幅度降价，我方要强调我公司产品的优势，必要时可降价至底线，以打击对手。

第三步：模拟谈判

（1）模拟谈判对手。根据调查信息，选择相应模拟人员，模拟A食品有限公司谈判代表团成员，推测其心理、谈判目标、可能采取的策略等。

（2）模拟己方。将谈判方案中预设的谈判组成员组成己方谈判团，明确己方优劣势、谈判目标、谈判策略。

（3）模拟谈判过程。谈判双方围绕谈判主题展开谈判演练，每个谈判者都在模拟谈判中扮演特定角色，将谈判过程一一演绎。

（4）完善谈判方案。根据模拟谈判发现的问题，找出既定谈判方案的漏洞与缺陷，分析漏洞或缺陷的弥补方法，调整、完善谈判方案。

特别注意：

- 谈判目标是否表达准确，是否能被己方谈判人员理解并接受。
- 谈判班子成员是否是最佳阵容，是否应做调整。谈判成员的弱点及克服办法。
- 谈判策略是否合适，是否能为对方所接受，能较好控制谈判，实现双赢。
- 费用预算是否超出公司承受能力。

第四步：方案报批

将完善后的方案报主管副总经理审批，听取副总经理意见，依照副总经理意见调整。

第五步：信息反馈

将"谈判通则议程"发送给A食品有限公司采购经理，听取对方意见。

第六步：确定方案

根据谈判对方的意见，对谈判方案再做修改，副总经理审批通过后即可实施。

● 知识储备

2.2.1 制订商务谈判方案步骤

1. 分析商务谈判环境

分析商务谈判环境涉及宏观环境因素分析以及微观环境因素分析。对于谈判中涉及的相关因素进行研究,特别注意己方与谈判对手寻求的利益和实力比较,己方与竞争对手优劣势比较。

2. 制订谈判方案

根据对谈判环境的分析,围绕谈判双方寻求的利益,按相关内容制订谈判方案。

3. 模拟谈判

围绕谈判主题展开模拟演练,将谈判过程一一演绎,找出既定谈判方案的漏洞与缺陷,分析漏洞或缺陷的弥补方法,调整、完善谈判方案。

4. 方案报批

完善后的方案报主管领导审批,听取主管领导意见,依照主管领导意见调整。

5. 信息反馈

依据谈判方案形成"谈判通则议程",并将其发送给对方,听取对方意见。

6. 确定方案

根据谈判对方的意见,对谈判方案再做修改,主管领导审批通过后即可实施。

【特别提示】

谈判实力是指影响双方在谈判过程中的相互关系、地位和谈判最终结果的各种因素的总和。在通常情况下,谈判实力取决于以下几个因素。

- 双方对达成合作的愿望程度。一般来说,某一方越是希望能与对方达成合作(特别是长期合作),那么该方在谈判中的实力就越弱,反之越强。
- 双方对交易内容与交易条件的满足程度。某一方对交易内容与交易条件的满足程度越高,那么该方在谈判中就比较占优势,也就是说该方的谈判实力越强。
- 双方竞争的形势。如果多个卖主对应较少的买主时,即形成了买方市场,这时无疑会使买方的谈判实力增强,而使卖方的谈判实力减弱;反之,卖方的谈判实力会增强,而买方的谈判实力会减弱。
- 双方对商业行情的了解程度。谈判的一方对交易本身的行情了解得越多、越详细,那么该方在谈判中就越是处于有利地位,也就会相应地提高自身的谈判实力;反之,如果对商业行情了解甚少,其谈判实力显然就较弱。
- 双方所在企业的信誉和影响力。企业的商业信誉越高、社会影响越大,该企业的谈判实力就越强,反之就越弱。
- 双方对谈判时间因素的反应。在谈判过程中,一方如果特别希望早日结束谈判,达成协议,那么时间因素的限制就会大大削弱该方的谈判实力。由于时间限制,该方就不得不做出某些对己方不利的让步。
- 双方谈判艺术与技巧的运用。谈判人员若能充分地调动有利于己方的因素,尽可能地避免不利的因素,恰当运用洽谈艺术与技巧,那么己方的谈判实力就会增强。

2.2.2 制订商务谈判方案基本要求

谈判方案是谈判人员在谈判前预先对谈判目标等具体内容和步骤所做的安排,是谈判行动的指针和方向。一般来说,一个成功的谈判方案应该注意以下3个方面的基本要求。

1. 谈判方案要简明扼要

谈判方案要用简单明了、高度概括的文字加以表述,要尽量使谈判人员能容易地记住其主要内容与基本原则,在谈判过程中能灵活根据方案要求与对方周旋。

2. 谈判方案要具体

谈判方案要与谈判的具体内容相结合,以谈判的具体内容为基础,体现具体谈判特征。如果没有具体内容,谈判方案就不具备实际操作的指导意义。

3. 谈判方案要灵活

由于谈判过程千变万化,谈判方案只是谈判前某一方的主观设想,不可能把影响谈判过程的各种随机因素都估计在内。为了使谈判方案具有更强的适应性,必须考虑到一些意外事件的影响,在谈判方案中相应做粗略的安排。

2.2.3 商务谈判方案主要内容

商务谈判方案是商务谈判活动的行动纲领,它通常包括以下内容。

1. 谈判主题

商务谈判主题是指参加谈判的目的。谈判的主题必须简单明确,最好能用一句话加以概括和表述。比如,"以最优惠的价格引进某项技术""以合理的价格签订某产品购销协议"等。

2. 谈判目标

商务谈判目标是对主要谈判内容确定期望水平,一般包括商品质量、规格、数量、价格、支付方式、交货期、验收标准、服务等。一般来说,谈判目标要有弹性,可以划分为最优目标、期望目标和最低目标3个层次。

(1)最优目标。最优目标是谈判者最希望达成的理想目标。谈判者能力的高低,在很大程度上体现在最优目标的实现程度上。

(2)期望目标。期望目标是谈判者根据对各种客观情况的分析而确定的力求争取实现的目标,是一种保证合理利益的目标。

(3)最低目标。最低目标是达成交易的最低期望值,在谈判中必须保证最低目标的实现;否则,谈判就没有意义。

【特别提示】
- 对于多重目标必须进行综合平衡,通过筛选、剔除、对比、合并等手段减少目标数量。判断哪些目标可舍弃,哪些目标可以争取达到,哪些目标是万万不能降低要求的。与此同时,还应考虑到长期目标和短期目标的关系问题。最终确定各目标的主次关系,通过平衡使各目标之间在内容上保持协调一致,避免互相抵触。
- 最低目标必须严格保密,绝对不能对外透露。
- 谈判目标如有重大修改,要经过协商和请示批准,不可擅自改动。

3. 谈判期限

商务谈判期限是指从谈判准备到谈判终结的时间。谈判期限的规定要具体、明确,同时又要有伸缩性,能够适应谈判过程中的情况变化。

【特别提示】
- 确定谈判期限要留出机动时间,不可安排得过于紧凑,以防出现意外情况。
- 谈判期限尽量不要跨越法定节假日或民族节日,保持谈判的连贯性。
- 有时为了防止陷于被动或向对方施压,会对谈判期限加以保密。

4. 谈判地点和场所

(1) 谈判地点。商务谈判地点的选择对谈判结果有一定的影响。通常在己方所在地与对方谈判具有许多好处,如心理上有安全感,向上级请示、查找资料和数据等比较方便,生活比较适应,易于控制谈判气氛和进程等;在对方地点谈判也有一定好处,如便于考察对方情况,有利于与对方上司和其他人接触,较容易寻找推脱借口(如资料欠缺、授权有限)等。

一般来说,对于重要的问题和难以解决的问题最好争取在本地进行谈判;一般性问题和容易解决的问题,或需要到对方处了解情况时,也可以在对方地点进行谈判,但必须做好充分准备。如果双方均不同意到对方所在地谈判,或另有原因,也可以另找谈判地点。

【小链接】

为了促成埃及和以色列的和平谈判,卡特精心地将谈判地点选择在戴维营,那是一个没有时髦男女出没,甚至普通人也不去的地方。尽管那里环境幽静、风景优美、生活设施配套完善,但卡特总统仅为14人安排了两辆自行车。晚上休息,住宿的人可以任选三部乏味的电影中的任何一部看。住到第六天,每个人都把这些电影看过两次了,他们厌烦得近乎发疯。到第13天,萨达特和贝京都忍耐不住了,再也不想为谈判中的一些问题争论不休了,于是签署了著名的戴维营和平协议。

(资料来源:方其. 商务谈判——理论、技巧、案例[M]. 第2版. 北京:中国人民大学出版社,2008.)

(2) 谈判场所。商务谈判具体场所的选择有一定技巧。一般来说,正式的谈判往往选择在会议室举行,因为这样能营造一种气势,使双方认真对待,大量具体的细节问题和有争议的问题在这样的场合中讨论比较合适。

此外,休闲娱乐场所也往往会成为谈判的场所,如在酒店、茶馆、咖啡屋、高尔夫球场等。在这样的谈判场所双方的言论就比较放松了,可以讨论谈判议题,可以诉说友情,也可以讨论无关的问题。这样的交流往往可以增进双方的了解,建立友谊,也可以促成谈判的成功。商务谈判中,谈判场所的选择往往"别有用意"。

【小链接】

两家日本公司初次合作,为了表明合作的诚意,将谈判地点选在有一座狗雕塑的车站附近。关于这座狗的雕塑有一个美丽的传说:东京大学教授上野秀次郎收养了一只纯种秋田犬,起名"八公"。"八公"备受上野教授的宠爱,与教授形影不离。每天早晨,"八公"都会送教授去涉谷车站,待下午五点半又去接教授回家,风雨无阻。但是有一天,上野教授在大学演讲时脑溢血发作倒下。教授死后,"八公"被桥本收养,却数次逃走,它流浪于野外,流浪于过去的家和车站,每天下午五点半,"八公"都来车站等候、凝视⋯⋯从夏季到秋季,9年里,

"八公"风雨无阻,直到最后在大雪中死去。后来人们把它称为"忠犬八公",并把它当成了"忠诚和信用"的象征,并在这个传说发生的地方为它塑了像。所以许多人为了表示自己的忠诚和信用,就把这儿当成了约会的地点。当两个公司的谈判人员来到这里时,彼此都心领神会,大家开诚布公,顺利签约。

【特别提示】

谈判地点与场所的选择也是一种谈判谋略,要注意有助于达成谈判目标,同时注意不要落入圈套。

5. 谈判人员

谈判是谈判主体间一系列的行为互动过程,谈判人员的素质、能力及谈判班子的构成直接影响到谈判的成败得失。

(1) 谈判人员的素质和能力。

① 过硬的专业能力和良好的合作意识。商务谈判的专业性、协作性很强,谈判的过程就是谈判各方面人员协同配合、相互支持的过程。谈判人员必须扎实掌握专业知识,具有较强的专业能力;同时应懂得尊重他人,取得相关协作人员的支持,并积极配合和支持团队其他成员,协同完成谈判任务。

② 持久的耐心和坚强的毅力。谈判如同作战,首先要精心设计合理的目标和周全的计划;其次依靠毅力和耐力去与对手周旋,以期最终实现自己的目标。在谈判较量中,谁缺乏耐心和毅力,谁就失去商务谈判的主动权。谈判人员面对谈判阻碍,不能轻易放弃,而要据理力争,维护己方的最大可获得利益。

③ 敏捷清晰的思维能力。谈判双方由于存在某些利益的冲突,要求谈判人员依据自身的知识经验,根据已知的前提进行分析判断与推理,识破对方的计谋,并通过令人信服的分析与推理使自己的提议与要求得以实现。

④ 准确的信息表达能力。谈判者信息表达能力的大小直接决定了其谈判能力的大小与水平的高低。谈判人员应当根据谈判情况,灵活、巧妙地运用语言和行为去准确、适度地表达和传递信息,实现与对方的有效沟通。

⑤ 敏锐的洞察力和灵活的应变能力。商务谈判中需要与各种各样的人打交道,而且谈判局势复杂多变。谈判人员要敏锐洞察谈判中的情况变化,透过复杂多变的现象,抓住问题的实质,迅速分析并做出判断,采取必要的措施,果断地提出解决问题的具体方案。

美国的尼尔伦伯格在《谈判的艺术》一书中认为:老练的谈判家能把坐在谈判桌对面的人一眼看穿,断定他将采取什么行动和为什么行动。

⑥ 沉稳的心理和较强的自控能力。无论谈判局势如何风云变幻,谈判人员都应该不急躁愠怒、不灰心丧气、不喜形于色、冷静克制、沉着应战。甚至在发生激烈的辩论争执中,谈判人员也要能控制自身的行为,以恰当的语言和举止来说服和影响对方。

⑦ 良好的行为礼仪。不卑不亢、有理有礼是商务谈判人员始终应体现的基本态度。无论谈判的结果成败、无论对手的地位高低,都应当尊重对方、平等礼待对方,同时在谈判中体现出自尊与修养,赢得对手的尊重。

⑧ 健康的体魄和充沛的精力。谈判的复杂性和艰巨性也要求谈判者必须有良好的身体素质,在谈判中只有精力充沛、体魄健康才能适应谈判紧张、高负荷的要求。

【小链接】

美国菲德尔费电气公司推销员韦普去宾夕法尼亚州推销用电。他看到一所富有的整洁农舍,便前去敲门。敲门声过后,门打开了一条小缝,户主布朗·布拉德老太太从门内向外探出头来,问来客有什么事情。当得知韦普是电气公司的代表后,"砰"的一声把门关上了。韦普只好再次敲门。敲了很久,布拉德老太太才将门又打开了,仅仅是勉强开了一条小缝,而且没等韦普说话,就毫不客气地破口大骂。怎么办呢?韦普并不气馁,他决定换个法子碰碰运气。他改变口气说:"很对不起,打扰您了。我访问您并非是为了电气公司的事,只是向您买一点鸡蛋。"听到这句话,老太太态度稍微缓和了些,门也开大了点。韦普接着说:"您家的鸡长得真好,看它们的羽毛长得多漂亮,这些鸡大概是多明尼克种吧?能不能卖给我一些鸡蛋?"这时门开得更大了。老太太问韦普:"你怎么知道这些鸡是多明尼克种呢?"韦普知道自己的话打动了老太太,便接着说:"我家也养一些鸡,可是像您养得那么好的鸡,我还没见过呢。而且我养的来亨鸡只会生白蛋。夫人,您知道吧,做蛋糕时,用黄褐色的蛋比白色的蛋好。我太太今天要做蛋糕,所以特意跑您这儿来了……"老太太一听这话,顿时高兴起来。

韦普瞄了一下院里的环境,发现他们拥有整套的现代化养鸡设备,便接着说:"夫人,我敢打赌,您养鸡赚的钱一定比您先生养乳牛赚的钱还要多。"这句话说得老太太心花怒放,因为长期以来,她丈夫虽然不承认这件事,而她总想把自己得意的事告诉别人。于是,她把韦普当作知己,带他参观鸡舍。在参观时,韦普不时对所见之物发出由衷的赞美。他们还交流养鸡方面的知识和经验。就这样,他们彼此变得很亲切,几乎无话不谈。最后,布拉德太太在韦普的赞美声中向他请教用电有何好处。韦普实事求是地向她介绍了用电的优越性。两个星期后,韦普收到了老太太交来的用电申请书。后来便源源不断地收到这个村子的用电订单。

(资料来源:吕晨钟. 学谈判必读的 95 个中外案例[M]. 北京:北京工业大学出版社,2005.)

【拓展阅读】

美国谈判大师卡洛斯认为理想的商务谈判者应该具有的 12 种特质

- 有能力和对方商谈,并且赢得他们的信任。
- 复查所得到的资料,努力地制订计划,能找出其他可供选择的途径,善于思索。
- 具有良好的商业判断力,能够洞悉问题的症结所在。
- 有忍受冲突和面对暧昧字句的耐心。
- 有勇气去冒险、争取更好目标的能力。
- 有智慧和耐心等待事情真相的揭晓。
- 认识对方及其公司里的人,并且和他们交往,以助交易的进行。
- 品格正直,并且能使交易双方都有好处。
- 能够敞开胸怀,听取各方面的意见。
- 商谈时具有洞悉对方的观察力,并且能够注意到可能影响双方的潜在因素。
- 拥有丰富的学识、周全的计划以及公司对他的信任。
- 稳健,能够克制自己,不轻易放弃,并且不急于讨别人的喜欢。

(资料来源:高建军,卞纪兰. 商务谈判实务[M]. 北京:北京航空航天大学出版社,2007.)

(2) 谈判班子的构成。在一般的商务谈判中,所需的专业知识大体上可以概括为以下几个方面：一是有关技术方面的知识；二是有关价格、交货、支付条件、风险划分等商务方面的知识；三是有关合同权利、义务等法律方面的知识；四是语言翻译或记录方面的知识。

根据上述专业知识的需要，一支谈判队伍应包括以下几类人员。

① 技术人员。由熟悉生产技术、产品性能和技术发展动态的技术员、工程师或总工程师担任。在谈判中可负责对有关产品性能、技术质量标准、产品验收、技术服务等问题的谈判，也可与商务人员紧密配合，为价格决策作技术参谋。

② 商务人员。由熟悉贸易惯例、了解交易行情、有价格谈判经验的业务员或厂长、经理担任。

③ 财务人员。由熟悉成本情况、支付方式及金融知识，具有较强的财务核算能力的会计人员担任。

④ 法律人员。一般为律师或掌握经济、法律专业知识的人员，通常由特聘律师、企业法律顾问或熟悉有关法律规定的人员担任。

⑤ 记录人员。由有熟练的文字记录能力、较好的总结归纳能力和超强的记忆力的人员担任，也可由上述各类人员中的某人兼任。

⑥ 谈判组长。由具有丰富谈判经验、较强管理能力、协调能力、决策能力、应变能力和较高威信的人员担任，可由企业专门委派，或者是从上述人员中选择合适者担任。

【特别提示】

- 涉外商务谈判还需要翻译人员。翻译人员由熟悉外语和有关知识，善于与人紧密配合，工作积极，纪律性强的人员担任。
- 如为主场谈判，还应安排后勤保障人员。后勤保障人员应由社会联系较为广泛、协调能力、应急能力较强，工作认真细致的人担任。
- 意义重大项目的谈判还需相关政府部门人员参加，在政府政策上予以把关。
- 谈判班子规模的大小必须根据具体情况确定。一场谈判应配备多少人以及人员的级别，应视谈判的重要程度、内容的繁简、技术性的强弱、谈判人员能力的高低以及对方谈判人员的多少来确定。
- 组建谈判班子除了考虑能力、素质因素外，还要考虑谈判人员性格的互补，关系的融洽，年龄的协调（以老成持重的中年人为主，辅以思维敏捷、敢冲敢争的年轻人和经验丰富的年长者）。

(3) 谈判班子人员职责分工。

① 谈判组长。管理谈判组成员，协调谈判组成员意见；调控谈判进程与策略，在授权范围内决定谈判过程中的重要事项；向上级汇报谈判进展情况，贯彻执行上级决策方案；审核合同，获得授权可代表企业签约。谈判总结汇报。

② 技术人员。负责有关商品的技术性能、质量指标、商品的原料与生产工艺、商品包装、货物验收等条款的谈判；配合商务人员对谈判标的的价格进行分析。

③ 商务人员。负责交易价格、运输、保险、交货条件的谈判；拟订合同文本；配合谈判组长做好对外联络工作。

④ 财务人员。负责货款、运输费、保险费的支付条款的谈判；分析、计算谈判条件变化所带来的收益变动；为主谈人提供财务方面的建议。

⑤ 法律人员。负责谈判中合同条款的法律解释;确认对方经济组织及谈判代表的合法资格;检查法律文件的真实性和完整性;审查合同条款,对合同的合法性、完整性、公正性负责。

⑥ 翻译人员。准确地传递谈判双方的沟通信息;提醒己方谈判人员不妥的谈话内容;恰当地缓解谈判气氛。

⑦ 记录人员。准确、完整、及时地记录谈判内容。

⑧ 后勤保障人员。负责布置谈判场所、接待、联络、供餐、送客等谈判服务。

【特别提示】

各类人员虽然在职责上各有分工,各负其责,但在谈判中绝不能"各人自扫门前雪",而应该相互配合,协同作战,发挥团队效能。

6. 谈判策略

谈判策略是指谈判者为了达到和实现自己的谈判目标而采取的途径与方法。

(1) 制定谈判策略的步骤。首先,确定双方在谈判当中的目标是什么,包括最优目标、期望目标、最低目标的目标体系;在交易的各项条款中,哪些条款是对方重视的,哪些是他们最想得到的,哪些是对方可能做出让步的,让步的幅度有多大等。其次,确定在我方争取重要条款的时候,将会遇到对方哪些方面的阻碍,对方会提出什么样的交换条件,谈判气氛会怎样变化等。最后,针对以上情况,明确我方应营造怎样的谈判氛围,怎样创造有利于己方的谈判条件。在哪些条款上让步,怎么让步。对于坚决不能让步的条款,如果对方也不肯让步,应该采取什么对策。

【特别提示】

- 在制定谈判策略时,应尽可能多地估计到可能会遇到的情况,确定当发生这些情况时应该采取的对策。
- 在谈判过程中,也要注意对谈判对手的观察和谈判形势的分析判断,对原定的对策进行印证和修改,灵活应对。

(2) 谈判策略的表述。谈判策略的表述是对谈判过程中产生的一系列问题的回答。按照谈判过程的每一个阶段我们可以设计以下问题。

① 开局:该怎样开始谈判;怎样摸清对方的意图与底细等。

② 磋商:该怎样提出自己的条件,对方会就此问什么问题,该如何回答;对方会提哪些条件,该如何回答;怎样提出建议,怎样让步,怎样处理对方断然的拒绝等。

③ 结束:怎样结束谈判,与对方今后的关系怎样维系等。

【特别提示】

谈判策略可参考"挑战商务谈判"相关内容。

7. 谈判议程

谈判议程是指有关谈判事项的议事程序,典型的谈判议程至少要包括下列内容。

(1) 谈判议题。凡是与谈判有关的需要双方展开讨论的问题,均是谈判的议题。确定谈判议题包括以下步骤。

首先,将与本次谈判有关的问题罗列出来。

其次,将罗列出的各种问题进行分析,确定哪些问题是重点问题、哪些问题是非重点问题,哪些问题可以忽略,理清问题之间的逻辑关系。

最后,确定哪些问题是对方关心的核心问题,已方必须认真对待;哪些问题是对方的附属问题,对方可以做出让步;哪些问题是可以不予以讨论的。

(2)谈判议题的顺序。安排谈判议题的顺序有以下方式。

① 先易后难,即先讨论容易解决的问题,以创造良好的洽谈气氛,为讨论困难的问题打好基础。

② 先难后易,是指先集中精力和时间讨论重要的问题,待重要的问题得以解决之后,再以主带次,推动其他问题的解决。

③ 先原则后细节,指先讨论一般原则问题,达成原则性一致意见后,再讨论细节问题。

④ 混合进行,即不分主次先后,把所有要解决的问题都提出来进行讨论。经过一段时间以后,再把所有讨论的问题归纳起来,将已达成一致的问题予以明确,对尚未解决的问题继续讨论。

【小链接】

在一家电器商场里,正在筹备婚礼的一对情侣看中一款式样新颖、功能齐全、音色柔美的高级组合音响。但是有几个问题困扰他们:一是虽然音响质量、式样、功能都较好,但标价相当高,已经超出了他们的预算;二是一旦三个月后音响发生故障,会带来很多麻烦;三是商场售出的全是散件,组装和调试自己都无能为力;四是商场离他们家比较远,运输也成为不小的困难。

针对以上问题,这对情侣对营业员说"由于我们离家路程比较远,事先没有准备,所以能不能由商场想办法运送?"营业员考虑到运货员正好有空,便满口答应了顾客的要求。接着,买主又向营业员提出自己对组装和调试音响一窍不通,希望能帮助安装并调试。营业员知道运货员完全熟悉这项工作,于是也答应帮顾客解决这一问题。

在此基础上,买主又述说自己的后顾之忧,担心音响因质量问题带来麻烦。尽管三个月内可以保修,可总觉得不圆满,而且如果三个月后出故障,那就更不划算了。看到顾客忧虑的情绪,营业员答应,三个月内出现故障可以调换,并且特别将保修期延长到一年。

最后,买主要在价格上同营业员讨价还价了。他们向营业员表示,商场为了解决他们的困难,特别在售后服务上予以优惠,他们很感动。只是价格太高,超出了他们的支付能力,如果商场能降一些价,他们会买下一套组合音响。

对于顾客的最后一项要求,营业员表示反对,认为这套音响的标价已经非常优惠了,对方在这个价位上还要继续压价,明显缺乏购买的诚意,真是不知足。后来,营业员考虑到在运送、安装调试、售后保证等条件上都接受了顾客的要求,加之对方看上去并不像缺乏诚意,便亲自去找销售经理,向经理说明了具体情况,并且特意替顾客说了很多好话,经理最后答应了顾客降低价格的要求,这样这对情侣以他们能够接受的价格买走了这套他们非常中意的组合音响。

(资料来源:吕晨钟.学谈判必读的95个中外案例[M].北京:北京工业大学出版社,2005.)

【特别提示】

● 一般而言,谈判开始和结束前安排争议较小、容易让步的议题,以形成融洽的谈判氛围和良好的谈判关系。有较大争议的议题可放在谈成几个问题之后商议。

● 对于原则性较强的问题,应先讨论原则性问题。细节问题在原则框架下商议。

(3) 时间安排。时间安排即确定谈判在何时举行，为时多久。倘若是分阶段的谈判还需确定分为几个阶段，每个阶段所花的时间大约是多少等。

【特别提示】
- 对于双方意见分歧不会太大的议题应尽量在较短的时间内解决，以避免无谓的争辩。
- 对于己方关注的重要议题，要争取留出充足的时间，安排在一个对己方有利的时间段讨论。
- 谈判人员的身体状况、市场形势的紧迫程度、谈判的准备程度等都应纳入谈判时间考虑。
- 在谈判过程中适当安排些休闲娱乐活动，既可调节谈判气氛，又可放松神经、消除疲劳、增进友谊。休闲娱乐活动时间的安排要恰到好处，与谈判节奏、氛围相协调。
- 要考虑到意外情况的发生，适当安排机动时间。

【小链接】

有位律师曾代表一家公司参加了一次贸易谈判，对方公司由其总经理任主谈。在谈判前，律师从自己的信息库里找到了一些关于对方公司总经理的材料，其中有这样一则笑话：总经理有个毛病，每天一到下午四五点就会心烦意乱，坐立不安，并戏称这种"病"为"黄昏症"。这则笑话使律师灵感顿生，他把每天所要谈判的关键内容拖至下午四五点。此举果真使谈判获得了成功。

(资料来源：杨群祥. 商务谈判[M]. 大连：东北财经大学出版社，2009.)

【特别提示】

实际商务谈判活动中，制定商务谈判议程往往要形成两个文件：通则议程和细则议程。

- 通则议程

通则议程是对谈判事项及过程的粗线条安排，经双方审议同意后生效，供谈判双方共同遵照使用。

通则议程包括以下内容。

◆ 谈判总体时间及各分阶段时间的安排。
◆ 双方谈判讨论的议题及顺序。
◆ 双方人员安排。
◆ 谈判地点、招待及活动安排。

- 细则议程

细则议程具有保密性，它是己方对谈判过程的具体安排，供己方使用。它一般包括以下内容。

◆ 谈判中的统一口径：如发言的观点、文件资料的说明等。
◆ 对谈判过程中可能出现的各种情况的估计和对策，以及具体部署安排。
◆ 己方发言的策略：何时提出问题，提什么问题，向何人提问，谁来提问，谁来补充，谁来回答对方问题，谁来反驳对方提问，什么情况下要求暂时停止谈判等。
◆ 己方谈判时间的策略安排：哪些问题多谈，哪些问题少谈，哪些问题不谈。
◆ 谈判人员更换的预先安排。

【特别提示】
- 尽可能争取由己方拟定谈判议程,这样可更好适应己方的条件,掌握谈判主动权。
- 若对方拟定谈判议程,己方要仔细审议,以避免己方在谈判中陷于被动或落入圈套。
- 审议谈判议程要注意以下几个方面。
◆ 推断对方的谈判意图,发现遗漏的问题及时提出补充。
◆ 己方不能退让的条件,若出现在谈判议程中要坚决删除,不参与讨论。
◆ 谈判对手应与己方谈判人员具有对等的地位,且拥有决策权。
◆ 谈判议题顺序、时间的安排应不会对己方构成不利影响。

8. 谈判风险

估计谈判涉及经济活动的各相关方面可能对己方存在的威胁与风险,并提出对策。

(1) 商务谈判风险种类。

① 政治风险。政治风险一方面是指由于政治局势的变化或国内、国际冲突给有关商务活动的参与者带来可能的危害和损失;另一方面也包括由于商务合作上的不当或者误会,给国家间的政治关系蒙上阴影。政治因素与商务活动有千丝万缕的联系,而且会带来难以挽回的消极影响,损失亦难以弥补。

【小链接】
中国的布鞋曾风靡一些西欧和中东国家。然而突然有一天,在一些阿拉伯国家,有人发现一批中国鞋的鞋底纹路近似于阿拉伯的"真主"字样,即刻引来了一片愤怒,我驻外使馆也为此遭到骚扰。这批鞋结果被封存起来,最后,通过埃及一位颇有影响力的宗教领袖出面解释,风波才平息下去。

② 市场风险。市场上各种因素的交互变化,不可避免地给市场参与者带来各种损益风险,主要有以下几个方面。

- 汇率风险。汇率风险是指在较长的付款期限内,由于汇率变动而造成结算损失的风险。在国际贸易市场上,各种货币之间汇率的涨落时刻可能发生。当涨落十分微小,交易额不大时,对于交易双方损益的影响可能是微不足道的;但当这种涨落在一段时间内变得十分明显,且又涉及巨额交易时,往往会给一方带来巨大损失。
- 利率风险。利率风险是指在金融市场上,由于各种贷款利率的变动而可能给当事人带来损益的风险。如果贷款以固定利率计息,则同种贷款利率升高或降低就会使放款人损失或得益,收款人得益或损失,这种利率风险对于借贷双方都是同时存在并反向作用的。为了避免这种损失,在国际信贷业务中逐渐形成了长期贷款中按不同的利率计息的方法,主要有变动利率、浮动利率和期货利率三种,这些利率都有按金融市场行情变化而变化的特点。
- 价格风险。价格风险主要是对于投资规模较大、延续时间较长的项目而言的。例如,大型工程所需要的有些设备往往要在项目建设后期提供。由此,在项目建设的初期,甚至在合同谈判阶段就把这些设备的价格确定下来并予以固定是有风险的,因为影响工程设备远期价格的因素很多,如原材料价格、工资水平等。

因此,在合同标的金额较大、建设周期较长的情况下,若硬性要求对方以固定价格形式报价,就会使对方片面夸大那些不确定的因素,并把它全部转移到固定价格中,使固定价格最终偏高,构成一种风险。

【特别提示】

市场需求的起伏波动决定着国内外市场中外汇、资金、生产资料和劳务的价格变动,使风险时时处处都会存在。值得注意的是,汇率、利率、价格的变动往往不是单一的,而常常是错综复杂地交织在一起的。因此,我们不能孤立地只谈一种风险,要综合起来,全盘考虑。

③ 技术风险。商务谈判中,如果一方掌握技术,而另一方对此不甚了解。掌握技术的一方则可能对对方产生欺诈行为,或以次充好,或漫天要价,或获取额外优惠条件等。商务谈判人员对交易产品相关技术必须做好充分的准备,否则在谈判中将会处处被动。

④ 合作风险。在商务谈判项目中,选择合作伙伴风险很大,绝大部分商务纠纷与合作伙伴的选择有关。在合作项目中,除了考虑合作伙伴的技术状况之外,还要考察其资信条件、管理经验等方面的情况。实践证明,只有选择合适的伙伴,才有可能保证项目合作达到预定目的。特别是对于那些重要的项目,更要寻找信誉良好、有实力的合作伙伴,哪怕为此承担稍高的价格也是完全值得的;相反,合作伙伴选择不当,可能会使项目在合作进程中出现一些难以预料,甚至是难以逆转的问题,造成不可挽回的损失。

⑤ 素质风险。在商务谈判活动中,参与人员的素质欠佳往往会给谈判造成不必要的损失,如责任心不强导致合同漏洞等。

【特别提示】

商务谈判的风险种类很多,除了以上列述的之外,运输风险、自然灾害风险、验收风险、支付风险等均要考虑和防范。

(2) 规避商务风险的技巧。

① 利用保险市场和信贷担保工具。利用向保险商投保已成为一种相当普遍的转移风险的方式。关于项目中存在的风险、向哪家保险公司投保、投保事项如何确定、选择什么档次的保险费、如何与合作方分担保险费等问题,谈判人员还需虚心求教,获得保险专家的指导。

另外,信贷担保不仅是一种支付方式,而且在某种意义上讲,也具有规避风险的作用。在大型工程项目中,为了预防承包商出现差错,延误工程进度,业主可以要求承包商或供应商在签订合同时提供银行担保,这类担保目前有投标保证书、履约保证书和预付款担保三种形式。

② 运用技术手段。商务活动中的市场风险,包括汇率风险、利率风险和价格风险等,是可以通过一定的财务技术手段来予以调节和转移的。交易者可以通过期货期权这种商品交换的高级形式,在期货期权市场上公开竞争,以其认为最适当的价格随时转售或补进商品,与现货交易相对冲,从而将价格波动的风险转移给第三者,达到保值目的。

③ 面对不测风险要公平负担。在商务活动中,风险的承担往往并不是非此即彼的简单归属,它常常是需要合作双方共同面对和承担的。对于不测风险的出现,如何处理共同的风险损失,需要双方进一步地磋商。

④ 利用合同效力。在合同中规定违约处理条款以加强对双方的约束,降低交易风险。

⑤ 挑选优秀谈判人员。挑选有责任心、忠诚企业、专业能力强的谈判人员,可避免谈判工作失误,或掉入对方陷阱。

9. 谈判费用

预估谈判活动可能发生的相关费用,修改方案部分内容(如娱乐、宴请、礼物等项目),平衡预算,控制在合理范围。

【特别提示】

客方谈判代表在谈判期间的食宿费、通勤费通常都是自理。若主方为表示诚意,也可事先向对方说明,纳入预算。

10. 联络汇报

谈判过程中谈判负责人汇报请示的具体领导、联系方式、时间;向企业索取资料的联系人、联系方式等。联络汇报总的要求是迅速、高效、保密。

11. 应急预案

对谈判中可能发生的意外做出估计,制订应急方案。

【特别提示】

谈判意外情况可能是对方谈判代表突然身体不适、设备故障、竞争对手干扰、市场行情突变等,应做出充分的估计,分别制订解决方案。

2.2.4 模拟谈判

模拟谈判即正式谈判前的谈判预演过程。模拟谈判要根据假设和臆测,演习自己和对方面对面谈判的一切情形,包括谈判时的现场气氛、对方的面部表情、谈判中可能涉及的问题、对方会提出的各种反对意见、己方的各种答复以及处理方法等。

1. 模拟谈判的形式

(1) 沙龙式模拟。沙龙式模拟又称头脑风暴法,是指把谈判者和相关方面的专家聚集在一起,就谈判方案内容充分讨论,自由发表意见,共同想象谈判全过程。这种模拟的优点是利用人们的竞争心理,使谈判者开动脑筋,积极进行创造性思维,在集体思考的强制性刺激及压力下,能产生高水平的谈判策略、方法及技巧。

(2) 戏剧式模拟。戏剧式模拟又称全景模拟法,是指每个谈判者都在模拟谈判中扮演特定的角色与模拟谈判对手交锋,演绎谈判全过程。通过戏剧式模拟,可以使谈判者获得实际谈判体验,提高谈判应变能力和团队协同谈判能力。发现那些原本被忽略或被轻视的重要问题,通过站在对方角度进行思考,使己方的谈判策略更具有针对性,解决问题的方案和妥协方案也更具可行性。

2. 模拟谈判的总结

模拟谈判的目的在于使谈判者熟悉谈判过程,提高谈判能力;发现问题,提出对策,完善谈判方案。模拟谈判的总结应包括以下内容。

(1) 双方的立场及目标。

(2) 己方此次谈判存在的不足。

(3) 己方针对性的改进措施。

【特别提示】

己方不足包括谈判信息资料收集、满足对方要求能力、谈判人员选择、谈判策略应用、谈判时间与地点选取、谈判议程(包括细则议程)设计,谈判风险估计、谈判费用预算等方面存在的疏漏或不妥。

【拓展阅读】

谈判者性格与谈判策略

人与人之间的性格差别是极大的,有的甚至截然对立。对于性格类型的分析是难以穷尽的,这里,我们就谈判这一特定形式的活动,分析几种具有一定代表性的谈判人员的性格类型及其谈判策略。

1. 权力型

权力型谈判者是最难对付的一类人。在谈判中,该类人强烈地追求专权,全力以赴地实现目标,敢冒风险,喜欢挑剔,缺少同情,不惜代价。如果你顺从他,你必然会被剥夺得一干二净;如果你抵制他,谈判就会陷入僵局,甚至破裂。

(1) 权力型谈判者的性格特征。

对权力、成绩狂热地追求。为了取得最大成就,获得最大利益,他们不惜一切代价。

敢冒风险,喜欢挑战。他们不仅喜欢向对方挑战,而且喜欢迎接困难和挑战,因为只有通过接受挑战和战胜困难,才能显示出他们的能力和树立起自我形象,一帆风顺的谈判会使他们觉得没劲、不过瘾。

急于建树,决策果断。该类人求胜心切,不喜欢也不能容忍拖沓延误。他们在要获得更大权力和成绩的心情驱使下,总是迅速地处理手头的工作,然后着手下一步的行动。因此,他们拍板果断、决策坚决。

(2) 权力型谈判者的弱点。不顾及冒险代价,一意孤行;缺乏必要的警惕性;没有耐心,讨厌拖拉,对细节不感兴趣,不愿陷入琐事;希望统治他人,包括自己的同事;易于冲动,有时控制不住自己。

(3) 针对权力型的谈判对手而采取的对策。对于权力型的谈判对手,可以利用他们对权力的期望高,希望能够影响他人的特点,让其参加谈判的准备,并让其先作陈述,使他觉得自己获得了某种特权,以满足其对权力的需求。不要企图控制他或支配他,不要提出过于苛刻的条件。不能屈服于其压力,要运用机会和条件争取他的让步。

2. 说服型

在谈判活动中,最普遍、最有代表性的人是说服型的人。在某种程度上,该类人比权力型的人更难对付。在说服者温文尔雅的外表下,很可能暗藏雄心,与你一争高低。

(1) 说服型谈判者的性格特征。具有良好的人际关系,他们需要别人的赞扬和欢迎,受到社会的承认对他们来说比什么都重要。

处理问题三思而后行,绝不草率盲从。他们对自己的面子、对方的面子都竭力维护,决不轻易做伤害对方感情的事。在许多场合下,即使他们不同意对方的提议,也不愿意直截了当地拒绝,总是想方设法说服对方或阐述他们不能接受的理由。

(2) 说服型谈判者的弱点。过分热心与对方搞好关系,忽略了必要的进攻和反击;对细节问题不感兴趣,不愿进行数字研究;不能长时间专注于单一的具体工作,不适应冲突气氛。

(3) 针对说服型的谈判对手而采取的对策。首先,要在维持礼节的前提下,保持进攻的态度,引起一些争论,使对手感到紧张不适。其次,可准备大量细节问题,使对方感到厌烦,产生尽快达成协议的想法。最后,准备一些奉承话,必要时给对方"戴个高帽"。这很有效,但必须恭维得恰到好处。

3. 执行型

在谈判活动中,这种性格类型的人并不少见。

(1) 执行型谈判者的性格特征。对上级的命令和指示,以及事先订好的计划坚决执行、全力以赴,但是拿不出自己的主张和见解,缺乏创造性,维护现状是他们最大的愿望。

工作安全感强。他们喜欢安全、有秩序、没有太大波折的谈判。他们不愿接受挑战,也不喜欢爱挑战的人。

(2) 执行型谈判者的弱点。他们讨厌挑战和冲突,不喜欢新提议、新花样;没有能力把握大的问题,不习惯也不善于从全局考虑问题;不愿意很快做决策,也尽量避免做决策;不适应单边谈判,需要得到同伴的支持;适应能力差,有时无法应付复杂的、多种方案的局面。

(3) 针对执行型的谈判对手而采取的对策。首先,努力造成一对一谈判的格局,把谈判分解为有明确目标的各个阶段,这样容易获得对方的配合,使谈判更有效率。其次,争取缩短谈判的每个具体过程,该类人反应迟缓,谈判时间越长,他们的防御性也越强,所以,从某种角度讲,达成协议的速度是成功的关键。再次,准备详细的资料支持自己的观点。由于执行者常会要求回答一些详细和具体的问题,因此,必须有足够的准备来应付,但不要轻易提出新建议或主张,这会引起他们的反感或防卫。实在必要时,要加以巧妙地掩护或一步步提出,如果能让他们认识到新建议对他有很大益处,则是最大的成功;否则,会引起他们的反对,而且这种反对很少有通融的余地。最后,讲话的态度、措辞也很重要,冷静、耐心都是不可缺少的。

4. 疑虑型

在谈判活动中,疑虑型是一种比较少见的类型。

(1) 疑虑型谈判者的性格特征。怀疑多虑,他们对任何事都持怀疑、批评的态度。每当一项新建议拿到谈判桌上来,即使是对他们有明显的好处,只要是对方提出的,他们就会怀疑、反对,千方百计地探求他们所不知道的一切。

对细节问题观察仔细,注意较多,而且设想具体,常常提出一些出人意料的问题。

(2) 疑虑型谈判者的弱点。犹豫不定,难以决策。他们对问题考虑慎重,不轻易下结论。在关键时刻不能当机立断,总是犹豫反复,拿不定主意,担心吃亏上当,结果是常常贻误时机,错过达成更有利的协议的机会。

(3) 针对疑虑型的谈判对手而采取的对策。提出的方案、建议一定要详细、具体、准确,避免使用"大概""差不多"等词句,要论点清楚,论据充分。在谈判中耐心、细心是十分重要的,如果对方决策时间长,千万不要催促,逼迫对方表态,这样反会加重他的疑心。在陈述问题的同时,留出充裕的时间让对方思考,并提出详细的数据说明。在谈判中要尽量襟怀坦荡、诚实、热情。如果他发现你有一个问题欺骗了他,那么再想获得他的信任是不可能的。该类人不适应矛盾冲突,不能过多地运用进攻方法。否则,会促使他更多地防卫、封闭自己,来躲避你的进攻,双方无法进行坦诚、友好的合作。

(资料来源:高建军,卞纪兰. 商务谈判实务[M]. 北京:北京航空航天大学出版社,2007.)

任务演练

模拟制订椰果公司与 A 食品有限公司谈判方案

背景资料

某椰果公司销售经理与 A 食品有限公司采购经理经过前期调研,充分掌握了双方谈判的相关信息资料,经过对商务谈判环境状况的分析研究,制订商务谈判方案。

演练要求

(1) 各小组根据前期的调查资料分析谈判环境。
(2) 各小组按商务谈判方案内容讨论制订谈判方案。
(3) 各小组模拟演练,修改完善谈判方案。
(4) 各小组将环境分析记录、模拟演练记录、商务谈判方案交任课教师评阅。

演练条件

(1) 计算机、网络。
(2) 普通教室。

演练指导

(1) 各小组谈判方案的制订与修改要相对保密。
(2) 谈判策略可参阅教材"挑战商务谈判"部分策略内容。
(3) "通则议程"买卖双方应协调统一。
(4) 商务谈判方案按表 2-4 设计。

表 2-4 椰果购销谈判方案

		谈判己方		谈判对方	
谈判主题					
谈判期限		年 月 日至 年 月 日			
谈判地点		省 市 区(县)		会议室(其他场所)	
谈判人员	己方	姓 名	职 责	部门及职务	
	对方				
谈判目标		最优目标			
		期望目标			
		最低目标			
谈判基本策略					

续表

谈判议程	通则议程	
	细则议程	

谈判风险及防范	

谈判费用	费用项目	金　　额	合　　计

联络汇报	联　络　人	联　络　方　式	联　络　时　间

（5）演练考核（见表2-5）。

表2-5　小组实训成绩评分表

实训小组_____　　　　　　　　　　　　　　　　　实训名称：制订商务谈判方案

评估指标	评　估　标　准	分项评分	得　　分
信息分析	全面深入分析　谈判对手 市场行情 企业自身 谈判宏观环境 己方及对方寻求的利益 双方谈判的实力 己方与竞争对手的优劣势	30	
模拟演练	态度认真 发现问题 制定解决措施	20	
谈判方案	内容完整 文字精练 逻辑缜密 可行性强	50	
总成绩			
教师评语		签名： 年　月　日	
学生意见		签名： 年　月　日	

学习任务2.3　筹备商务谈判活动

情景展示

椰果公司积极筹备椰果购销谈判

通过前期调研与模拟谈判,形成较为完善的谈判方案,接着需着手正式谈判的筹备。

第一步:成立谈判筹备小组

成立由销售经理牵头,办公室主任负责,后勤部负责人参与的谈判筹备小组。

第二步:联系对方

与A食品有限公司采购经理取得联系,了解对方乘坐的交通工具、抵达本地的具体时间,确认谈判团成员姓名、性别、职务等信息。

第三步:布置谈判场所

(1)挂欢迎横幅。在我公司行政办公楼大门口显眼位置挂上"诚挚欢迎A食品有限公司谈判代表"的横幅。

(2)会议室氛围布置。

①会议室的色调应以褐色为主,这样可使谈判双方心情平和、建立信任感和适宜的心理距离感。

②用鲜花点缀会场,调整色调,活跃气氛。

③使用白色或银色的茶具。

④灯光明亮而柔和。

(3)会议室谈判桌及座次安排。选用长方形谈判桌,谈判双方各占一边,双方对等。主谈居中而坐,其他成员依次分坐在主谈两边。

(4)会议室设备调试。调试谈判使用的相关设备,保证音响、投影仪、灯光、电源、计算机、空调、饮水机等设备工作正常。

(5)辅助文具准备。为每个谈判代表准备削好的铅笔、中性笔各一支,足够的纸张、计算器等谈判需用的文具。

(6)休息时间物品安排。购买少量时令水果、糕点、香烟、咖啡,放在休息室内,在谈判休息期间供谈判代表取用。

第四步:安排接待

(1)迎接。由公司主管副总经理、销售经理、办公室主任共同到车站迎接A食品有限公司采购经理一行。

(2)住宿。联系本地高级酒店,提前预订房间。

(3)用餐。我方正规宴请之外的用餐,可在酒店预定。

(4)交通。安排专车接送对方谈判代表,根据客人要求随叫随到。

(5)宴请。对方到达及谈判结束的宴请可联系当地具有特色的饭店,预订酒宴。

(6)礼品。礼品不可太过贵重,但要显示我方的友好与诚意,可买一些当地特产作为礼物。

(7) 游览。联系当地旅游公司,安排附近景点一日游。

(8) 参观。安排公司主管副总经理及生产负责人引导A食品有限公司采购经理一行参观企业。

第五步:整理谈判资料

归类整理好谈判需要的行业资料、对方信息资料、竞争对手资料、己方资料、相关法律资料、相关标准资料等一切材料。

第六步:起草谈判合同文本

安排我方谈判小组起草一份合同文本,对谈判相关内容进行梳理,避免出现谈判漏洞。

第七步:部署应急人员

通知小车司机和总经理办公室人员随时待命,听候调用。

第八步:召开小组会议

召集谈判组成员,明确谈判任务、谈判纪律、奖惩制度及谈判着装要求。

知识储备

2.3.1 商务谈判场所布置

1. 谈判室布置

(1) 环境。谈判室应当宽敞舒适,光线充足,空气流通,温度适宜,色调柔和。谈判室总体色调应以暗色、暖色为主,这是因为,明亮的色调容易使人情绪过于活跃,在谈判中使双方产生急躁情绪,而暗色可以形成一种适宜心理氛围的距离感,采用暖色容易使双方建立信任。因此,谈判室的总体色调一般采用暗红色、褐色、暗黑色或褚石色。但是,总体色调也不能过于暗淡,否则会给人以压抑的感觉,不利于最后的签约。通常做法是摆放植物或鲜花,使用银色或白色茶具等加以调整。

(2) 设备。谈判室应有无线网络,根据情况可准备笔记本电脑。必要时可设白板、投影仪,供谈判双方进行讲解分析时使用。安装空调以保持室内适宜的温度,设饮水机以便取水。谈判室一般不设录音录像设备,除非双方同意或要求才能配备。

(3) 桌式。一般而言,谈判的桌式应根据谈判的重要性、谈判的规模、谈判双方关系的密切程度具体安排,并遵循相关的礼仪礼节和国际惯例。谈判的桌式通常有以下3种。

① 相对式:双方各居谈判桌的一边,相对而坐,谈判桌一般采用长条形桌或长椭圆形桌。这种桌式适用于比较正规、比较严肃的谈判。它的好处是双方相对而坐,中间有桌子相隔,有利于信息的保密,同方谈判人员相互接近,便于商谈和交换意见;它的不利之处在于人为地造成双方对立感,容易形成紧张、呆滞的谈判气氛,对融洽双方关系有不利的影响。

【特别提示】

横桌式的位次:客方人员面门而坐,主方人员背门而坐,双方主谈者居中就座,其他人员则依其具体身份的高低,各自按先右后左、自高而低的顺序分别在己方一侧就座,如图2-1所示。

竖桌式的位次:客方人员居右而坐,主方人员居左而坐,双方主谈者居中就座,其他人员则依其具体身份的高低,各自按先右后左、自高而低的顺序分别在己方一侧就座,如图2-2所示。

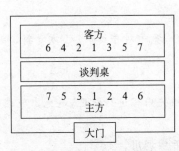

图 2-1　横桌式双边谈判座次安排　　　图 2-2　竖桌式双边谈判座次安排

注：双方主谈者的右侧之位，在涉外谈判中为翻译座。

② 圆桌式：谈判对象环绕坐在谈判桌的周围，谈判桌一般采用圆形桌或多边形桌，如图 2-3 所示。这种桌式可消除谈判双方代表的距离感，加强双方关系融洽、共同合作的印象，使谈判容易进行。

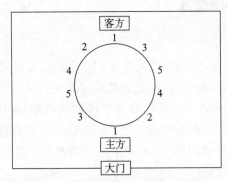

图 2-3　圆桌式双边谈判座次安排

【特别提示】

圆桌式的位次：客方主谈面门而坐，主方主谈背门而坐。双方其他人员则依其身份按先右后左，自高而低的顺序就座。

③ 并列式：谈判双方并列而坐。这种就座方式适合于双方比较了解、关系比较融洽的谈判。它的好处是双方不表现为对立的两个阵营，相互对视的时间较短，心理压力较轻，有利于活跃谈判气氛；它的不利之处是不利于谈判人员之间的内部交流和资料的保密。

【特别提示】

- 在圆桌式、并列式桌式中，双方人员可交叉而坐，此时更能增添合作、轻松、友好的气氛。
- 在某些特殊的场合，如需要对对手造成高压态势，己方可选择高位次位置落座。

（4）座位的距离。双方谈判人员座位之间的距离要适当。离得太近，会感到拘束不舒服；离得太远，交谈时不方便，还有一种疏远的感觉。

【特别提示】

美国人类学家爱德华·霍尔博士认为，人在社会中与他人交往，根据交往关系的不同程度,可以把人际空间划分为四种距离。

亲密距离:45厘米以内,这是人际交往中的最小间隔。一般来说,关系越亲密,个体空间的范围就越小。常见于家庭成员、恋人、密友之间。

个人距离:45厘米至1.2米,这是人际间隔上稍有分寸感的距离。常见于熟人、朋友之间。

社交距离:1.2~3.6米,该距离体现了一种社交性或礼节上较为正式的关系。其近范围1.2~2.1米常见于工作场合和公共场所;远范围2.1~3.6米,表现为一种更加正式的交往关系,是会晤、谈判或公事上采用的距离。

公众距离:3.6~7.5米,这是人际接触中界域最大的距离。这种距离人际沟通大大减少,很难进行直接交谈。适合于演讲、做报告、文艺演出时与听众、观众之间保持的距离。

商务谈判距离视不同对象有所不同。

【小链接】

美国有家石油公司的经理曾经与石油输出国组织的一位阿拉伯代表谈判石油进出口协议。谈判中,阿拉伯代表谈兴渐浓时,身体也逐渐靠拢过来,直到与美方经理只有约15厘米的距离才停下来。美方经理稍感不舒服,就向后退了一下,使二者之间保持约60厘米的距离。只见阿拉伯代表的眉头皱了一下,略为迟疑以后又边谈边靠了过来。美方经理并没意识到什么,因为他对中东地区的风俗习惯不太熟悉,所以他随即又向后退了一下,这时,他突然发现他的助手正在焦急地向他摇头示意,用眼神阻止他这样做,美方经理虽然并不完全明白助手的意思,但他终于停止了后退。于是,在阿拉伯代表感到十分自然,美方经理感到十分别扭的状态下达成了使双方满意的协议,交易成功了。事后,美方经理在了解了阿拉伯人谈判的习惯后感慨地说:"好险! 差一点儿断送了一笔如此重要的石油买卖。"

(资料来源:夏圣亭. 商务谈判技术[M]. 北京:高等教育出版社,2000.)

2. 休息室布置

谈判室旁边或附近可设有休息室,以供谈判双方在紧张的谈判间隙休息之用。休息室应该布置得轻松、舒适,室内最好能布置一些植物、放一些轻柔的音乐,放一些茶点,以便于调节心情、舒缓气氛。

【小链接】

日本首相田中角荣20世纪70年代为恢复中日邦交正常化到达北京,他怀着等待中日间最高首脑会谈的紧张心情,在迎宾馆休息。迎宾馆内气温舒适,田中角荣的心情也十分舒畅,与随从的陪同人员谈笑风生。他的秘书早饭茂三仔细看了一下房间的温度计,是"17.8℃"。这正是田中角荣习惯的"17.8℃"使得他心情舒畅,为谈判的顺利进行创造了条件。

(资料来源:王爱国,高中玖. 商务谈判与沟通[M]. 北京:中国经济出版社,2008.)

2.3.2 商务谈判接待

1. 迎接

(1)迎接规格。迎接规格要根据对方前来谈判的人员身份、目的并适当考虑双方的关系来确定,其原则是迎送人员要与来宾的身份"对等对口"。对等主要是身份相当、地位相称;对口是职责或业务范围相似。当来宾特别重要或者与企业关系重大时,也可以破格迎送,即安排比来宾身份略高的人员出面接待,还可以安排简单而热烈的迎接仪式。

(2) 迎接礼仪。

① 仪表。

男士仪表:男士的发型要简短干练,剃须修面,漱口洁齿。修剪指甲,洗净双手。衣着整洁而正式,不可穿无领衫、牛仔服、短裤、旅游鞋等。

女士仪表:女士的发型要美观大方,不可过于时尚、新潮,长发女士可以将头发盘成庄重优雅的发髻。衣着端庄雅致,不可穿低领、无袖、紧身、透明或者过于短小、过于鲜艳的衣服,不可穿拖鞋。可化淡妆,涂抹少量淡香水,不可涂彩色指甲油,首饰尽量少戴或不戴。

【特别提示】

● 商务谈判人员戴首饰的基本要求。

男性:一般仅戴结婚戒指或有品位的手表。

女性:戴首饰遵循以下原则。

一是以少为佳。一般而言,佩戴首饰时,总量上不宜多于三种,每种则不宜超过两件。最好不戴或仅戴结婚戒指。

二是同质同色。同时佩戴多件首饰时,应尽量选择质地、色彩上都基本相同的首饰。

三是风格划一。佩戴首饰应当风格统一,同时应当与自己衣饰的风格协调一致。

另外,突出个人性别特征的首饰(如胸针、耳环、脚链之类)不戴,过于名贵的珠宝首饰不戴。

● 戒指的戴法。首饰中戒指的戴法最有讲究,戴在不同的手指上传递着不同的信息,表示不同寓意。

戴在食指上,表示尚未恋爱,正在求偶。

戴在中指上,表示正有意中人,正在恋爱。

戴在无名指上,表示已结婚或订婚。

戴在小指上,则表示独身,终身不嫁或终身不娶。

佩戴两枚或两枚以上的戒指是不妥的。也有人中指和无名指同时戴着戒指,则表示已婚并夫妻关系很好。大拇指一般不戴戒指。

● 涉外谈判接待服饰颜色禁忌。如果是涉外谈判接待,接待人员还要考虑到客方所在国对服饰颜色上的接受习惯,选择颜色合适的服装去参加接待活动。如欧美大部分国家都将黑色视为丧葬象征,接待人员穿着黑色套裙或连衣裙去接待,就会引起不愉快;在中国人眼里喜庆的红色,在泰国人看来是不吉利的;日本人忌绿色衣服;摩洛哥人忌穿白色;比利时人忌黄色;伊朗、伊拉克则讨厌蓝色等。

② 迎候。掌握来宾抵达的交通工具、抵达的准确时间,提前在机场、车站等候。为方便确认,可举个小牌子,牌子上写上"×××公司欢迎你们"的字样。

③ 介绍。

自我介绍:先向对方点头致意,询问:"您好,请问您是×××单位×××姓名×××职位?"得到对方回应后,说出"您好!我是×××单位×××部门×××职位×××姓名,很高兴认识您,这是我的名片。"或者说:"您好!我是×××单位×××部门×××职位×××姓名+(与对方某些熟人的关系或与对方相同的兴趣爱好),这是我的名片。"同时将名片递给对方。

介绍他人:一般由与对方相识的谈判活动中地位较高者做介绍人,介绍词:"×××,我来给您介绍一下,这位是×××姓名+×××职务+负责×××工作+(简要情况)"被介绍的一方应面带微笑,眼睛正视对方,点头致意或握手,同时问候对方:"您好,很高兴认识您。"并可递送名片。

【特别提示】

- 介绍他人的基本原则是客人、女士和高职位者对对方有优先知情权。一般先介绍年轻的,后介绍年长的;先介绍职位、身份较低的,后介绍职位、身份较高的;先介绍男性,后介绍女性;先介绍主人,后介绍客人。
- 若被介绍一方或双方不止一人,介绍规则是:介绍双方时,先卑后尊;介绍各自一方时,则应当自尊而卑。

【拓展阅读】

资料一 称呼礼仪

称呼在商务交往中至关重要,妥当的称呼能反映自身的教养、对对方的尊重,赢得对方的好感;不当的称呼会给对方带来不快,甚至恼怒,破坏交往关系。

(1) 商务谈判活动中恰当的称呼。

① 称呼行政职务。

只呼职务,如"董事长""总经理""主任"等。

在职务前加姓氏,如"陈董事长""张总经理""李主任"等。

在职务前加姓名,如"××总经理"等,常用于正式介绍场合。

② 称呼技术职称。

仅称呼职称,如"教授""高工"等。

在职称前加姓氏,如"李教授""王高工"等。

在职称前加姓名,仅适用于极其正式的场合,如"××教授""××高级工程师"等。

③ 称呼职业。

仅称呼职业,如"老师""医生""会计""律师"等。

在职业前加姓氏,如"李老师""王律师"等。

在职业前加姓名,仅适用于极其正式的场合,如"××老师""××律师"等。

④ 泛尊称。称呼"先生""小姐""女士",在公共场合这种称呼较常用。

(2) 商务谈判活动中不当的称呼。

① 无称呼。不称呼对方,直接开始谈话是非常失礼的行为。

② 不适当的俗称。如"兄弟""哥们儿""姐们儿"等称呼,这样会显得自身素质不高,缺乏修养。

③ 不适当的简称。如刁副(刁妇)、史科(屎坑)、傅厅长(副厅长)等。

④ 地方性称呼。有些称呼,具有很强的地方色彩,如北京人爱称人为"师傅",山东人爱称人为"伙计";但在南方"师傅"是指"出家人","伙计"就是"打工仔"。

资料二 交换名片礼仪

交换名片是建立人际关系的第一步,一般宜在与人初识时自我介绍之后或经他人介绍之后进行。

递送名片的先后没有太严格的讲究,一般是地位低的人先向地位高的人递名片。当对方不止一人时,应由尊而卑,若不清楚对方地位也可由近而远。在递送名片时,应上身呈

15°的鞠躬状,面带微笑正视对方,将名片上的字正对对方,恭敬地用双手的拇指和食指分别捏住名片上端的两角递送到对方胸前,递送时可以说:"×××,这是我的名片,请多关照"之类的客气话。如果互递名片,姿势同上,只是左手送自己的名片,右手接对方的名片。

接受他人名片时,应起身或欠身,面带微笑,目视对方,恭敬地用双手的拇指和食指接住名片的下方两角,并轻声说"谢谢""认识您很高兴"等。如对方地位较高或有一定知名度,则可道一句"久仰大名"之类的赞美之辞。接过名片后,要回敬对方一张,并当着对方的面,用30秒钟以上的时间,将接受的名片认真地从头到尾默"读"一遍,意在表示重视对方,然后郑重地将名片放入自己的名片夹里。

切忌接过名片一眼不看就随手丢在一边或放进口袋,或在手中随意玩弄,这样都会伤害对方的自尊,影响彼此的交往。

④ 握手。握手是一种被世界各国广泛采用的动作语言,自我介绍或被介绍后都应与对方握手。握手应注意以下几点。

握手姿势:伸出右手,手掌略向前下方伸直,四指并拢,拇指张开,微笑目视对方与对方相握。

伸手次序:来宾登门拜访时,主人应主动伸手;离别时,客人应主动伸手;地位高者先伸手;女士先伸手;平等地位的同性朋友相见时先伸手为敬。

【特别提示】

在正式场合,握手时伸手的先后次序主要取决于职位、身份;在社交、休闲场合,则主要取决于年纪、性别、婚否。

握手时间:一般应把握在1~3秒。

握手力度:稍许用力,以稍感紧握为宜。

面部表情:应注视对方,面带微笑。

握手次序:先尊后卑,同等地位先女士后男士。如人数较多,可以只和几个主要的人握手,向其他人点头致意。

【特别提示】

握手的禁忌。

- 忌握手时左顾右盼、心不在焉、表情冷淡。
- 忌用左手握手。
- 忌戴墨镜握手。
- 忌戴帽子或手套握手(女性礼服的帽子和手套除外)。
- 忌男士与女士握手时间过长或双手握。
- 忌交叉握手。
- 忌拒绝对方主动要求的握手。

【小链接】

在日内瓦会议期间,一个美国记者主动和周恩来总理握手,周总理出于礼节没有拒绝,但没有想到这个记者刚握完手,忽然大声说:"我怎么跟中国的好战者握手呢?真不该!真不该!"然后拿出手帕不停地擦自己刚和周恩来握过的那只手,然后把手帕塞进裤兜,这时很多人在围观,看周总理如何处理。周恩来略略皱了一下眉头,他从自己的口袋里也拿出手帕,随意地在手上扫了几下,然后走到拐角处,把这个手帕扔进了痰盂,并微笑着幽默地说:"这个手帕再也洗不干净了!"美国记者愕然,在众目睽睽之下溜走了。

(资料来源:孙绍年.商务谈判理论与实务[M].北京:清华大学出版社,北京交通大学出版社,2007.)

⑤ 献花。对于身份特殊或尊贵的客方谈判人员,可以安排献花。献花必须用鲜花,可以扎花成束或编成花环,由年轻女职员在参加迎送的主要领导与对方主要领导握手后,将鲜花献上。

⑥ 陪送。引导客人上车,陪来宾抵达下榻的宾馆,乘车途中可以简单介绍本地风土人情。帮客人办好入住手续并将客人领进房间,同时向客人介绍宾馆的服务、设施、就餐时间和地点。

【特别提示】

- 商务接待的上车顺序应是根据座次,按方便上车的顺序依次上车。轿车座次分主人开车或专职司机开车有所不同,如图2-4～图2-7所示,如客人坐错位置,不必请客人挪动位置,应尊重客人的选择。

图2-4　双排五座座次

图2-5　双排六座座次

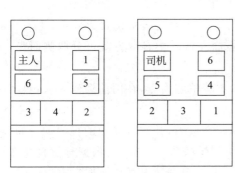

图2-6　三排七座座次

图2-7　多排座轿车座次

- 陪送客人位次礼仪。

行进时位次为:前方高于后方,内侧高于外侧,中央高于两侧。

上下楼梯时,以前方为上,但同等地位男女同行时,上下楼梯宜女士居后。

陪同客人乘坐电梯,若无人操作,陪同者应先进后出,以便操纵电梯;若有人操作,陪同者应后进先出,以示对客人的尊重。

出入房间应让客人先进先出。

2. 住宿

主场谈判方应当主动为对方安排住宿,一般应在对方动身出发之前先征求对方对住宿的要求,然后再根据要求安排预订相应的宾馆和房间。预订宾馆和房间后,应将宾馆名称、房间号码和起止日期告诉对方。

【特别提示】

选择商务谈判住宿地一般包括以下要求。
- 交通、通信方便。
- 离谈判地较近。
- 环境安静、舒适。
- 生活设施良好。
- 价格合乎标准。

3. 宴请

(1) 宴请次数与形式。宴请首先要确定宴请次数,一般一个谈判周期以2~4次为宜,其中接风和送别一般是要有的,另外1~2次根据谈判实际情况而定。宴请的形式可以是正式的晚宴或午宴、酒会或者招待会等。

(2) 宴请场所。宴请场所可选择环境幽雅、菜肴精美、服务优的饭店或者是有一定档次的地方特色餐饮店。

(3) 宴请礼仪。

① 邀请。宴请前应向客人发出邀请,告知客人宴请的主人、时间、地点等。

② 点菜。宴请的菜肴应符合客人的口味、民族习俗和健康要求;整桌菜应有冷有热,荤素搭配;有主有次,主次分明。此外还应点好酒水。

③ 位次。宴请中安排中餐的用餐位次是要特别注意的问题。用餐位次主要有桌次和席次之分,桌次的排列为面门为尊、以右为敬、居中为重、远门为上,如图2-8所示。

除桌次外,同桌中不同的位置也是有区别的,一般面门居中位置为主位;主人右侧的位置是主宾位;越近主位,位次越高;同等距离,右高左低。主客双方既可分两侧而坐,也可以交错而坐,其位次如图2-9所示。

④ 迎宾。主人应提前半小时到达宴会厅,衣着整洁大方,在门前迎候客人,热情引导客人就座。

⑤ 敬酒。宴会开始时,主人应站立向全体宾客敬酒,并致以简短的祝酒词。如"欢迎诸位来×××地,我敬大家一杯,祝我们合作愉快!"敬酒顺序一般是:根据身份自高而低逐个敬酒,如对客人身份不能确定,可先敬主宾,然后从自己身边开始以顺时针方向依序敬酒。

【特别提示】

酒量不大的人为防喝醉酒,可在饮酒前喝些酸奶或牛奶,吃些高淀粉食物,如米饭、红薯、土豆等;喝酒时可同时多喝些牛奶(酸奶)、豆浆、水、果蔬汁(特别是西瓜汁)、汤等,多吃豆腐。必要时可准备醒酒的药物提前服用。喝酒时不要饮用加快酒精吸收的碳酸饮料,如可乐、汽水等。

⑥ 用餐。当宾客讲话、敬酒时应停止进食,积极回应。饮酒要留有余地,慢酌细饮;夹菜要等转到自己面前再夹,不可在菜中翻找,也不可给别人夹;吃菜、喝汤应细嚼慢咽,不可发出声响;餐巾应叠成三角形铺在大腿上,不可塞在领口里,挂在胸前;热毛巾只用来擦嘴,不可擦头颈或手;席间一般不要劝酒、抽烟、剔牙,确需剔牙应暂时离席。

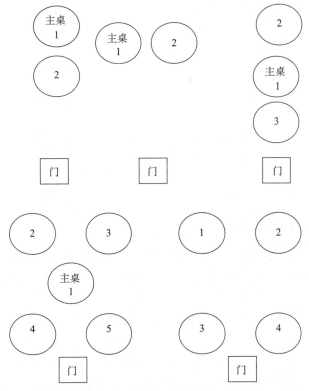

图 2-8 中餐餐桌位次

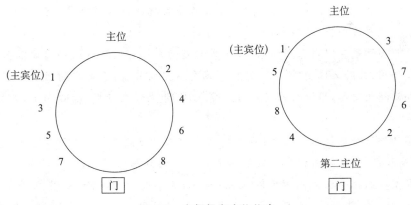

图 2-9 中餐餐桌座位位次

【拓展阅读】

西餐礼仪

西餐的位次。面门为上；居中为上；以右为尊；女士优先（女士尊于男士）；距离定位（距主位越近,地位越高）；交叉排列（男、女,生人、熟人交叉）。西餐的位次如图 2-10 和图 2-11 所示。

西餐的用餐礼仪。西餐的餐具使用方法复杂。一般应左手持叉,右手持刀。当餐桌上有多副刀叉并排时,应按先外后内的顺序,先使用摆在最外边的一副刀叉,然后依次向内,

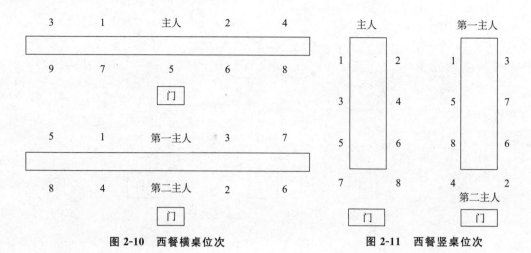

图 2-10　西餐横桌位次　　　　图 2-11　西餐竖桌位次

因为西餐餐具摆放与上菜的先后是直接衔接的,顺序错了,就可能导致"物不尽用"。进餐中放下刀叉时,应摆成"八"字形。任何时候,都不可将刀叉的一端放在盘上,另一端放在桌上。

吃鱼、肉等带刺或骨的菜肴时,不要直接外吐,可用餐巾捂嘴轻轻吐在叉上放入盘内。吃鸡腿时应先用力将骨去掉,不要用手拿着吃。吃鱼时不要将鱼翻身,要吃完上层后用刀叉将鱼骨剔掉后再吃下层。吃肉时,要切一块吃一块,块不能切得过大,一次将肉都切成块。遇到吃面包时,应用手将面包掰成小块,用专用的小刀抹上黄油和果酱,抹一块吃一块。

遇到有烤鸡、龙虾、肋骨、牡蛎、鸡翅、小甜饼、三明治、土豆条、带芯玉米时,也可用手拿着吃。用手取食物,有时会送上一小水盆,水上漂有玫瑰花瓣或柠檬片,这是专供洗手用的。洗手时两手轮流蘸湿指头,轻轻刷洗,然后用餐巾或小毛巾擦干。

西餐中的汤匙是专门用来喝汤的(喝咖啡的匙的式样与汤匙不同),因此不宜用来进食,但可以与叉并用,帮助叉取食物。喝汤时,用汤勺从里向外舀,汤盘中的汤快喝完时,用左手将汤盘的外侧稍稍提起,用汤勺舀净即可。喝光汤,匙应放在盘里,匙心向上,匙柄置盘子右边缘外。

西餐宴会中每个座位的餐桌上,刀叉和盘子的右上方摆着多个酒杯,包括凉水杯、红葡萄酒杯、白葡萄酒杯、香槟酒杯等。装红白葡萄酒的酒杯基本相同,香槟酒杯一般是高脚口杯或郁金香型瘦高杯子。拿高脚酒杯应以手指捏住杯腿,短脚酒杯则应用手掌托住酒杯。一般吃红肉(猪、羊、牛肉等)要喝红酒,吃白肉(鱼、虾、蟹、海鲜等)喝白酒。香槟酒为开胃酒,在正式用餐前吃沙拉或鱼子酱可喝香槟酒。

用餐完毕,将餐巾擦拭嘴唇和嘴角,然后置于盘子右方。一般在众人面前不宜使用牙签,必须用时,应将双手挡住嘴轻轻地剔,用过的牙签放在盘内,勿置于桌布上。

西餐后或席间配有咖啡和茶。全套咖啡用具包括咖啡杯、托盘、小匙、牛奶缸、糖缸等。喝咖啡时先用专用的糖夹或糖勺往咖啡里加适量的糖,再加奶,然后用小匙搅拌。搅毕,将小匙置于托盘上,也可根据个人习惯不加糖和奶。站立时可左手托盘右手持杯耳,将托盘置于齐胸的位置,然后将咖啡杯端离托盘慢慢品饮。喝完后,再将咖啡杯置回托盘中,放于桌上。勿将小匙放在杯里。喝茶的礼仪与喝咖啡基本相同。

⑦ 交谈。宴请时应就彼此感兴趣的话题或轻松愉快的话题亲切交谈,注意回避个人隐私和对方避讳的问题。为营造气氛还可点歌或播放音乐。

【特别提示】

在交谈中,应注意"十一不"。
- 不打断对方、质疑对方。
- 不纠正对方、补充对方。
- 不滔滔不绝、目中无人。
- 不漫不经心、左顾右盼。
- 不亲疏有别、冷热变换。
- 不问对方年龄、收入和婚姻家庭状况。
- 不问对方的个人经历、家庭住址及身体健康状况。
- 不谈论政治及宗教信仰问题。
- 不谈论涉及国家机密和行业机密的话题。
- 不谈论粗俗的话题。
- 不传播小道消息,不揭他人隐私,不议论他人。

⑧ 结束。一般宴会应掌握在90分钟左右,最多不超过两小时。在宴会结束前,主人要征求客人意见,以他们尽兴为宜。宴会结束后将客人送至门口(或送上车),礼貌道别。

【拓展阅读】

赴 宴 礼 仪

- 应邀。接到宴会的邀请,不论能否赴约,都应尽快做出答复,以便主人安排。不能应邀的,要婉言谢绝。接受邀请后要按时出席。如确有意外不能出席,要提前向主人解释和道歉。
- 赴宴。仪表整洁入时,提前约10分钟到达宴请地点,主动向主人问好、致意,如带有礼物,可将礼物交给主人。按主人安排入座,与同桌人融洽交流,文明用餐。当主人或来宾至桌前敬酒,应起立举杯。碰杯时要目视对方示意。切忌饮酒过量,酒后失态。宴会结束,带好随身物品,微笑向主人道谢告辞。

4. 馈赠

(1) 礼品的挑选。

① 礼品并非越贵重越好。赠送礼品主要的目的是为了表情达意,"千里送鹅毛,礼轻情义重",太贵重的礼品不但给自己增加压力,而且也给对方造成心理负担,甚至有贿赂之嫌。

② 要知道受礼者的喜好。礼品要因人而异,先了解受礼人的年龄、性格、喜好、兴趣、职务、知识、品位及风俗习惯等,选择受礼人乐于接受的礼物,特别注意礼品的品种、色彩、图案、形状、数目不要犯忌。

【特别提示】

中国送礼忌送梨、伞、钟,因其有"离""散""送终"的暗意。此外送礼不可送贴身用品,如剃须刀、衣服等。礼品数不能为4。

礼品是有售后服务的物件,要把发票和相关单据一起赠出,以便受礼人能享受相关服务。

（2）礼品的包装。精美的包装使礼品更表达出赠送者的尊重和诚意。礼品包装可以交由礼品包装店完成。

（3）礼品的赠送。

① 时间。登门拜访客人时,在见面之初送礼品;接待客人时,主人在临别之时赠送礼品。

② 地点。公务交往中,赠送地点一般应当选在工作地点或交往地点。如果是赠送私人的礼品,则应当在私下赠送。

③ 礼节。双手将礼品递给对方,礼品通常应当递给对方手中,不宜放下后由对方自取。加以适当的说明,介绍礼品的来历、寓意、用途、用法等。

【特别提示】

送礼的禁忌。

- 不能送大额现金、有价证券、金银珠宝,否则有收买对方之嫌。
- 不能送粗制滥造的物品或过季的商品,否则有愚弄对方、轻视对方之嫌。
- 不能送药品或营养品,否则有暗示对方身体欠佳之嫌。
- 不能送有违社会公德和法律规定的物品,否则有引诱对方堕落、犯罪之嫌。
- 不能送有违交往对象民族习俗、宗教信仰和生活习惯的物品,否则有不尊重对方之嫌。
- 不能送带有明显广告标志和宣传用语的物品,否则有利用对方,为自己做广告之嫌。
- 不能在公共场合给私人送礼,否则有招摇之嫌。

【拓展阅读】

接受礼品礼仪

- 双手捧接。收礼品时要用双手捧接,切勿一只手去接礼品,特别是不要用左手去接礼品。
- 表示感谢。接到礼品后,要面带微笑并表示感谢。
- 记住回赠。接受馈赠后,得想办法回礼才合乎礼貌。中国人崇尚"礼尚往来","来而不往非礼也",外国人同样重视。记住对方所送礼物的价值,以便在方便时机回赠给对方。
- 礼貌拒绝。只要对方不是贿赂行为,一般是不允许拒绝收礼的。当你因为某种原因不能接受对方的礼品时,可以礼貌地拒绝,但是态度必须委婉。

2.3.3 商务合同准备

商务合同内容规定商务合同当事人所享有的权利和承担的义务。商务合同内容通过商务合同的条款来体现,由商务合同的当事人约定。因商务合同的种类不同,其内容也有所不同,但一般来说,商务合同的内容主要包括以下几个方面。

1. 当事人的名称(或姓名)和住所

名称是指法人或者其他组织在登记机关登记的正式称谓;姓名是指公民在身份证或者户籍登记表上的正式称谓。住所对法人和其他组织而言,是指主要办事机构所在地;住所对公民个人而言,是指其长久居住的场所。当事人是合同法律关系的主体,因此,在合同中应当写明当事人的有关情况;否则,就无法确定权利的享有者和义务的承担者。

2. 标的

标的是商务合同当事人的权利义务所共同指向的对象,是合同法律关系的客体。在商务合同中标的必须明确、具体,以便于商务合同的履行。合同的标的可以是物、劳务、智力成果等。

3. 数量

数量是以数字和计量单位对商务合同标的进行具体的确定,标的的数量是确定商务合同当事人权利义务范围、大小的依据,如果当事人在商务合同中没有约定标的数量,也就无法确定双方的权利和义务。

4. 质量

质量是以成分、含量、纯度、尺寸、精密度、性能等来表示的合同标的品质,合同中必须对质量明确加以规定。

5. 价款及支付方式

价款是当事人一方取得标的物而向对方支付的对价。价款一般由当事人在订立商务合同时约定,应符合国家价格管理规定。支付方式可为现金结算和转账结算。

6. 履行期限、地点和方式

履行期限是当事人履行合同义务的时间规定。履行期限是衡量商务合同是否按时履行的标准,当事人在订立商务合同时,应将商务合同的履行期限约定明确、具体。

履行地点是当事人履行义务的空间规定,即规定什么地方交付或提取标的。当事人订立商务合同时要明确规定履行合同的地点。

履行方式是当事人履行义务的具体方式。商务合同履行的方式依据商务合同的内容不同而不同。

7. 违约责任

违约责任是当事人没有按照商务合同的约定全面履行自己义务而应当承担的法律责任。当事人为了确保商务合同的履行,可以在商务合同中明确规定违约责任条款。承担违约责任的方式一般是违约方向对方支付违约金或赔偿金。

8. 争议的解决方法

争议的解决方法是当事人在履行合同过程中发生争议后,通过什么样的方法来解决当事人之间的争议。争议的解决方法有:协商、调解、仲裁和诉讼。

【小链接】

××××××产品购销合同

订立合同双方：　　　　　　　　　　　　合同编号：

供货方：_____（下称甲方）

购货方：_____（下称乙方）

甲乙双方本着平等互利、协商一致的原则，签订本合同，以资双方信守执行。

第一条　商品名称、种类、规格、单位、数量。

名　称	种　类	规　格	单　位	数　量	备　注

第二条　商品质量标准。

（注：商品质量标准可选择下列方式规定：①附商品样本，作为合同附件。②参照国内或国际质量标准。③供需双方议定具体标准。）

第三条　商品单价及合同总金额。

（注：双方同意接受的价格。应说明因原料、材料、生产条件发生变化，而变动价格时，须经供需双方协商。）

第四条　包装方式及包装品处理_____。

（注：按照各种商品的不同，规定各种包装方式、包装材料及规格。包装品以随货出售为原则；凡须退还对方的包装品，应明确退还方法及时间，或另作规定。）

第五条　交货方式。

1. 交货时间：_____。

2. 交货地点：_____。

3. 运输方式：_____。

第六条　验收方法_____。

（注：按照交货地点与时间，根据不同商品种类，规定验收的处理方法。）

第七条　预付货款。

（注：根据不同商品，决定是否预付货款及金额。）

第八条　付款日期及结算方式_____。

第九条　运输及保险_____。

（注：根据实际情况，代办运输手续者，应在合同中加以明确。为保证货物途中的安全，代办运输单位应根据具体情况代为投保运输险。）

第十条　运输费及保险费负担_____。

第十一条　违约责任。

1. 购货方延付货款使对方造成损失，应偿付供货方此批货款总价_____%的违约金。

2. 供货方如延期交货或交货数量不足者，供货方应偿付购货方此批货款总值_____%的违约金。购货方如不按交货期限收货或拒收合格商品，亦应偿付供货方此批货款总值_____%的违约金。任意一方如提出增减合同数量，变动交货时间，应提前通知对方,征得同意;否则应承担经济责任。

3. 供货方所发货品有不合规格、质量要求等情况,购货方有权拒绝付款(如已付款,应有退款退货办法);但须先行办理收货手续,并代为保管和立即通知供货方,因此所发生的一切费用损失,由供货方负责。如经供货方要求代为处理,须负责迅速处理,以免造成更大损失。其处理方法由双方协商决定。

4. 约定的违约金。

(注:违约金视为违约的损失赔偿。双方没有约定违约金或者预先赔偿额的计算方法的,损失赔偿额应当相当于违约所造成的损失,包括合同履行后可以获得的利益。)

第十二条 当事人一方因不可抗力不能履行合同时,应当及时通知对方,并在合理期限内提供有关机构出具的证明,可以全部或部分免除该方当事人的责任。

第十三条 本合同在执行中发生纠纷,签订合同双方不能协商解决时,可向人民法院提出诉讼。(或申请_____仲裁机构仲裁解决。)

第十四条 合同执行期间,如因故不能履行或需要修改,必须经双方同意,并互相换文或另订合同,方为有效。

购货方:_____(盖章)　　　供货方:_____(盖章)
法定代表人:_____(盖章)　　法定代表人:_____(盖章)
开户银行及账号:_____　　　开户银行及账号:_____
地址:_____　　　　　　　　地址:_____
电话:_____　　　　　　　　电话:_____
传真:_____　　　　　　　　传真:_____
订立时间:____年__月__日
订立地点:_____

(资料来源:方其. 商务谈判——理论、技巧、案例[M]. 北京:中国人民大学出版社,2008(有改动).)

2.3.4 商务谈判人员管理

1. 谈判人员仪表

(1)男性。

① 着装。商务活动中,得体的着装不仅反映一个人的修养与气质,同时也表现了对他人的尊重。在比较正式的商务谈判场合很重视服饰规范。

正式的商务场合,男士着装以穿西装打领带为宜。

西装以深色(深蓝色、深灰色)毛料套装为主,单排扣,最下面的一粒一般不系。

白色(或与西装同色系)衬衫。衬衫须整洁、挺括,领子应略高于西服领,袖子以抬手时比西装衣袖长出1.5~2厘米为宜,下摆要塞进西裤。

素色或条纹领带,领带的长度以抵达皮带扣的上方为最佳。若内穿V字领毛衣或毛背心等,领带必须置于毛衣或毛背心内。

黑色皮鞋,皮鞋要保持光亮。

黑色或深蓝色棉袜。

【特别提示】

- 穿西装"三个三"。

  三色原则——男士在正式场合穿着西服套装时,全身颜色必须限制在三种之内。

  三一定律——皮鞋、腰带、公文包必须是同种颜色(最好是黑色)。

  三大禁忌——袖口上的商标没有拆除;着白色袜子(或不过脚踝袜子、尼龙丝袜);衣裤扣子没扣好。

- 商务谈判人员一般不用领带夹。领带夹是用来固定领带的,其位置以衬衫的第4粒纽扣处为宜。通常穿制服的人,如工商、税务、警察、军人或大人物,如高级官员、高级将领、领导人使用领带夹。

- 领带的打法如图2-12所示。

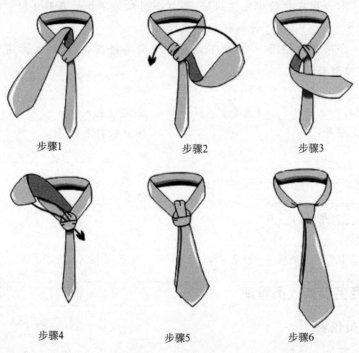

图2-12 领带的打法

② 配饰。男性商务人员可携带公文包,手机、笔记本、笔、纸巾应有条理地放在公文包中。可佩戴一只有品位的手表,既可以显示身份,又可以看时间。除结婚戒指外,其他饰物一概不戴。

③ 修饰。发型简洁大方,面部干净光洁,牙齿清洁,口气清新,指甲整齐无污垢。

【小链接】

某经销商听客户讲A公司的服装产品款式和质量不错,一直想跟他们联系。有一天,他在办公室时听见有人敲门,门开后,进来一个人,穿一套旧的皱皱巴巴的浅色西装,自称是A公司的推销员。该经销商打量着来人:他身穿羊毛衫,打一条领带。领带飘在羊毛衫的外面,有些脏,好像有油污。黑色皮鞋,没有擦,布满了灰尘。有好大一会儿,经销商都在打量他,心里在开小差。根本听不清他在说什么,只隐约看见他的嘴巴在动,还不停地放些资料在办公桌上。等推销员介绍完了,没有说话,安静了。经销商马上对他说:"把资料放在这里,我看一看,你回去吧!"此后就再也没有跟 A 公司联系。

(资料来源:张翠英. 商务谈判理论与实训[M]. 北京:首都经济贸易大学出版社,2008.)

(2)女性。

① 着装。女士商务装以西服套裙为首选。

套裙颜色以深色为主,如藏蓝、暗红、炭黑、雪青、深灰等;质地挺括、有弹性、不起褶皱,凸显女性的端庄典雅。

肉色长筒袜或连裤袜,不能穿带图案或网眼的袜子。

黑色中(高)跟皮鞋,皮鞋清洁、光亮。

【特别提示】

商务谈判女士着装禁忌。

- 忌穿黑皮裙。
- 忌光脚穿套裙。
- 忌袜子短于裙子下摆。
- 忌衣服过于短小、过于紧身。

② 配饰。女性商务人员可携带一只手袋,手袋颜色应与服装色调协调,手袋内可装手机、笔记本、笔、备用丝袜、化妆盒、纸巾等物品。佩戴首饰应与服装协调,烘托气质,以少为佳。

③ 修饰。发型文雅、庄重,长发要盘成素雅的发髻。化淡妆,妆容清新自然,可涂抹少量淡香水。指甲不可过长,不可涂彩色指甲油或做美甲。

【特别提示】

淡妆,是使人看起来不像化过妆,但更美丽动人的妆容。画淡妆的步骤如下:

(1)洁面后,选择与肤色接近的粉底液或粉底霜,仔细涂匀,统一肤色。

(2)选择可以保持粉底颜色的透明粉定妆。

(3)利用眉刷梳理眉形,再用棕色或灰色眉笔勾勒眉形,最后使用眉刷蘸上眉粉,刷出自然的眉形。

(4)利用象牙白色眼影涂抹在眉骨处与整个眼睑,再用浅褐色眼影涂于眼睑、鼻旁及面颊等需要产生阴影即凹陷效果之处。

(5)利用眼线笔或水溶眼线勾勒出极其自然的眼线。下眼线只画后半部,有时候甚至可以不画。

(6)利用睫毛夹,使睫毛卷翘后,用黑色睫毛膏,由睫毛根部往外刷,下眼睫毛一般不需要刷。

(7)利用浅棕色唇线笔勾勒唇形。注意左右要对称,唇线不要过浓。

(8)利用淡色唇膏从左右嘴角开始,涂满整个嘴唇,并进一步勾勒出干净的唇形。最后涂上唇彩,令嘴唇湿润有光泽。

(9)选择与唇色相和谐的腮红,从耳根到颧骨由深到浅晕染,赋予血色,最后用定妆粉将界线及弄污的部位轻轻按压。

2. 谈判过程礼仪

(1)仪表。谈判人员的仪表要整洁、美观、庄重,举止要沉稳、文明、大方,显示出可信和自信。比较正式的谈判场合男士必须要着西装，打领带；女士必须穿制式套裙，化淡妆（长发女士必须盘发）。

【小链接】

瑞士某财团副总裁率代表团来华考察合资办药厂的环境和商洽有关事宜，国内某国营药厂出面接待洽谈。第一天洽谈会，瑞方人员全部西装革履，穿着规范出席，而中方人员有穿夹克衫布鞋的，有穿牛仔裤运动鞋的，还有的干脆穿着毛衣外套。结果，当天的会谈草草结束后，瑞方连考察的现场都没去，第二天找了个理由，就匆匆地打道回府了。

（资料来源：杨群祥．商务谈判［M］．大连：东北财经大学出版社，2009.）

（2）迎接。主方人员应准确掌握谈判日程安排的时间，先于客方到达谈判地点，在大楼门口迎候，也可指定专人在大楼门口接引客人，主方人员只在谈判室门口迎接。

（3）见面、落座。双方见面后，由主谈人介绍各自成员，互相握手、问候、致意。然后由客方先行进入谈判室或宾主双方同时进入谈判室，在既定的位置入座。入座之前调整好椅子，从椅子的左边入座。坐下后，身体应尽量保持端正，不要跷二郎腿，也不要扭动身体发出异响。主方人员待客方人员落座后再坐下。

【拓展阅读】

商务谈判的走、站、坐礼仪

- 男女的行走姿态有着不同的要求。

  男士走路的姿态应当是：两眼平视前方，闭口、挺胸、收腹、直腰。行走间上身不动、两肩不摇、步态稳健，以显示出持重、果敢的男子汉风度。

  女士走路的姿态应当是：头部端正，目光平和，直视前方。上身自然挺直、收腹，两腿并拢，走成直线。步态要自如、匀称、轻柔，以显示出女子的端庄和典雅。

- 正确的站立姿势应该是两脚脚跟着地，两脚呈45°站立，略窄于肩宽。腰背挺直，自然挺胸，两臂自然下垂（女士也可将双手交叉于腹前）。

- 坐时上身端正、立腰，双肩平正放松，双臂自然弯曲，双手可掌心向下放置于腿上，或轻放于两侧的扶手上，女士还可以两手掌相握，掌心向下，置于腿上或桌子上。入座后，女士双腿要自然并拢，或并拢并倾向一边，男士的双腿可略分开，以一拳为宜。

【特别提示】

重要的谈判，在正式开始前，会举行简单的仪式：双方作简短致辞，互赠纪念品，安排合影后再入座。合影位置排列，通常主方主谈人居中，其右侧是客方主谈人，客方其余代表依次排列，主方其余代表一般站在两端。

（4）谈判。双方人员入座后谈判正式开始，这时非谈判人员应全部离开谈判室；在谈判进行中，双方要关闭所有的通信工具（或调到静音），人员也不要随便进出。

谈判过程中，主方应提供茶水、咖啡等饮料，服务人员添茶续水动作要轻，不影响谈判进行。

（5）送客。当天谈判结束后，主方谈判人员应将客方谈判人员送至电梯口或送到大楼门口上车，握手告别，目送客人汽车开动后再离开。

【特别提示】

如果安排了与谈判内容密切相关的参观考察活动，则应在参观点安排专门的接待人员，准备详细的文字说明材料(涉外时应中外文对照);实地参观时安排专业技术人员讲解,同时也应注意一些技术保密问题。

3. 谈判纪律

谈判人员必须严格遵守以下谈判纪律。

(1) 严格遵守保密制度,不得泄露有关谈判的一切信息。

(2) 必须绝对服从领导的工作安排,顾全大局。

(3) 班子集体决定的事情,必须严格执行,个人的不同意见只能保留。

(4) 在谈判中各成员间必须相互支持,不得相互拆台或制造事端。

(5) 讲究礼仪,谈吐文明,举止大方,行为规范。

(6) 严格执行请示报告制度,如实反映谈判情况。

4. 对谈判人员的激励

通过对谈判人员的激励,充分调动谈判人员的积极性,促成谈判的成功。对谈判人员的激励通常包括以下方式。

(1) 目标激励。设置适当的目标,对于调动谈判人员的积极性作用显著。在谈判活动中,如果目标制定得切实可行,又有一定的挑战性,最能激发和调动谈判人员的积极性;如果目标值过低,没有挑战性,或目标制定过高,难以实现,都会使谈判人员缺乏工作积极性、主动性,失去激励作用。

(2) 授权。适当授权,给予谈判者一定自主权,可激发其责任心,调动其谈判热情。

(3) 正反激励。

① 正向激励。正向激励是指针对谈判人员良好的谈判表现及显著的谈判效果予以奖励,以表示肯定、赞扬。正向激励的方法包括3种。

晋升:把人事干部的考核与其在谈判中的表现相结合,对于表现优秀者提升职位和薪金。

奖金、休假、学习机会:把谈判目标的实现与其奖金或带薪休假或学习进修相结合,对优秀者给予奖励。

表扬:对于表现优秀者,及时地以个别谈话或当众表扬的形式予以激励。

② 反向激励。反向激励是指针对谈判人员表现出的工作疏忽、懈怠、失误、不团结以及造成谈判损失的情况,予以警戒和处罚。其主要包括以下方法。

批评:针对错误,个别或当众进行批评,以明辨是非,告诫他人,整肃谈判队伍。

撤换:对于对外造成不良影响,造成谈判被动者,采取撤换的手段,让其退出谈判班子,以示处罚。

降职、降薪:对已产生实际经济损失或违犯谈判规则,产生极坏影响的人员,除了撤换外,还要加以降职、降薪的处罚,以警戒其他谈判人员。

【特别提示】

- 重大项目谈判,如有必要时,还应做好客方代表团的安全保卫和文件资料保密,以及安排新闻报道工作。
- 作为谈判客方,商务谈判筹备工作主要为制订谈判方案,订购车票(或机票),准备出差费用、谈判资料、衣物、药品、雨具及旅行用品,礼仪训练,明确谈判纪律及奖惩措施等。

任务演练

模拟筹备椰果公司与 A 食品有限公司谈判

背景资料

椰果公司与 A 食品有限公司制订好椰果购销谈判方案,即将在椰果公司所在地展开谈判,双方进行着积极的准备。

演练要求

(1) 卖方模拟小组共同讨论完成谈判场所布置设计(见表2-6),课堂交流讨论,教师点评。

表2-6 谈判场所布置一览表

场 所	项 目	内 容
谈判室	设备	
	谈判桌及座位	
	色调及装饰	
	布置图	
	谈判文具	
休息室	设备	
	桌椅	
	色调及装饰	
	布置图	
	休闲品	

(2) 买卖双方模拟小组相互配合完成迎接(接待人员在火车站迎接,并乘坐两辆双排五座轿车送至宾馆房间)、宴请、赠送礼品的演练,课堂交流讨论,教师点评。

(3) 买卖双方模拟小组各自初步拟定谈判合同(见表2-7),教师评阅。

(4) 男同学练习西装着装,同学观摩,教师指导。

(5) 女同学练习西服套裙着装以及化淡妆,同学观摩,教师指导。

(6) 买卖双方模拟小组配合完成谈判过程礼仪演练,课堂交流讨论,教师点评。

演练条件

(1) 多媒体教室。

(2) 商务礼仪实训室(或座椅可移动教室)。

(3) 名片、礼品、餐具、餐巾等道具(可用纸制作)。

(4) 西装、领带、西服套裙、化妆包。

演练指导

(1) 演练过程不能表现的内容,可用文字描述。

(2) 买卖双方模拟小组各自拟定的谈判合同内容要相互保密。

(3) 化妆可请专业化妆师来现场指导或观看视频。

(4) 演练资料。

表 2-7　椰果购销合同

买方：_____（下称甲方）
卖方：_____（下称乙方）
甲乙双方经充分协商,本着自愿及平等互利的原则,就椰果买卖交易达成如下协议：
第一条　名称、品种、规格和质量
1. 名称、品种、规格：
2. 质量,按下列第（　）项执行：
（1）按照 GB _____ 标准执行（须注明按国家标准或部颁或企业具体标准,如标准代号、编号和标准名称等）。
（2）按样本,样本作为合同的附件（应注明样本封存及保管方式）。
（3）按双方商定要求执行,具体为 _____（应具体约定产品质量要求）。
第二条　数量和计量单位、计量方法
1. 数量：
2. 计量单位：
3. 计量方法：
第三条　包装方式和包装品的处理
（应尽可能注明所采用的包装标准是否为国家或主管部门标准,自行约定包装标准的,应明确包装方式、包装材料及规格,包装费用的负担,包装品处理方法等问题。）
第四条　交货方式
1. 交货时间：
2. 交货地点：
3. 运输方式：
（注明由谁负责代办运输,费用由谁承担。）
4. 保险：
（按情况约定由谁负责投保并具体规定投保金额和投保险种。）
5. 与买卖相关的单证的转移：
（注明单据的转交期限。）
第五条　验收
1. 验收时间：
2. 验收方式：
（如采用抽样检验,应注明抽样标准或方法和比例。）
第六条　价格与货款支付
1. 单价：　　　　总价：　　　　（明确币种及大写）
2. 货款支付：
（1）货款的支付时间：
（2）货款的支付方式：
（3）运杂费和其他费用的支付时间及方式：
3. 预付货款：（根据需要决定是否需要预付货款及金额、预付时间。）
第七条　提出异议的时间和方法
1. 甲方在验收中如发现货物的品种、型号、规格和质量等不合规定或约定,应在妥为保管货物的同时,自收到货物后_____日内向乙方提出书面异议；甲方未及时提出异议或者自收到货物之日起_____日内未通知乙方的,视为货物合乎规定。
2. 甲方因_____等原因造成产品质量下降的,不得提出异议。
3. 乙方在接到甲方书面异议后,应在_____日内负责处理并通知甲方处理情况,否则,即视为默认甲方提出的异议和处理意见。
第八条　甲方违约责任
1. 甲方中途退货的,应向乙方赔偿退货部分货款的_____违约金。

续表

2. 甲方逾期付款的,应按_____计算,向乙方支付逾期付款的违约金。
3. 甲方违反合同规定拒绝接受货物的,应承担因此给乙方造成的损失。
4. 甲方如对乙方提出错误异议,应承担乙方因此所受到的实际损失。

第九条 乙方的违约责任

1. 乙方不能交货的,向甲方偿付_____违约金。
2. 乙方所交货物品种、型号、规格和质量等不符合合同规定的,应_____,由此发生的费用_____。
3. 乙方因货物包装不符合合同规定,须重新包装的,应_____,由此发生的费用_____。因包装不当造成货物损坏或灭失的,_____。
4. 乙方逾期交货的,应按_____计算,向甲方支付逾期交货的违约金,并赔偿甲方因此所遭受的损失。如逾期超过_____日,甲方有权终止合同并可就遭受的损失向乙方索赔。
5. 货物错发到货地点或接货人的,乙应负责_____外,还应承担甲方因此多支付的实际合理费用和逾期交货的违约金。
6. 其他:未尽事宜双方协商解决。

第十条 不可抗力

任何一方由于不可抗力原因不能履行合同时,应在不可抗力事件结束后_____日内向对方通报,以减轻可能给对方造成的损失。在取得有关机构的不可抗力证明后,允许_____(延期履行、部分履行或者不履行合同),并根据情况免除部分或全部免予承担违约责任。

第十一条 争议解决

凡因本合同引起的或与本合同有关的任何争议,如双方不能通过友好协商解决,均应提交_____进行仲裁。

第十二条 其他事项

1. 按本合同规定应付的违约金、赔偿金、保管保养费和各种经济损失,应当在明确责任后_____日内,按银行规定的结算办法付清,否则按逾期付款处理。
2. 约定的违约金视为违约的损失赔偿。双方没有约定违约金或预先赔偿额的计算方法的,损失赔偿额应当相当于违约所造成的损失。
3. 本合同自____年__月__日起生效。合同有效期内,除非经过对方同意,或者另有法定理由,任何一方不得变更或解除合同。
4. 合同如有未尽事宜,须经双方共同协商,做出补充规定,补充规定与本合同具有同等效力。
5. 双方来往函件,按照合同规定的地址或传真号码以电话、传真方式送达对方。如一方地址、电话、传真号码有变更,应在变更后的_____日内书面通知对方,否则,应承担相应责任。
6. 本合同正本一式2份,双方各执1份。

甲方: 乙方:
法人代表:(签字)_____   法人代表:(签字)_____
委托代理人:(签字)_____ 委托代理人:(签字)_____
开户银行及账号:_____   开户银行及账号:_____
地址:_____   地址:_____
电话:_____   电话:_____
传真:_____   传真:_____

本合同于____年__月__日订立于_____(地点)

(5)演练考核。

① 布置商务谈判场所(见表2-8)。

表 2-8　小组实训成绩评分表

实训小组_____　　　　　　　　　　　　　　　　实训名称:布置商务谈判场所

评估指标	评估标准		分项评分	得　分
方案设计	物品齐备 布置合理 环境适宜		60	
方案讨论	代言人	仪表整洁端庄 举止动作得体 自信 声音洪亮 表达清楚 富有吸引力		
	团队	组员相互协作配合 积极主动回答提问	10	
总成绩				
教师评语				签名： 年　月　日
学生意见				签名： 年　月　日

② 迎接 A 食品有限公司谈判代表(见表 2-9 和表 2-10)。

表 2-9　小组实训成绩评分表

实训小组_____　　　　　　　　　　　　　　　　实训名称:迎接谈判代表(主方)

评估指标	评估标准	分项评分	得　分
迎接规格	迎接人对口、地位略高	10	
仪表	庄重 整洁 大方	10	
时间	提前 10～15 分钟	5	
自我介绍	语言规范 面带微笑	10	
介绍他人	语言规范 面带微笑 手势得体 顺序恰当	10	
名片递送与接受	动作标准 名片朝向正确	10	

续表

评估指标	评估标准	分项评分	得分
握手	伸手次序正确 握手姿势标准	10	
乘车	座次正确 引导语言、动作得体 话题轻松愉快	10	
引领进入宾馆	过程完整 行进位次正确	10	
进出无人操作电梯	位次正确 动作得当	10	
进出房间	位次正确	5	
	总成绩		
教师评语			签名： 年 月 日
学生意见			签名： 年 月 日

表 2-10 小组实训成绩评分表

实训小组_____　　　　　　　　　　　　　　　　实训名称：迎接谈判代表（客方）

评估指标	评估标准	分项评分	得分
仪表	庄重 整洁 大方	10	
介绍他人	语言规范 面带微笑 手势得体 顺序恰当	20	
名片递送与接受	动作标准 名片朝向正确	10	
握手	伸手次序正确 握手姿势标准	20	
乘车	座次正确 交谈自然、愉快	10	
进入宾馆	行进位次正确	10	

续表

评估指标	评估标准	分项评分	得分
进出无人操作电梯	位次正确	10	
进出房间	位次正确	10	
总成绩			

教师评语	签名： 年　月　日
学生意见	签名： 年　月　日

③ 宴请 A 食品有限公司谈判代表（见表 2-11 和表 2-12）。

表 2-11　小组实训成绩评分表

实训小组_____　　　　　　　　　　　　实训名称：宴请谈判代表（主方）

评估指标	评估标准	分项评分	得分
宴请场所	环境幽雅 服务优良 具有特色 （此部分内容学生可用文字描述）	10	
邀请	时间适当提前 告知内容完整	10	
点菜	搭配恰当、主次分明 符合客人习俗、口味及健康要求 （此部分内容学生可用文字描述）	10	
位次	符合规范	10	
迎宾	衣着入时、得体 情态自然、大方 迎候语言热情 导引宾客动作恰当	15	
敬酒	语言热情 顺序正确 杯口略低 动作轻重适度	15	
用餐	餐巾、热毛巾使用正确 夹菜动作规范 饮酒（喝饮料）细品慢饮 轻松交谈	15	

续表

评估指标	评估标准	分项评分	得分
结束	结束语恰当 送客礼貌周到	15	
总成绩			
教师评语			签名： 年 月 日
学生意见			签名： 年 月 日

表 2-12 小组实训成绩评分表

实训小组_____   实训名称：宴请谈判代表（客方）

评估指标	评估标准	分项评分	得分
应邀	及时答复主方 不能应邀提前说明	15	
位次	符合规范	10	
赴宴	提前到达 衣着入时、得体 情态自然、大方 问候语言热情	20	
敬酒	语言热情 顺序正确 杯口略低 动作轻重适度	20	
用餐	餐巾、热毛巾使用正确 夹菜动作规范 饮酒（喝饮料）细品慢饮 轻松交谈	20	
结束	向主人道谢、告辞	15	
总成绩			
教师评语			签名： 年 月 日

续表

学生意见		签名: 年 月 日

④ 互赠礼品(见表2-13)。

表2-13 小组实训成绩评分表

实训小组_____　　　　　　　　　　　　　　　　　　　实训名称:互赠礼品

评估指标	评估标准	分项评分	得 分
礼品选择	价值适当 符合对方喜好	25	
赠送礼品	时机、地点恰当 双手递送 介绍礼品	50	
接收礼品	双手捧接 表示感谢	25	
	总成绩		
教师评语			签名: 年 月 日
学生意见			签名: 年 月 日

⑤ 初拟购销合同(见表2-14)。

表2-14 小组实训成绩评分表

实训小组_____　　　　　　　　　　　　　　　　　　　实训名称:初拟购销合同

评估指标	评估标准	分项评分	得 分
内容	完整无遗漏	80	
格式	符合规范	20	
	总成绩		
教师评语			签名: 年 月 日

续表

学生意见	
	签名： 年　月　日

⑥ 谈判过程礼仪（见表2-15）。

表2-15　小组实训成绩评分表

实训小组_____　　　　　　　　　　　　　　　　　实训名称：谈判过程礼仪

评估指标	评估标准	分项评分	得　分
仪表	整洁、稳重、大方、自信	20	
迎接	主方先于客方到达 迎接地点和安排适宜	15	
见面落座	主宾双方见面礼仪规范 主宾双方位次正确 从椅子左边入座 客方先落座 站、行、坐姿规范	35	
谈判	关闭通信工具（或调静音） 服务人员续水（小心、安静）	15	
送客	主方送至电梯口或大门口握手告别 目送客人汽车开动离开	15	
总成绩			

教师评语	
	签名： 年　月　日

学生意见	
	签名： 年　月　日

重点概括

本项目的内容结构如图2-13所示。

- 商务谈判环境调查的内容包括宏观环境与微观环境两个方面。宏观环境涉及政治环境、经济环境、科技环境、文化环境、自然环境因素；微观环境涉及谈判对手、竞争者、市场行情、企业自身等因素。商务谈判宏观环境以及微观环境共同影响具体商务谈

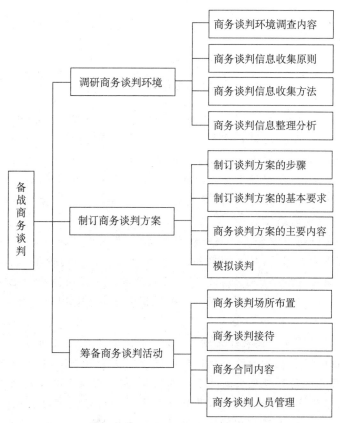

图 2-13 项目 2 的内容结构

判活动的策略及结果。

- 商务谈判信息收集要遵循目的性原则、时效性原则、准确性原则、经济性原则、防伪性原则等基本准则。收集的方法有阅览大众传媒信息、走访询问、实地考察、咨询、特殊途径等。谈判信息整理包括信息筛选、信息分类、信息分析、信息结论四个环节。
- 商务谈判方案是商务谈判的纲领性文件，是谈判取得成功的关键。制订商务谈判方案包括分析谈判环境、制订谈判方案、模拟谈判、方案报批、信息反馈、确定方案六个步骤。制订商务谈判方案必须全面分析谈判环境，把握双方寻求的利益、谈判的实力以及谈判相关环境因素状况，充分估计谈判对手谈判时的反应，扬长避短，因势利导，谋求双赢。
- 商务谈判方案要求简明扼要、内容具体且灵活。商务谈判方案内容包括谈判主题、谈判目标、谈判期限、谈判地点和场所、谈判人员、谈判策略、谈判议程、谈判风险、谈判费用、联络汇报、应急预案等。通过沙龙式或戏剧式模拟谈判发现谈判方案的问题，予以完善。
- 商务谈判筹备工作包括谈判场所的布置、商务谈判接待、草拟商务合同以及谈判人员的管理，为商务谈判的开始做好物质及人员准备。

综合实训

案例分析

案例 1	巧用谈判信息取胜

　　日本某株式会社生产的农业加工机械正是中国机床工厂急需的关键性设备。为了进口这些设备，中国某进出口公司的代表与日本方面在上海进行了一场艰难的谈判。

　　按照惯例，由日本方面先报价，他们狮子大开口，开价 1 000 万美元。中方谈判代表事先做了精心的准备，充分掌握了与谈判标的有关的种种情报，知道日方的报价大大超出了该项产品的实际价格，便拒绝说，根据我们对同类产品的了解，贵公司的报价只能是一种参考，很难作为谈判的基础。

　　日方代表没有料到中方会马上判断出价格过高，有点儿措手不及，便答非所问地介绍其产品的性能与质量。可是，对方哪里知道，中方对这类产品的价格、成本、质量、性能及在国际市场上的销售行情早已了如指掌。中方代表故意用提问法巧妙地拒绝道："不知贵国生产此类产品的公司一共有几家，贵公司的产品价格高于贵国××牌、××牌的依据是什么？"

　　中方代表的提问使日方代表非常吃惊，日方不便回答也无法回答。日方主谈人借故离开了谈判桌，他的助手也装着低头找材料不说话。过了一会儿，日方谈笑着打圆场。作了一番解释，宣称已经与总经理重新作了成本核算，同意削减 100 万美元。

　　中方主谈人根据掌握的交易信息，并且以对方不经请示就可以决定降价 10% 的让步信息作为还价的依据，提出了 750 万美元的还价。但马上遭到日本方面的拒绝，谈判陷入了僵局。

　　为了打开谈判的局面，说服日本方面接受中方的要求，中方代表郑重地指出："这次引进，我们从几个国家的十几个公司中选了贵公司，这已经说明了我们对成交的诚意。"接着，中方代表以掌握的详细情报为依据，开始摆事实讲道理："你们说价格太低，其实不然。此价虽然比贵公司销往澳大利亚的价格稍低了点，但由于这次运费很低，所以，贵方总的利润并没有减少。"

　　中方代表侃侃而谈，而日方在中方掌握的准确信息面前，哑口无言，不知说什么才好。为了促使日方代表下决心，中方代表拿出了撒手锏——采取了制造竞争的方法："更为重要的是××国、××国出售同类产品的几家公司还正等待我方的邀请，迫切希望同我方签订销售协议。"说完，中方主谈人随手将其他外商的电传递给了日方代表。

　　在中方代表的强大攻势面前，日方代表不得不败下阵来，他们被中方所掌握的详细情报和坦诚的态度所折服，感到中方的还价有理有据，无可挑剔，只好握手成交。

　　（资料来源：杨雪青．商务谈判与推销[M]．北京：北京交通大学出版社，2009．）

　　(1) 谈判前中方获取了哪些与谈判有关的信息？
　　(2) 中方如何最终取得谈判的成功？

案例 2　关于经销××电子科技有限公司数码产品的谈判方案

一、谈判主题

主题:以合理的条件获得××电子科技有限公司 MP3、MP4 两种数码电子产品的经销权。

二、谈判目标

1. 价格、型号

经销的 MP3、MP4 两种数码电子产品价格合理、型号符合消费者需求。

2. 奖励办法

(1) E3 和 X3 型号的 MP3(不论内存)月销售量达 200～300 台的,超出 200 台部分每台返 3％的现金;达 300～350 台的,超出 300 台部分每台返 5％的现金;月销售量超过 400 台的,超出部分除每台返 8％的现金。

(2) Mini Player 月销售量达 150～250 台的,超出 150 台部分每台返 5％的现金;月销售量达 250 台以上的,超出部分每台返 8％的现金。

(3) 月销售量持续三个月达 200 台以上的,受到厂家的额外奖励:现金 5 000 元。

3. 厂家支持

(1) 各种型号的 E3、X3 及 Mini Player 送原装耳机及线控。

(2) 国庆、元旦、春节 8.8 折,送耳机＋充电套装/(精美水杯＋时尚 T 恤)。

三、谈判形势分析

1. 我方优势分析

(1) 全国 75 家有名电子产品经销商排名第 37 名,信誉好、实力强,公司产品对消费者具有很大吸引力。

(2) 作为经销商,自由选择权大。我公司经销多家数码电子产品,经销谁的产品,选择权在我们手中。

2. 我方劣势分析

我方作为数码电子产品经销商,在地区市场中,有多家实力雄厚的公司与我公司进行竞争。

3. 我方人员分析

总经理:谈判的关键人物,洞察力强,看问题比较冷静,擅长沟通谈判。

销售总监:注重细节,性格开朗,我公司的核心人物之一,具备较丰富的销售经验。

财务部经理:办事认真负责,有较强的逻辑分析能力,具备较强的财务管理能力。

法律顾问:心思细腻,熟悉国内外相关法律程序,有利于双方合同的规范签署。

公关部经理:综合能力强,性格外向,处事冷静,公关能力强。

4. 客方优势分析

(1) 它是一家以研发和生产高品质的 MP3 系列随身听为主的高新企业,是目前国内屈指可数的有自主研发能力的 MP3 企业之一。产品多次获得各类专业媒体的高度评价及相关奖项,其品牌也被《人民日报》评为"中国消费者十大满意品牌"。

(2) 在国内率先采用 SIGMATEL3520、飞利浦 PNX0102 顶级解码芯片,以及 KDS

的晶振、TDK高精度阻容件等国际一流元件作为产品原材料。产品已远销日本、瑞典、中国香港等国家和地区。

5. 客方劣势分析

（1）国内外MP3、MP4品牌竞争激烈。纽曼、苹果、蓝魔、海尔、飞利浦等知名国内品牌都在与之竞争。

（2）作为国内知名企业，产品的售后服务体系与其他国外知名企业差距大，有待加强，产品维修一般都要到特许或指定维修点。

6. 客方人员分析

总经理：统筹全局能力强，思维严密，亲和力强，头脑灵活，是一位合格的将才。

市场总监：熟悉MP3行业，市场经验丰富，看问题善于抓住本质，可以为总经理提供适当的建议，谈判成功的关键人物之一。

财务总监：性格友好，在气氛紧张的时候缓解紧张局面，遇事冷静。

技术总监：办事果断干练，言辞犀利，雷厉风行，典型的女强人风格，遇事不冷静。

四、谈判时间

20××年12月15日

五、会议地点

××××国际会议中心2号会议室

六、谈判的方法及策略

1. 谈判方法

把横向谈判和原则型谈判相结合。在谈判过程中，在确定谈判所涉及的主要问题后，把拟谈判的议题全部横向展开，多项议题同时讨论。在立场上可以软硬兼施。

2. 谈判策略

（1）突出优势。对对方立场、观点都有初步的认知后，再将自己在此次谈判事项中所占有的优、劣势及对方的优、劣势详列举，尤其要将己方优势全盘列出，以作为谈判人员的谈判筹码。而己方劣势当然也要注意，以免仓促迎敌，被对方攻得体无完肤。

（2）底线界清。通常，谈判时，双方都带攻击性，磨刀霍霍，跃跃欲试。双方只想到可以"获得多少"，却常常忽略要"付出多少"，忽略了谈判过程中己方要让步多少，方可皆大欢喜。所以，在谈判前，务必要把己方的底线界清：可让什么？要让多少？如何让？何时让？为何要让？先行理清，心中有数。否则，若对方咄咄逼人，己方束手无策任由对方宰割，就失去了谈判的本意。

（3）投其所好。如果谈判对手喜欢打球，不妨在会谈前寒暄，着意提及，将对方的戒备敌意先行缓和，若有时间，更可邀约一起运动，以培养宽松的谈判气氛。须知在这时球场就是另一张谈判桌，有助谈判达成。

（4）随机应变。战场状况，瞬息万变，谈判桌上需随机应变。虽说诸葛亮神机妙算，但人算不如天算，总有考虑欠周、失算之处。谈判时，出现对手突有神来一笔，超出己方假设状况，己方人员一定要会随机应变，见招拆招。实在无法招架，手忙脚乱时，先施缓兵之计，再图谋对策，以免当机立"断"——断了自己的后路。

（5）埋下契机。双方若不能达成相当程度的圆满结果，谈判面临破裂之际，也无须逞一时口舌之快,伤了双方和气。双方若是撕破脸,以后要达成再谈判的境界,虽非不可能,但也要颇费周章,好事多磨了。买卖不成仁义在,双方好聚好散,好为下回谈判圆满埋下契机。

七、谈判风险及效果预测

1. 谈判风险

(1) 对方可能会在谈判中凭其优势地位不肯在价格上让步,我方必须发挥自身优势和经销商的身份迫使其做出让步。

(2) 谈判中对手可能会对我方采取各种手段和策略,让我方陷入困境,对此我方必须保持头脑清醒,发挥好耐心的优势,冷静而灵活地调整谈判策略。

2. 谈判效果预测

双方以合理的条件取得谈判的成功,实现双赢;双方能够友好地结束谈判,实现长期友好合作。

八、谈判预算费用

1. 车费:200 元
2. 住宿费:1 000 元
3. 饮食费:1 000 元
4. 电话费:200 元
5. 旅游礼品费用:1 000 元

合计:3 400 元。

九、谈判议程

(1) 双方进场。

(2) 介绍本次会议安排和与会人员。

(3) 正式进入谈判。

① 提出本次欲经销的商品型号、数量等情况。

② 递交并讨论经销协议。

③ 协商货款的结算时间及方式。

④ 协商定金的支付,违约的赔偿办法及法律责任。

(4) 达成协议。

(5) 签订协议。

(6) 握手祝贺谈判成功,拍照留念。

(7) 设宴招待,谈判圆满成功。

你认为该谈判方案有什么不足?

【分析要求】

(1) 小组讨论,形成小组《案例分析报告》。

(2) 班级交流,教师对各小组《案例分析报告》进行点评。

【考核标准】

案例分析考核标准如表 2-16 所示。

表 2-16 小组实训成绩评分表

实训小组_____　　　　　　　　　　　　　　　　　　实训名称：××××案例分析

评估指标		评估标准	分项评分	得　分
报告质量		语言精练 内容完整 观点正确 条理清晰 制作精美	55	
交流表现	代言人	仪表整洁端庄 举止动作得体 自信 声音洪亮 引申发挥 富有吸引力	35	
	团队	相互协作配合 积极主动回答提问	10	
		总成绩		
教师评语				签名： 年　月　日
学生意见				签名： 年　月　日

▪ 单元实战 ▪

实战题 1　　　　　采购销售竞赛商品谈判准备

【实训目标】

通过对校园销售竞赛活动所需商品的采购谈判活动进行充分准备，真实体验谈判的准备过程，掌握商务谈判准备的基本技能。

【实训内容】

调研拟采购商品的谈判环境，制订谈判方案，做好谈判前的人员及物资准备。

【操作步骤】

（1）将模拟谈判的两搭档小组组合，形成几个校园销售竞赛团队。

（2）教师和学生共同讨论确定一种销售竞赛的主题商品。

（3）调查市场行情。

① 通过互联网搜索、实地观察、询问等方法收集主要供货商经营状况、产品种类、质量、价格、服务等信息。

② 调查市场需求状况及价格变化趋势。

（4）选择确定谈判对手。与当地供货商家销售人员初步接触，了解其身份、籍贯、性格、爱好、谈判风格等，结合商家产品、价格、服务等信息，确定谈判对手，并做进一步调查。

（5）调查谈判竞争对手信息。通过询问、观察等方式调查选定供货商的主要客户的购买数量、支付价格、付款方式、要求的服务等。

（6）调查采购团队自身状况。清楚认识自身人员构成、资金状况、采购数量、价格承受力、运输条件等。

（7）调查谈判宏观环境。通过网络搜索、询问等方式调查与本次谈判有关的宏观环境因素状况。

（8）制订商务谈判方案。

① 分析谈判对手、市场行情、自身状况及当地宏观环境信息，归纳己方及对方寻求的利益、谈判的实力。

② 按照谈判方案的内容制订商品采购谈判方案。

③ 销售竞赛团队内部模拟谈判，完善方案。

（9）筹备采购谈判。

① 联系供货商，约定谈判时间、地点。

② 确定交通方式及交通费用。

③ 筹集资金，以支付货款及杂费。

④ 整理好谈判资料。

⑤ 通知谈判组成员修饰仪表，注意发型简约，衣着整洁，形象朴素自然，符合学生身份。

⑥ 明确出行纪律及要求。

【成果形式】

（1）主要供货商基本情况一览表，见表2-17。

（2）×××商品采购谈判环境调查信息汇总表，见表2-18。

（3）×××商品采购谈判方案，见表2-19。

（4）×××商品采购谈判准备一览表，见表2-20。

表 2-17　主要供货商基本情况一览表

商　家	调查项目	调查方式	信　息　描　述

表 2-18　×××商品采购谈判环境调查信息汇总表

销售竞赛组：

调查项目	调查内容	信　息　描　述
谈判对手		
竞争对手		
市场行情		
自身状况		
其他		

续表

调查项目	调查内容	信息描述
宏观环境		

表 2-19 ×××商品采购谈判方案

销售竞赛组		供货商	
	谈判主题		
	谈判时间	年 月 日 时	
	谈判地点		
谈判目标	最优目标		
	期望目标		
	最低目标		
谈判人员	己方	姓名	职责
	对方		
谈判基本策略			
谈判议程	通则议程		
	细则议程		
谈判风险			
谈判费用	费用项目	金额	合计

续表

联络汇报	联 络 人	联 络 方 式	联 络 时 间

表 2-20　×××商品采购谈判准备一览表

销售竞赛组：

项　　目	内　　容
联系供货商	
交通方式	
集中时间、地点	
谈判资料	
资金筹集及管理	
组员仪表	
出行纪律	

【实训考核】

采购谈判准备考核标准如表 2-21 所示。

表 2-21　小组实训成绩评分表

销售竞赛小组_____　　　　　　　　　　　　　实训名称：采购谈判准备

评估指标	评估标准	分项评分	得　分
市场调查	市场调查充分 对谈判环境掌握清楚	40	
谈判方案	内容全面 考虑问题细致周到	30	
谈判筹备	准备全面 落实到位	30	
总成绩			
教师评语		签名： 年　月　日	
学生意见		签名： 年　月　日	

【实训指导】
(1) 成立销售竞赛小组后,小组商议确定竞赛小组名称。
(2) 采购商品宜选价值较小、安全、学生需求量大的商品。
(3) 为使销售竞赛活动更丰富多彩,竞赛小组学生可自行确定搭售商品、赠品、包装材料、宣传材料。该部分内容不纳入考核。
(4) 资金安排专人管理,做好收支记录。

实战题 2　　　争取销售竞赛活动赞助谈判准备

【实训目标】
通过校园销售竞赛活动赞助谈判的准备过程,掌握商务谈判准备的基本技能。

【实训内容】
分析确定可能赞助商,调研赞助谈判相关信息,制订谈判方案,做好谈判前的人员及物资准备。

【操作步骤】
(1) 各销售竞赛团队讨论分析此次校园销售活动的可能赞助商。
(2) 调查可能赞助商信息。
① 通过互联网搜索引擎查找当地可能的活动赞助商的地理位置、联系方式等相关信息。
② 通过实地观察、询问了解可能赞助商的经营状况、经营产品或服务种类、经营负责人的籍贯、性格、爱好、办事风格等信息。
(3) 制订谈判方案。
① 分析己方及对方寻求的利益、双方谈判的实力。
② 按照谈判方案的内容制订赞助谈判方案。
③ 销售竞赛团队内部模拟谈判,完善方案。
(4) 筹备赞助谈判。
① 准备谈判资料、礼物。
② 联系赞助商,约定见面时间、地点。
③ 确定交通方式及准备交通费用。
④ 谈判组成员修饰仪表,注意发型简约,衣着整洁,形象朴素自然,符合学生身份。
⑤ 明确出行纪律及要求。

【成果形式】
(1) 销售竞赛可能赞助商情况一览表,见表 2-22。
(2) 销售竞赛赞助谈判方案,见表 2-23。
(3) 销售竞赛赞助谈判准备一览表,见表 2-24。

表 2-22　销售竞赛可能赞助商情况一览表

商　家	调查项目	调查方式	信　息　描　述

表 2-23　销售竞赛赞助谈判方案

销售竞赛组			赞　助　商	
谈判时间			年　月　日　时	
谈判地点				
谈判目标	最优目标			
	期望目标			
	最低目标			
谈判人员		姓　名	职　责	
	己方			
	对方			
谈判基本策略				

续表

谈判议程	通则议程	
	细则议程	

谈判风险	

谈判费用	费用项目	金　额	合　计

联络汇报	联络人	联络方式	联络时间

表2-24　销售竞赛赞助谈判准备一览表

销售竞赛组：

项　目	内　容
联系赞助商	
交通方式	
出发时间、地点	
谈判资料、礼物	
资金筹集及管理	
组员仪表	
出行纪律	

【实训考核】

赞助谈判准备考核标准如表2-25所示。

表2-25　小组实训成绩评分表

销售竞赛小组_____　　　　　　　　　　　　　　实训名称：赞助谈判准备

评估指标	评 估 标 准	分项评分	得　分
调查	调查充分 对谈判对手分析透彻	40	
谈判方案	内容全面 考虑问题细致周到	30	
谈判筹备	准备全面 落实到位	30	
总成绩			

续表

教师评语		签名： 年　月　日
学生意见		签名： 年　月　日

【实训指导】
（1）选择赞助商应注意寻找有校园市场的商家。
（2）积极争取商家资金、物质、人力的支持。
（3）与商家接触过程注意文明礼貌，遇对方拒绝应保持冷静。
（4）资金要安排专人管理，做好收支记录。

思考练习

名词解释

商务谈判环境　商务谈判方案　通则议程　细则议程

判断题

1. 收集商务谈判信息应首先明确目标、做出计划。（　）
2. 对收集到的商务谈判信息要认真筛选、鉴别。（　）
3. 收集谈判信息的途径和方法既要经济又要有效。（　）
4. 分析商务谈判环境是制订谈判方案的必要前提。（　）
5. 模拟谈判是制订商务谈判方案不可或缺的环节。（　）
6. 某方对交易内容与交易条件的满足程度越高，那么该方在谈判中实力就越弱。（　）
7. 某方面临的可能交易对象越多，那么该方在谈判中实力就越弱。（　）
8. 某方的谈判时间越紧迫，该方的谈判实力就越强。（　）
9. 商务谈判方案既要具体全面，又要简明扼要。（　）
10. 谈判最低目标绝对不能泄露。（　）
11. 制定谈判目标要分清主次，保证谈判目标协调一致。（　）
12. 细则议程是谈判双方共同遵照使用的日程安排。（　）
13. 主谈室应当宽敞舒适、光线充足、空气流通、温度适宜、色调柔和。（　）
14. 迎接规格要求"对等对口"。（　）
15. 与客人并行时内侧高于外侧，中央高于两侧。（　）
16. 上下楼梯宜令女士居后。（　）
17. 乘坐无人操作电梯，陪同者应先进后出。（　）
18. 中餐桌次的排列规则为面门为尊、以右为敬、居中为重、远门为上。（　）

简答题

1. 商务谈判环境调查的内容是什么？
2. 商务谈判信息收集的原则有哪些？
3. 商务谈判信息收集方法有哪些？
4. 制订商务谈判方案的步骤是什么？
5. 制订谈判方案的基本要求包括什么？
6. 商务谈判方案的主要内容是什么？
7. 谈判人员应具备哪些素质？
8. 谈判组的人员构成是什么？
9. 制定谈判策略包括哪些步骤？
10. 谈判室的座次规则是什么？
11. 迎接来宾有哪些仪表礼仪？
12. 双排轿车的座次排列包括哪些规则？
13. 中餐位次排列包括哪些规则？
14. 敬酒顺序是什么？
15. 用餐礼仪是什么？
16. 交谈"十一不"指什么？
17. 送礼包括哪些禁忌？
18. 商务合同包括什么内容？
19. 商务谈判人员应注意哪些谈判纪律？
20. 对谈判人员的激励方式有哪些？

项目 3
Xiangmu San
挑战商务谈判

知识目标

（1）掌握营造商务谈判开局气氛的技巧。
（2）掌握商务谈判摸底的技巧。
（3）理解影响报价的因素，掌握报价技巧。
（4）掌握价格解释与评价技巧。
（5）掌握讨价、还价及让步技巧。
（6）掌握打破僵局的技巧。
（7）掌握拒绝的技巧。
（8）掌握谈判结束的技巧。
（9）掌握规避商务风险的技巧。

技能目标

（1）能营造恰当的谈判开局气氛，并能在开局中摸清对方底细。
（2）能恰当地报价和进行价格解释或对对方报价进行价格评论。
（3）能灵活运用讨价、还价、让步技巧与对手进行交易磋商。
（4）能化解谈判僵局。
（5）能巧妙拒绝无法接受的交易条件。
（6）能抓住时机，采取适当方式结束谈判。

训练路径

（1）案例分析。通过典型案例分析与讨论，加深学生对商务谈判知识的理解，训练分析能力和表达能力。
（2）模拟训练。以"情景展示"为参照，扮演谈判角色，结合相关知识完成模拟谈判任务，提升学生谈判策略及技巧的运用能力。
（3）实战演练。通过设置真实的谈判任务，引导学生在完成实际谈判任务中提升谈判的实战能力。

学习任务 3.1　商务谈判开局

情景展示

椰果公司与 A 食品有限公司谈判开局

谈判前期准备工作就绪,椰果公司主管副总经理、销售经理、办公室主任按预订时间到机场迎接 A 食品有限公司采购经理王先生、采购专员李先生、工程师刘先生、财务会计赵女士一行四人,并将他们送至预订酒店,将谈判日程安排表交给王先生,双方开始接触并逐步进入谈判。

第一步:进一步了解和分析谈判对手

根据前期调查对谈判对手形成的认识,结合此次会面的接触了解,分析谈判代表的性格、为人处世风格、语言表达能力及处理问题能力等。

(1)在参观企业、欢迎宴会等活动中与谈判对手交流,观察了解他们的性格及行为特征。

(2)在陪同对方游览过程中接触、观察、了解谈判对手,获取更多个人信息。

第二步:调整谈判方案

根据对谈判对手更深入的了解,仔细研究谈判方案,对局部内容作调整。

第三步:营造洽谈气氛,掌握开局主动权

(1)谈判时,双方见面后,我方主谈与对方谈判代表热情握手、问候。双方落座后彼此介绍谈判组成员,我方特别突出介绍技术负责人。

(2)以轻松愉快的话题缓解谈判前的紧张气氛。比如,"你们对本地的感觉怎样?""饮食方面是否合你们的胃口?""有什么安排不周的地方请及时告诉我们,别客气。"等等。

(3)当感觉气氛已经比较放松和融洽时,不失时机地转入正题。比如,"很高兴能有机会与贵公司协商椰果的购销事宜,希望我们能够达成合作。对于谈判议程你们是否还有什么意见或要求?"

(4)时机成熟,引导对方进入谈判状态。比如,"我公司的基本情况你们已了解,我公司的产品品种多、质量优、价格合理,交货及时,这些年我方与合作过的商家均保持了良好的关系。我们这次谈判主要就贵方订购椰果的质量、规格、包装、数量、价格、货款支付、货物交付及验收等事项进行磋商,希望我方能与贵方达成协议,成为贵公司的椰果供货商。由于我们比较重视这次与贵公司的合作,如果贵公司订货量大,我方价格可以有一定的优惠。协议一经达成,我方会信守承诺,保证严格履行合同,按时、保质、保量提供贵方需要的产品。协议期间,若有新的需要,只要告知我方,我们也一定会尽力给予配合,相信我们能够成为你们满意的合作伙伴。"

第四步:观察对方表现,摸清对方底细

请对方陈述,提出合作建议。我方须留意观察对方倾听我方发言时的表情、姿态,分析对方发言所表明的此次谈判意图、提出或协商合作建议的态度,掌握对方谈判的真实目的、谈判实力及谈判诚意。如果对方没有诚意,只是想知道更多关于我方的信息,以便作为与其他供应商谈判的砝码,或者只是利用应邀到我方谈判的机会来游览,那么,我们就应在不伤和气的前提下立刻终止谈判。若对方有一定谈判诚意,但来者不善,气势逼人,我方要及时确定应对战术,缓和气氛。若对方有诚意,合作态度好,我方可就着良好的势头,顺势进入磋商阶段。

◉ 知识储备

商务谈判开局是指谈判双方见面后,在讨论具体、实质的内容之前,相互介绍、初步接触和意向性沟通。谈判的开局是整个商务谈判的起点,在很大程度上影响整个谈判的走向和发展趋势。

商务谈判开局的主要任务是营造谈判气氛和谈判摸底。

3.1.1 营造谈判开局气氛

谈判气氛是通过谈判人员的姿态、目光、动作、语言而营造出来的洽谈氛围。谈判气氛的营造应该服务于谈判的目标和策略,服务于谈判各阶段的任务。谈判气氛在不同特点的谈判中是不一样的,即使在一个谈判过程中,也会随谈判形势的变化而发生变化。

1. 营造谈判开局气氛考虑的因素

(1) 谈判双方之间的关系。

① 双方过去有过业务往来,且关系很好。谈判人员态度应该比较热情、放松、亲切,开局阶段的气氛应是热烈、真诚、友好和愉快的。

② 双方有过业务往来,但关系一般。谈判人员态度应随和自然,开局阶段的气氛应是比较友好、坦诚、和谐的。

③ 如果双方过去有过一定的业务往来,但己方对对方的印象不好。谈判人员态度应该礼貌而冷峻,开局阶段的气氛应是严肃、凝重、低调的。

④ 过去双方从来没有业务往来。谈判人员态度上应不卑不亢、沉稳中不失热情、自信但不傲气,开局阶段的气氛应是真诚、热情、友好的。

(2) 谈判双方的实力。

① 双方谈判实力相当。为了防止一开始就强化对手的戒备心理或激起对方的对立情绪,以致影响到实质性谈判,在开局阶段,己方谈判人员在语言和姿态上要做到轻松又不失严谨、礼貌又不失自信、热情又不失沉稳,要力求创造一种友好、轻松、和谐的氛围。

② 己方谈判实力明显强于对方。为了使对方能够清醒地意识到这一点,从而产生威慑作用,又不致将对方吓跑,在开局阶段,语言和姿态既要表现得礼貌友好,又要充分显示出己方的自信和气势,要创造一种友好、矜持的气氛。

③ 己方谈判实力弱于对方。为了不使对方在气势上占上风,从而影响后面的实质性谈判,在开局阶段的语言和姿态上,一方面要表示出友好,积极合作;另一方面也要充满自信,举止沉稳,谈吐大方,使对方不能轻视己方,要创造一种友好、平等的气氛。

【特别提示】

谈判实力是指影响双方在谈判过程中的相互关系、地位和谈判最终结果的各种因素的总和。在通常情况下,谈判实力取决于谈判方对达成合作的愿望程度、对交易内容与交易条件的满足程度、对商业行情的了解程度、市场竞争的形势、所在企业的信誉和影响力、谈判时间的紧迫程度、谈判艺术与技巧的运用等因素。

(3) 谈判的主题。

① 双方悦纳的主题。对于双方感兴趣、乐于协商的谈判主题,谈判气氛应是友好、和谐、愉快的。

② 一方不感兴趣的主题。对于一方兴趣不大、无所谓的谈判主题,谈判气氛应是自然、轻松、友好的。

③ 一方抵触的谈判主题。对于一方刻意回避、较为抵触的谈判主题,谈判气氛应是严肃、冷峻、对立的。

(4) 双方谈判人员个人之间的关系。如果双方谈判人员过去有过交往接触,并且结下了一定的友谊,则开局气氛较为轻松、愉快;反之,如果双方谈判人员曾有过不愉快的过节,则开局气氛较为冷淡,甚至对立。

【特别提示】

谈判的开局气氛是多种多样的:或热烈、或冷淡;或紧张、或舒缓;或愉快、或压抑;或轻松、或凝重;或友好、或对立;或自然、或平淡等,谈判的开局气氛要根据谈判双方之间的关系、谈判实力以及谈判主题等情况灵活地营造,谈判气氛的形成是谈判双方共同作用的结果。谈判开局气氛影响因素状况及谈判气氛对照表如表3-1所示。

表3-1 谈判开局气氛影响因素状况及谈判气氛对照表

双方关系	好	一般	不好	未知
	热烈诚挚	坦诚友好	严肃凝重	热情真诚
双方实力	相当	己方强	己方弱	
	友好和谐	友好矜持	友好平等	
谈判主题	双方悦纳	一方无兴趣	一方抵触	
	愉快友好	自然友好	严肃冷峻	
人员关系	好	一般	不好	未知
	轻松愉快	自然友好	冷淡对立	亲切友好

2. 营造谈判开局气氛的技巧

谈判开局气氛是谈判双方仪表、语言、姿态、表情、动作等交互作用形成的洽谈氛围。在具体的谈判活动中,为形成对己方有利的谈判气氛,还可灵活运用一些技巧。

(1) 营造高调气氛。高调气氛是指谈判双方情绪积极、态度热情,愉快因素成为谈判情势主导因素的谈判开局气氛。

① 引情法。引情法是以主动积极的态度、热情诚挚的语言、轻松愉悦的心情去引发对方积极的情感,使得谈判开局充满亲切愉快的高调气氛。引情法具体方式可以是宣布喜庆事件、攀亲认友、寻找彼此的共同点或相似点、回顾美好往事等。

【小链接】

中国一家彩电生产企业准备从日本引进一条生产线,于是与日本一家公司进行接触。中方了解到日本人经常板起面孔谈判,制造一种冰冷的谈判气氛,给对方形成一种心理压力,从而控制整个谈判,趁机抬高价格或提高条件。谈判那天,当双方谈判代表刚刚就座,中方的首席代表就站了起来,他对大家说:"在谈判开始之前,我有一个好消息要与大家分享。我的太太在昨天夜里为我生了个大胖儿子!"此话一出,中方职员纷纷站起来向他道贺。日方代表于是也纷纷站起来向他道贺。整个谈判会场的气氛顿时高涨起来,谈判进行得非常顺利。

(资料来源:马克态. 商务谈判理论与实务[M]. 北京:中国国际广播出版社,2004.)

② 称赞法。称赞法是指通过称赞对方来削弱对方的心理防线,从而激发对方的谈判热情,调动对方的情绪,营造高调气氛。

【小链接】

美国柯达公司创始人乔治·伊斯曼打算捐巨款建造一座音乐厅、一座纪念馆和一座戏院。为承揽这批建筑物内的座椅,许多制造商展开了激烈的竞争。

但是,找伊斯曼谈生意的商人无不乘兴而来,败兴而归。正是在这样的情况下,美国优美座位公司的经理亚当森前来会见伊斯曼,希望拿到这笔生意。

秘书把亚当森作了简单的介绍后,便退了出去。这时,亚当森没有谈生意,而是说:"伊斯曼先生,我仔细观察了您的这间办公室,我本人长期从事室内装修,但从来没见过装修得如此精致的办公室。"

伊斯曼回答说:"哎呀!您提醒了我,我都忘记这件事了,这间办公室是我亲自设计的,当初刚建好的时候,我喜欢极了,但后来一忙,都没有机会仔细欣赏一下这个房间。"

亚当森看到伊斯曼谈兴正浓,便好奇地询问起他的经历。伊斯曼便向他讲述了自己青少年时代的苦难生活;母子俩如何在贫困中挣扎的情景;自己发明柯达相机的经过,以及自己打算为社会所捐的巨额捐赠等。亚当森由衷地赞扬了他的功德心。

最后,亚当森不但得到了大批订单,而且和伊斯曼结下了终生的友谊。

(资料来源:王爱国,高中玖. 商务谈判与沟通[M]. 北京:中国经济出版社,2008.)

【特别提示】

- 赞美对方的话题。
  - 对方个人因素:如个人的仪表、谈吐、气质、才干、经历、家庭成员等。
  - 对方企业因素:如企业规模、品牌知名度、经营业绩、管理水平、服务能力等。
  - 对方所在国家和城市:如名胜古迹、人文环境、社会风貌、自然环境等。
- 运用称赞法时应该注意的事项。
  - 称赞时机要恰当:应选择对方心情比较好、气氛比较缓和的时机。
  - 称赞内容要恰当:选择对方真正过人之处,否则有讽刺之嫌。
  - 称赞程度要恰当:不可过于夸张,否则会使对方尴尬难堪。
  - 称赞方式要恰当:称赞方式一定要自然,不要让对方认为你是在刻意奉承他。

③ 幽默法。幽默法是指用幽默的方式来消除谈判对手的戒备心理,使其积极地参与到谈判中来,从而营造高调的谈判开局气氛。

【小链接】

第二次世界大战时期,英国首相丘吉尔到美国会见美国总统罗斯福,要求共同打击德国法西斯。某日,美国总统罗斯福去看他,事先未通报。总统进入室内,恰逢丘吉尔一丝不挂地正从浴室出来。罗斯福大感困窘,进退两难。丘吉尔见状,咧嘴一笑,拍着肚皮说:"总统先生,你瞧,大英帝国在阁下面前可什么也没隐瞒啊!"一句话说得罗斯福也乐了,后来双方谈判很成功,英国得到了美国的支持。丘吉尔正是借助幽默,既摆脱了窘境,又趁机暗示了英国对美国的态度,真是一箭双雕。

【特别提示】

在商务谈判中,幽默地开个得体的玩笑,可以松弛神经、活跃气氛,营造出适于沟通的愉快氛围,运用幽默技巧需要注意以下几个问题。

- 幽默内容要高雅。幽默的内容取决于幽默者的思想情趣与文化修养。幽默内容粗俗或不雅,有时也能博人一笑,但过后就会感到乏味无聊。只有内容健康、格调高雅的幽默,才能给人以启迪和精神享受,而且也是对自己形象的成功塑造。
- 幽默态度要友善。幽默的过程,是感情互相交流传递的过程。如果借幽默来达到对他人冷嘲热讽、发泄内心厌恶和不满的目的,那么别人一定会认为你不够尊重他人,以后也不会愿意和你继续交往。
- 幽默要分清场合。美国总统里根在一次国会开会前,为了试试麦克风是否好用,张口便道:"先生们、女士们请注意,五分钟之后,我们将对苏联进行轰炸。"一语既出,众皆哗然。显然,里根在不恰当的场合和时间里,开了一个极为荒唐的玩笑。为此,苏联政府对美国提出了强烈的抗议。
- 幽默要分清对象。我们身边的每个人,因为身份、性格和心情的不同,对幽默的承受能力也有差异。幽默要因人、因事、因时而发,否则会触怒他人。

④ 感化法。感化法是指利用正式谈判前双方可能有的一些非正式的接触机会,如欢迎宴会、礼节性拜访等影响对方人员对谈判的态度,以助于在正式谈判中建立高调气氛。

【特别提示】

建立与谈判对手的良好关系可有助于良好商务谈判氛围的形成。通常与对方建立良好关系包括以下技巧。

- 记住名字。在与谈判对手一次偶然或短暂的交往后,能准确、迅速地说出对方的名字,不仅是一种友善的表示,也给对方传递了一条信息——你在我心中的位置,对方会因此感激。记住别人名字的最好方法就是建立名片档案,注明初识时间、地点、关键事项等。
- 娱乐活动。邀请谈判对手参加娱乐活动能很好地沟通双方感情。娱乐活动的方式多种多样:切磋棋艺,打网球、保龄球、高尔夫球,听音乐,唱卡拉OK,跳舞等。
- 旅游观光。旅游观光是增进友谊的一种较好形式,因为它使双方接触时间延长,游览、就餐、休息都在一起,是深入交往的极好时机。
- 家庭拜访。家庭拜访包括到谈判对方成员家里访问,参加其家庭的重要活动等,往往也能收到较好的效果。
- 赠送礼物。在双方交往中,根据不同对象的喜好有意识地馈赠一些礼物,表示友好和联络感情,可拉近双方距离。

(2) 营造自然气氛。自然气氛是指谈判双方情绪平稳,态度既不热情,也不消沉,平淡融洽成为谈判主导因素的谈判气氛。

① 寒暄法。寒暄法是指双方见面落座后,在轻松愉快的闲聊中形成诚挚、融洽的谈判氛围。

【小链接】

美国一个跨国集团 AF 欲与中国金凯公司合作,于是派了一个代表团来中国考查,他们很看好中国市场和金凯公司的实力,准备同金凯公司好好合作一番。

双方来到谈判地点。由于是第一次与中国企业合作,见面时,AF 的代表表情严肃,没有一丝笑意。

这时金凯公司的谈判负责人王军立即会意地微笑,并友好地说:"看到你们,我非常高兴。你们让我想起了我在马萨诸塞州剑桥市哈佛大学求学的时光……"

AF 的代表听到王军谈到他们熟悉的城市、学校及建筑、文化等感到十分亲切,然后王军又向 AF 的代表询问了那里的变化。就这样,AF 代表的那种紧张感消失了,双方进入了轻松愉快的氛围中。他们似乎不知不觉地开始了友好的谈判。

(资料来源:邢桂平. 谈判就这么简单[M]. 北京:北京工业大学出版社,2010.)

【特别提示】

双方闲聊的话题可以是询问对方休息、饮食状况,对本地的感觉印象;也可以是一些与谈判无关的、令双方感兴趣的话题,诸如以前各自的经历、共同交往的人、文艺体育、时事新闻、地理气候、风俗习惯等;若彼此有过交往,可叙谈以往合作经历或感受,表达对对方的谢意或歉意。

② 进攻法。进攻法是通过语言或行为来表达己方强硬的姿态,从而使对方转变态度,形成平等协商的谈判氛围。

【小链接】

日本一家著名的汽车公司在美国刚刚"登陆"时,急需找一家美国代理商来为其销售产品,以弥补他们不了解美国市场的缺陷。当这家公司准备与美国的一家公司就此业务进行谈判时,日本公司的谈判代表因路上塞车迟到了。美国公司的代表抓住这件事紧紧不放,想要借机获取更多的优惠条件。

日本公司代表发现无路可退,于是站起来说:"我们十分抱歉耽误了你们的时间,但是这绝非我们的本意,我们对美国的交通状况了解不足,所以导致了这个不愉快的结果。我希望不要再为这个无所谓的问题耽误宝贵的时间了,如果因为这件事怀疑到我们合作的诚意,那么,我们只好结束这次谈判。我认为,我们所提出的优惠代理条件在美国是不会找不到合作伙伴的。"

日本代表的一席话说得美国人哑口无言,美国代理商也不想失去这次赚钱的机会。于是谈判顺利地进行下去。

(资料来源:张翠英. 商务谈判理论与实训[M]. 北京:首都经济贸易出版社,2008.)

【特别提示】

运用进攻法在态度上要自尊自信,做到有理、有利、有节地捍卫己方的尊严和正当权益,从而建立平等的谈判气氛。

③ 示弱法。示弱法是指谈判一方向另一方表明自己的弱势,取得对方的同情,从而形

成平和融洽的谈判氛围。

【小链接】

某蔬菜种植基地欲向某大超市出售新鲜蔬菜,该蔬菜种植基地的经理对超市采购经理说:"你们超市规模大,资金实力雄厚,经营效益好,进购一点我们的蔬菜对你们而言根本不算什么,可对我们来讲却是生死攸关呀,能够与你们合作是我们的荣幸。"超市采购经理听后态度缓和许多,随后双方在融洽的氛围中达成了协议。

(3) 营造低调气氛。低调气氛是指谈判气氛严肃、冷淡或对立,不快或消极因素构成谈判情势主导因素的开局氛围。

营造低调气氛通常包括以下几种方法。

① 压抑法。压抑法是以沉重、抑郁的心情、冷峻的语言诱发对方的消极情感,致使一种低沉、严肃的气氛笼罩在谈判开始阶段。

【小链接】

美国克莱斯勒公司总经理艾柯卡1979年在克莱斯勒公司濒临倒闭时临危受命,他上任后做的第一件大事就是请求美国政府同意为公司15亿美元的紧急贷款提供担保,以维持公司最低限度的生产活动。但是,此建议一提出,立即在美国社会引起了一场轩然大波。在崇尚自由竞争的美国,公众几乎是众口一词:让克莱斯勒赶紧倒闭吧!大部分国会议员也不同意政府涉入私营企业的经营。10月18日,艾柯卡第一次出席国会为此而举行的有关政府机构、银行参加的听证会。在听证会上,艾柯卡一开始就明确地表明自己的立场:"我相信诸位都明白,我今天在这里绝不只是代表我一个人说话。我代表着成千上万依靠克莱斯勒公司为生的人们,事情就是那么简单。我们有14万职工和他们的家属,4 700家汽车商及所属的15万职工,1.9万家供应商和其他雇用的25万人,还有这些人的全部家属。"为了让这些议员们认清后果,他又提出:"如果克莱斯勒公司倒闭了,全国的失业率会在一夜之间暴涨0.5个百分点,美国政府在第一年里就得为这高达几十万的失业人口花费27亿美元的保险金和福利金。各位可以自由选择,你们是想现在就付出27亿美元呢?还是将它的一半用来提供贷款担保,并可在日后全部收回呢?"他随后又指出,日本汽车正乘虚而入,如果克莱斯勒倒闭了,它的几十万职员就得成为日本的佣工。艾柯卡沉重的话语让这些议员彻底认清了拒绝克莱斯勒请愿案的严重后果。最后,艾柯卡拿到了他所需要的15亿美元的贷款担保。

(资料来源:孙绍年. 商务谈判理论与实务[M]. 北京:清华大学出版社,北京交通大学出版社,2007.)

② 沉默法。沉默法是以沉默的方式来给谈判气氛降温,从而达到向对方施加心理压力的目的。

【小链接】

沉默和忍耐是日本商人常用的一种谈判策略。在一次美日贸易谈判中,美国代表提出美日联合向巴西开放一种新的生产设备和工艺技术,然后等待日方丰田公司代表的答复。25秒过去了,三位日商还是默不作声,低着头,双手搭在桌面上。美国代表在难熬的沉默中渐渐失去热情和耐心,很快降低了谈判的期望值。

【特别提示】

采用沉默法时要注意以下两点。

● 要有恰当的沉默理由。通常,人们采用的理由有假装对某项技术问题不理解,假装不理解对方对某个问题的陈述,假装对对方的某个礼仪失误表示十分不满。
- 要沉默有度,适时出击,掌握主动。

③ 消磨法。消磨法是指采取手段消磨谈判对手的精力,从而削弱其自信和锐气,形成低调谈判气氛。

【小链接】

日本航空公司决定向美国麦道公司购买10架新型麦道客机,遂派出代表团前往美国谈判。日航代表刚到美国,麦道公司就来电表示,约定第二天在麦道公司会议室举行谈判。第二天,三位日航代表一副疲态,慢吞吞地踱进会议室。谈判开始,日方代表不紧不慢地喝着咖啡,好像是在缓解时差的不适。而麦道公司的代表个个肃穆威严,他们看到日方代表的疲惫之态,认为这是最佳的可乘之机,遂抓紧时机,开始谈判。麦道公司代表显然做好了充分的准备,谈判开始,他们就相继打开3台放映机,拿出一系列的图表、数据、字幕、辅助资料,给对方以咄咄逼人的态势。从早上9点到中午11点半,麦道公司的谈判代表侃侃而谈,自认为本公司的谈判准备工作天衣无缝,一定会把日方代表搞得无话可说。两个多小时的讲解完毕,麦道公司代表脸上露出了得意的微笑。可是日航代表却一直默默无语。

麦道的领队不解地问:"你们难道不明白?你们不明白什么?"

日航领队笑笑说:"一切。"

麦道主谈迫切地问:"一切是什么意思,你们能否具体说一下从哪里开始不明白的。"

日航助谈歉意地说:"对不起,从您拉上窗帘的那一刻。"日航领队随之点点头,表示同意。

麦道领队被气得鼻子都歪了,脸上青一阵、红一阵,真想上前踢日航代表几脚。他泄气地倚在门旁,松了松领带,有气无力地说:"那么,你们希望我们再做些什么呢?"

日航领队歉意地说:"很简单,你们可以再讲一遍吗?"

麦道公司别无选择,只好机械地重复着那两个半小时的介绍。当初的热情和信心此时已消失得无影无踪。

(资料来源:吕晨钟.学谈判必读的95个中外案例[M].北京:北京工业大学出版社,2005.)

④ 指责法。指责法是指对对手的某项错误或礼仪失误严加指责,使其感到内疚,从而达到营造低调开局气氛的目的。

【小链接】

巴西一家公司到美国采购成套设备。巴西谈判小组成员因为上街购物耽误了时间,当他们到达谈判地点时,比预订时间晚了45分钟。美方代表对此极为不满,花了很长时间来指责巴西代表不遵守时间,没有信用,如果总是这样下去,以后很多工作很难合作,浪费时间就是浪费资源、浪费金钱。对此,巴西代表感到理亏,只好不停地向美方代表道歉。谈判开始以后,美方似乎还对巴西代表来迟一事耿耿于怀,一时间弄得巴西代表手足无措。说话处处被动,无心与美方代表讨价还价,对美方提出的许多要求也没有静下心来认真考虑,匆匆忙忙就签订了合同。

等到合同签订以后,巴西代表平静下来,才发现自己吃了大亏,上了美方的当,但为时已晚。

(资料来源:肖华.商务谈判实训[M].北京:中国劳动社会保障出版社,2005.)

总之,商务谈判开局气氛在很大程度上影响着整个谈判的进展趋向,谈判双方要善于运用灵活的技巧来争取有利于己方的谈判氛围。

【特别提示】

谈判环境对谈判氛围的形成有着不容小觑的作用,设计不同的谈判环境,可以形成或热情洋溢、或亲切自然、或庄重严肃、或压抑沉闷的谈判氛围。古往今来,用环境来塑造谈判气氛的例子比比皆是,森林小屋、乡间别墅、皇宫大院、茶吧酒店,甚至是军舰、游艇等都曾是谈判的场所。

【小链接】

1935年3月底,英国外交大臣艾登访问苏联,商讨有关纳粹德国与欧洲局势问题,以及两国友好合作问题。由于在此之前英国和其他国家对苏联的仇视与封锁,对上述问题双方存在不少分歧,为此苏联外长李维诺夫邀请艾登共进午餐。艾登在其《回忆录》中对这次午餐作了这样的记述。

"我们在令人心旷神怡的原野之中的平坦道路上行驶了约20英里,到了林中别墅,内有一座花园,甚至还有几只鸭子。这座乡间别墅设备简单,但很风雅,而且这次午餐,即使按照我们好客的主人们的标准几乎也是一次宴会。在正餐前先上的菜照例是鱼子酱和烤小猪,正餐后还有干果布丁。但是,餐桌的中心(从实际位置和政治意义来说都是中心)是装饰着玫瑰花的奶油,上面还有'和平是不可分割的'字样。我对这种情感是赞成的,但即使我不赞成,在受到那样的欢迎之后,我也难以提出反对意见。谈话的题目仍然同正式会谈时一样,但是气氛更加的轻松了。"

(资料来源:王爱国,高中玖. 商务谈判与沟通[M]. 北京:中国经济出版社,2008.)

【特别提示】

在商务谈判中,谈判人员的仪表、姿态、表情、语言以及谈判环境营造了谈判气氛。然而,谈判气氛的形成并非完全是人为因素的结果,客观条件也会对谈判气氛有重要影响,如节假日、天气情况、突发事件等。因此,在营造谈判氛围时,一定要注意外界客观因素的影响。

3.1.2 开场陈述与倡议

开场陈述即谈判双方分别阐明对谈判有关问题的观点和立场。

1. 开场陈述的内容

开场陈述可考虑对以下几个问题提出观点,表明立场。

(1) 本次谈判需解决的问题及希望通过谈判取得的利益。
(2) 己方优势,可给对方带来的利益。
(3) 己方可向对方做出让步和商谈的事项。
(4) 己方可以采取何种方式为双方共同获得利益做出贡献。
(5) 己方的原则、以前合作的结果,己方享有的信誉,今后双方合作中可能出现的良好机会或障碍等。

【特别提示】

- 开场陈述要简明扼要地表明己方观点和态度。
- 开场陈述要注意激起对方的谈判兴趣。

2. 开场陈述的技巧

(1) 开场陈述语言"九要"。

① 要准确易懂。在谈判过程中,谈判人员所使用的语言要力求规范、通俗,使对方很容易听明白。有时如确需使用某些专业术语,则应尽量使用简明易懂的用语加以解释,万万不可卖弄自己的学识,这样做不但达不到有效沟通的目的,反而会令对方生厌。

② 要简明扼要。由于人们有意识的记忆能力有限,在短时间内只能记住有限的、具有特色的内容,所以,谈判人员在谈判中一定要用简明扼要而又有条理性的语言来阐述自己的观点,这样才能在洽谈中收到事半功倍的效果。

③ 要客观真实。谈判者应本着实事求是的态度进行陈述,不要夸大或缩小事实,力求使对方相信并信任己方。否则一旦自己对事实真相加以修饰的行为被对方发现,哪怕是一点点破绽,也会大大降低己方公司的信誉,从而使己方的谈判实力大为削弱。

④ 要因人而异。陈述过程中所使用的语言,应当丰富、灵活、富有弹性,对于不同的谈判对手应使用不同的语言。如果对方谈吐优雅,很有修养,己方语言也应相对讲究,做到出语不凡;如果对方语言朴实无华,那么己方用语也不必过多修饰;如果对方语言爽快、直露,那么己方也不要迂回曲折、语言晦涩。总之,要根据对方的学识、气质、性格、修养和语言特点及时调整己方的洽谈用语,这是迅速缩短谈判双方距离、实现平等交流的有效方法。

⑤ 要紧扣主题。任何商贸洽谈的双方,都是抱着一定的目的、肩负着一定的使命来到谈判桌前的,这就决定了每次谈判必有一个主题。由于时间有限,在谈判中双方都应紧紧围绕主题进行阐述,不要发表与谈判主题无关的意见,以免使对方产生反感并延误时机。同时,谈判人员在谈判中也不要拐弯抹角,以免给谈判带来障碍。

⑥ 要措辞得体。谈判人员要尽量以和缓的语言表达自己的意见,措辞要得体,适合场面需要;有些过于极端的语言易刺伤对方自尊心,引起对方反感,造成尴尬的场面,影响谈判进展;有些语言则可能会使对方对你的谈判诚意产生怀疑,致使谈判走上歧途甚至中断。

⑦ 要善用语言技巧。在商务谈判过程中,善用语音、语调、语速、停顿、手势等技巧可收到较好的沟通效果。

【特别提示】

- 发音标准、字句清晰、段落分明。除为了拉近双方距离而偶然用乡音外,谈判中应尽量使用普通话。
- 语调富于变化。同样的话,不同的语调表达不同的含义。商务谈判者应善于运用语调变化来显示自己的信心、决心以及肯定、赞赏、否定、不满、疑惑和遗憾等情感。
- 语速恰如其分。语速太快可能使对方既听不清也记不住,甚至会使对方产生不受尊重的感觉。语速太慢又易使人精神倦怠,失去耐心。因此,商务谈判中要注意把语速放平稳,流畅地表达,在需要调动情绪之处或加快或减慢语速。
- 音量高低适宜。音量太大,会给对方造成压迫感,使人反感;音量太小,则显得你信心不足,说服力不强。因此,谈判中应当合理使用声音的强弱,高低结合,抑扬顿挫。
- 适当停顿。谈判者滔滔不绝地阐述观点、发表意见时,如果突然停顿或者有意识地重复某几句话,可以引导倾听者对停顿前后的内容和重复的内容进行回顾与思考,加深双方的理解和沟通。
- 配合表情、手势。语言的表达配合恰当的面部表情和手势,更能加强语言的感染效果。

⑧ 要及时纠正错误。在商务谈判的陈述当中,谈判人员常常会由于某种原因而出现陈述上的错误,谈判者应及时发现并及时纠正,不可碍于面子将错就错、文过饰非,以免造成不应有的损失。

⑨ 要注意结束语。陈述的结束语需特别斟酌,表明己方陈述只是为了使对方明白己方的意图,而不是向对方挑战或强加给对方接受。例如,"不知我是否说清楚了""这是我们的初步意见,不知你们想法如何"等都是比较好的语句。

(2) 开场陈述方式。

① 协商式陈述。协商式陈述是指以协商、肯定的语言进行陈述,使对方对己方产生好感,创造双方对谈判的理解充满"一致性"的合作感觉。协商式陈述语言要友好礼貌,充分尊重对方,但又不刻意奉承对方。姿态上应该不卑不亢,沉稳中不失热情,自信但不自傲,把握恰当的分寸。

【小链接】

协商式陈述:"根据我们双方以往的合作经历,我想这次谈判也会非常顺利,你们说是吧。从我们之前的沟通情况来看,目前问题主要集中在价格上,当然货物的质量也至关重要,质量不好的货物价格再便宜你们也一定不会购买的,是吧。你们看我们把质量和价格放到前面讨论怎么样?当然,你们是我们的老客户,若订货数量大,我们将给予你们额外的折扣。至于交易的其他方面也好商量,希望通过磋商,我们能达成到双方满意的合作。"

② 坦诚式陈述。坦诚式陈述是指谈判者本着坦诚的心态,开诚布公地向对方表露己方的真实意图以取得对方的信任、理解和尊重,赢得对方的通力合作。

坦诚式陈述可以省去一些礼节性的外交辞令,坦率地陈述己方的观点以及期望,使对方产生信任感。

【小链接】

坦诚式陈述:"我们此次前来是就引进贵公司 A 型全自动生产设备有关事宜与你们协商。这个项目如果合作成功,不仅可以提高我公司的生产能力和产品质量,还可以提升贵公司的市场影响力。只要你们保证质量,服务周到,价格合理,其他条件都好商量,希望我们能达成合作。"

③ 慎重式陈述。慎重式陈述是指以严谨、凝重的语言进行陈述,表达出对谈判的高度重视和鲜明的态度。慎重式陈述不急于拉近双方关系,注意与对方保持一定的距离。

【小链接】

慎重式陈述:"很高兴能有机会和你们合作,我们愿意出售这块土地。目前除了贵公司之外,另有三家公司也对这块地皮表示出了浓厚的兴趣,正在积极与我们接洽。当然,如果你们的条件比较合理,价钱比较理想,我们还是愿意与你们合作的。"

3. 倡议

开场陈述已经向对方明示了各自的利益与合作的愿望,如果存在交易障碍或问题,接下来就需要对交易障碍或问题提出协调解决的方案,即倡议。在倡议阶段,双方各自提出各种设想和解决问题的方案,一方从另一方的倡议中得到启发,达成共识,使双方成交前景渐趋明朗。

提建议应注意以下几点。

(1) 提建议要直截了当,简单明了。当一个建议提出后,人们往往会陷于该建议的讨论。提出建议要直截了当、简单明了,把双方注意力吸引到建议上,切忌拐弯抹角、含含糊糊。

(2) 建议要具有可行性。建议的目的是使对方从中有所启发,引导双方进入实质性谈判。因此,建议必须具有可行性,否则就失去了建议的意义。

(3) 双方互提建议。如果一方对对方某个建议纠缠不休,应设法引导他们提出设想。只有双方通力合作,充分发挥各自的创造潜力提出各种设想,然后在各种设想的基础上寻求最佳方案,才有可能使谈判顺利进行下去。

【特别提示】

不要过多地为自己的建议辩护,也不要直接地抨击对方提出的建议。如果过多地为自己辩护,或激烈地抨击对方的建议,则会引起对方的反感或增加对方的敌意,这样会人为地给共同确定最佳方案制造障碍。双方应把前面大家提出的所有想法统统列出来,探讨一下每种设想的可行性。

3.1.3 谈判摸底

谈判摸底即摸清对方的谈判意图和谈判诚意,掌握对方通过谈判所要达到的目标、真正关心的经济利益所在,以及谈判对手的性格、爱好、能力、权限,对方公司的经营状况、技术水平,人员素质、产品质量等信息,为后继谈判做好铺垫。

谈判摸底要注意把握以下关键环节。

1. 倾听

认真耐心地倾听对方的开场陈述,归纳并弄懂对方开场阐述的内容,思考和理解对方阐述的关键问题。商务谈判有效倾听要做到"五要"与"五不要"。

(1) 谈判倾听的"五要"。

① 要全神贯注。据心理学统计证明:人听话及思维的速度大约要比说话的速度快4倍,因此,在交谈中往往是说话者话还没有说完,听话者就大部分都能够理解了。这样一来,听者常常由于自认为已经理解对方的话而"开小差",导致漏听重要信息。因此,在商务谈判中我们必须时刻抱着积极的态度、集中精神去听对方的讲话。

② 要积极回应对方。倾听时要有礼貌地注视讲话者,要主动与讲话者进行目光接触,并做出某种表情,鼓励讲话者。如扬一下眼眉,微微一笑,赞同地点头等。

③ 要克服先入为主障碍。先入为主是指听话者往往在对方讲话前已经对对方有一定的看法或印象,按照自己原先的印象或自己的主观意图来听对方的讲话,其结果往往是使听

到的信息变形地或错误地反映到自己的脑海中,导致自己接收的信息不准确,判断失误。因此,必须摆正心态,将讲话者的意思听全、听透。

④ 要分析鉴别对方发言。通常情况下,人们说话有时会缺乏逻辑性和条理性。这时听话者就需要在用心倾听的基础上,仔细整理分析和鉴别对方发言,这样才能抓住重点,特别是听出"弦外之音",收到良好的倾听效果。

⑤ 要做记录。人们即时记忆并保持记忆的能力是有限的,遗漏信息对于谈判而言是非常不利的。做记录不仅可以帮助自己回忆和记忆,而且有利于整理分析对方的发言内容,理解对方讲话的确切含义,更有助于在对方发言完毕之后,就某些问题向对方提出质询。

(2) 谈判倾听的"五不要"。

① 不要轻视对方,或急于反驳对方。人们轻视或急于反驳对方时,常常会不自觉地对对方的存在不屑一顾,或对对方的谈话充耳不闻。在谈判中,这种做法有百害而无一利。因为这不仅表现了己方的狭隘,更重要的是难以从对方的谈话中得到己方所需要的信息。同时,轻视对方还可能招致对方的敌意,甚至导致谈判关系破裂。

② 不要使自己陷入争论。谈判中发生意见分歧是非常正常的,当谈判者不同意讲话者的观点时,不要随意打断对方而妄加评论。要有礼有节地与对方沟通,注意把握好讨论的"度"。否则一旦陷入激烈的争论,就会破坏谈判气氛,阻碍谈判的进程,甚至导致双方不欢而散。

③ 不要急于判断问题。当听了对方讲述的有关内容时,不要急于下结论、判断其正误,因为这样会分散我们的注意力而耽误倾听下文。虽然人的思维速度快于说话的速度,但是如果在对方还没有讲完的时候就去判断其正误,无疑会断章取义。

④ 不要受定式思维的影响。定式思维是指人们一种惯用的模式化了的思维形式。当人们面临现实问题时,便会毫不犹豫地结合自己的经验,按自己的固有认识去分析和理解问题,而不愿意听别人的见解。定式思维往往会形成对问题的片面理解,甚至扭曲错误认识。

⑤ 不要只听而不反馈。商务谈判是谈判双方交流的过程,作为一个倾听者,如果你不明白对方所表达的意思,你就应该有礼貌地让对方知道这一点。你可以采用向对方提出问题,或者陈述你的理解让对方加以确认等方式。

2. 观察

在商务谈判中,谈判者的表情、姿态、动作等往往传递着非常重要的信息,捕捉和解读这些信息,可以使我们更深入地了解谈判对手的性格、态度、经验和能力,更准确地把握谈判对手的真实意图。

【特别提示】

- 观察对方的动作和姿态时,不能只从某一个孤立的动作和姿态去判断,而应分析其一系列的动作,特别应结合对方讲话的语气、语调等进行综合分析。
- 在商务谈判过程中,对方完全可能会利用某些动作、姿态来迷惑我们,要谨慎识别真伪。
- 观察对方,要特别注意捕捉其一闪而过的眼神或情态,那往往是对方真实的心理流露。

【拓展阅读】

习惯动作与个性

人的习惯动作往往能反映一个人的个性,通过对对方习惯动作的观察,可以更深入地了解对手。

- 用摇头或点头以示自己对某事、某物的看法。这种人特别自信,以至于唯我独尊,他们在社交场合很会表现自己,对事业一往无前的精神令人赞叹。
- 边说边笑。这种人大都性格开朗,对生活要求从不苛刻,很注意"知足常乐",富有人情味;感情专一,对友情、亲情特别珍惜;人缘较好,喜爱平静的生活。
- 掰手指。这种人习惯于把自己的手指掰得咯嗒咯嗒地响。他们通常精力旺盛,非常健谈,喜欢钻"牛角尖";对事业、工作环境比较挑剔,如果是他喜欢干的事,他会不计任何代价而踏实、努力地去干。
- 腿脚抖动。这类人总是喜欢用脚或脚尖使整个腿部抖动,他们最明显的表现是自私,很少考虑别人,凡事从利己出发,对别人很吝啬,对自己却很知足。他们很善于思考,能经常提出一些令人意想不到的问题。
- 拍打头部。这个动作多数时候的意义是表示懊悔和自我谴责。这种人不太注重感情,但对事业有一种开拓进取的精神。他们一般心直口快,为人真诚,富有同情心,愿意帮助他人,但守不住秘密。
- 摆弄饰物。有这种习惯的人多数是女性,而且一般都比较内向,不轻易使感情外露。她们的另一个特点是做事认真、踏实。
- 耸肩摊手。习惯于这种动作的人,通常是摊开双手,耸耸肩膀,表示自己无所谓的样子。他们大都为人热情,而且诚恳,富有想象力。他们会创造生活,也会享受生活,追求的最大幸福是生活在和睦、舒畅的环境中。
- 抹嘴捏鼻。习惯于抹嘴捏鼻的人,大都喜欢捉弄别人,却又不敢"敢做敢当",爱好哗众取宠。这种人最终是被人支配的人,别人要他做什么,他就可能做什么。
- 挺直腰部。经常挺直腰部站立、行走或坐下的人往往有较强的自信心及自制和自律的能力,但为人可能比较刻板,缺少弹性或通融性。
- 并腿后仰。时常并腿后仰的人大多小心谨慎、思虑细致全面但缺乏信心。

(资料来源:徐文,谷泓. 商务谈判[M]. 北京:中国人民大学出版社,2008.)

3. 提问

对于对方的陈述中不清楚或己方想了解的内容,可向对方提问,但要注意提问的方式方法。

(1) 提问的类型。

① 直接式提问。直接式提问旨在引出对方对事物的看法的提问方式。例如,"您认为我们是否有长期合作的可能?"

② 说明式提问。说明式提问旨在使对方对问题做出说明或解释的提问方式。例如,"你说贵公司交货速度快,可以说明具体时间吗?"

③ 强调式提问。强调式提问旨在强调自己的观点和己方的立场的提问方式。例如,"这项合作对我们双方都有利,是吧?"

④ 借助式提问。借助式提问是一种借助第三者的意见来影响或改变对方意见的提问方式。例如,"我们这种产品已经申请了专利,并通过了 ISO 认证,你不会怀疑它的质量吧?"

【特别提示】

这种提问中借助的第三者必须为对方熟悉而且十分尊重,否则很可能会引起对方的反感。

⑤ 诱导式提问。诱导式提问对对方的答案给予强烈的暗示,使对方的回答符合己方预期的目的。例如,"我公司的信誉是得到行业认可的是吧?"

⑥ 协商式提问。协商式提问是指采用商量的口吻向对方发问。例如,"贵方认为我公司产品有待改进,可否提几点建议?"

(2) 提问的时机。

① 在对方发言完毕之后提问。在对方发言的时候一般不要急于提问,因为打断别人的发言是不礼貌的,容易引起对方的反感。当对方发言时,可先把发现的和想到的问题记下来,待对方发言完毕再提问。这样不仅反映了自己的修养,而且能全面、完整地了解对方的观点和意图,避免操之过急而曲解或误解了对方的意图。

② 在对方发言停顿和间歇时提问。如果谈判中对方发言冗长、不得要领、纠缠细节或离题太远,那么,你可以借他停顿、间歇时提问,这是争取主动的必然要求。例如,当对方停顿时,你可以借机提问:"您刚才说的意思是?""细节问题我们以后再谈,请谈谈您的主要观点好吗?"

③ 在己方发言前后提问。在谈判中,当轮到己方发言时,可以在谈己方的观点之前对对方的发言进行提问,不必要求对方回答,而是自问自答。这样可以争取主动,防止对方接过话茬儿,影响己方的发言。例如,"您刚才的发言,是不是可以这样理解……对这个问题,我谈几点看法。"

在充分表达了己方的观点之后,为了使谈判沿着己方的思路发展,牵着对方走,通常要进一步提出要求,让对方回答。例如,"我们的基本立场和观点就是这些,您对此有何看法呢?"

(3) 提问的要诀。为了获得良好的提问效果,提问者需掌握以下发问要诀。

① 要预先准备好问题。提问者预先准备好要问的问题,同时,预先要准备对方反问的一些问题。提出问题最好环环相扣,由表及里;对对方可能反问的问题想好应答之策。

② 提出问题的句子应尽量简短。在商务谈判过程中,提出问题的句子越短越精练,越容易让对方听清楚而准确回答。冗长复杂的问句往往让对方不知所云,难以把握问题要点。

③ 不要接连不断地提问题。连续不断地发问,往往会使对方感到厌倦、乏味而不愿回答,有时即使回答也是马马虎虎,甚至会出现答非所问的情况。

④ 不强行追问。如果对方的答案不够完整,甚至回避不答,这时提问者不要强行追问,而是要有耐心等时机到来时再继续询问,这样以示对对方的尊重。

⑤ 巧妙测验。在适当的时候,我们可以将一个已经发生,并且我们也知道答案的问题提出来,验证一下对方的诚实程度以及对方处理事物的态度。

【特别提示】

● 注意提问的态度和语气。实践证明,以诚恳的态度、平和的语气来询问对方会使对方乐于回答，也有利于谈判者感情上的沟通。而盛气凌人的态度，怀疑、不尊重对方的语气会造成对方敌对与防范的心理和情绪，不利于谈判。

- 注意提问的速度。提问时说话速度太快，容易让对方感到你不耐烦，甚至有时会感到你是在用审问的口气对待他，从而引起对方的反感；反之，如果说话太慢，容易使对方感到沉闷、不耐烦，从而降低你提问的力度。因此，提问的速度应该快慢适中，既要使对方听懂你的问题，又不使对方感到拖沓和沉闷。
- 注意对手的心境。谈判者受情绪的影响在所难免。谈判中，要随时留意对手的心境，在你认为适当的时候提出相应的问题。例如，对方心境好时，常常会轻易地满足你所提出的要求，而且会变得粗心大意，透露一些相关的信息，此时抓住机会提出问题，通常会有所收获。

4. 回答

一般情况下，在谈判中应当针对对方提出的问题，实事求是地正面回答。但是，如果对所有的问题都正面提供答案，并不一定是最好的答复。因此，应答问题必须运用一定的技巧。

（1）在答复之前，要深思熟虑，充分思考。在谈判中，对对方提出的每个问题都必须认真思考、冷静斟酌、谨慎从容地应对。要想一想："他为什么问这个问题？"尤其是碰到对手提出一些旁敲侧击、模棱两可的问题时，更需要冷静三思，辨其意旨，权衡利弊，明智作答。切不可掉以轻心，信口而答，以免上当。你可以要求对方将问题复述一遍，例如，"不好意思，请您把问题再说一遍好吗？"也可以借故出去打个电话或上洗手间以争取时间考虑。

（2）答话时将对方问题有意缩小，局部作答。有些情况下，如果我方"和盘托出"地答复，常常会使自己陷入被动的不利局面。据此，我方可以只作局部的答复，留有余地，以使对方摸不到我方的底牌。如对方询问己方产品质量如何，己方不必详细介绍产品所有质量指标，只需要回答其中主要的某几个指标。

（3）恰当运用模糊语言，含糊应答。当遇到一些比较棘手的问题，一时难以做确切回答，而如果拒不回答又会影响到谈判的合作气氛时，可以运用含糊其辞的应答法，即借助一些宽泛模糊的语言，看似已作答，其实留有余地。例如，"我相信我们的产品会令你们满意，你们会对这种产品感兴趣。"

（4）拖延回答。在谈判中如果对方所提的问题动机不明，或我方觉得"从实招来"对我方不利，而对方又频频催问，我方不便表示拒答，则可以施行"缓兵之计"，拖延回答。比如可以说："很抱歉，因为没估计到贵方会提到这个问题，我们没带相关资料，待我们回去找到资料后立刻答复你们。"也可以说："你所提出的问题，请允许我们向上级有关部门请示后再答复好吗？"

（5）答非所问，偷梁换柱。当谈判对方提出的问题我方不好回答，或做出回答会带来某些风险与不利，而对方又一再催逼我方作答，如我方拒不回答，会被指责为对成交缺少诚意；而勉强作答，可能会落入对方陷阱。在这种情况下我们可采用"答非所问"的策略。

【小链接】

一位西方记者曾经讥讽地问周总理一个问题："请问，中国人民银行有多少资金？"周总理深知对方是在讥笑中国的贫困，如果实话实讲，自然会使对方的计谋得逞，于是答道："中国人民银行货币资金嘛,有十八元八角八分。中国银行发行面额为十元、五元、二元、一元、五角、二角、一角、五分、二分、一分的十种主辅人民币,合计为十八元八角八分。"周总理巧妙地避开了对方的话锋,使对方无机可乘,被传为佳话。

(6) 以反问的形式回答。以问代答是应付谈判中那些一时难以回答问题的方式,就好像是把别人踢来的球再踢回去,根据对方所提问题反过头来试探对方。比如对方问:"你们对合作的前景怎样看?"我方反问:"那么,你们对双方合作的前景又是怎样看呢?"

(7) 降低对方追问的兴趣。当对方连续提问时,这对回答者极为不利,很容易使回答者落入圈套,因此回答者在接过问题后,要特别注意不让提问者抓住某一点不断提问,要想办法降低对方继续追问的兴趣。例如,"这个问题暂时难以回答,要看具体情况。"

(8) 避而不答。对于一些明显不值得回答或不知道的问题,可以不予理会,也可以"一笑置之"或"顾左右而言其他"。

(9) 婉转回答。不同意对方要求时,不要直接说"不",而应当采取婉转的方式拒绝。如对方问:"你们是否可以保证仅向我方一家供货?"我方可回答:"如果你们订货量足够大,我们可以考虑。"

【特别提示】

有经验的谈判者都有这样的体会:在谈判中对任何问题的准确回答不一定是最好的回答。有时候回答得越准确,越显得被动和愚笨;而半明半隐,似是而非,搪塞转换话题反而使自己主动。总之,谈判中要懂得应该回答什么,不应该回答什么,以及怎样回答,这样才能产生最佳的效果。

5. 分析归纳

通过开场陈述及问答环节,结合对方的行为举止,双方应该就对方的底细有一个较为清楚的认识。

(1) 对方的谈判诚意。分析对方谈判诚意应考虑以下几个问题。
① 自洽谈开始以来,对方的态度及行为表现如何?
② 在开场陈述时,对方是否对我方开诚布公?
③ 在我方进行开场陈述时,对方是否专心地倾听?
④ 对方是否向我方提出问题,表现出对我方实力及磋商问题的关注?
⑤ 对方提出倡议、采纳我方倡议、与我方商讨倡议是不是积极主动?
⑥ 对方还有哪些可以选择的合作伙伴?

通过对以上问题的观察和思考,把握对方此次谈判是诚心合作的,还是试探的;是收集信息的,还是为了达到其他目的的。如果通过摸底交谈,发现对方并不是同我们一样采取合作的态度,则我方就需要相应地从根本上改变洽谈的方针。否则,我们就有被对方利用的危险。

(2) 对方的谈判目标与利益取向,所要解决的关键问题。了解对方的谈判意图、想通过此次谈判达到的目标、比较关注或比较坚持的交易条件、可协商让步的方面,以及为达到谈判目的要着力解决的关键问题。

【特别提示】

商务谈判中,精明的谈判对手都不会透露自己的全部意图和目的,总是竭力隐瞒自己的压力和危机所在,以免被对方抓住弱点。甚至有些谈判对手声东击西、故布疑阵,诱使对方上当,达到己方的真正目的。这就要求谈判人员认真仔细地思考和甄别,透过现象看到本质。

(3)对方的谈判实力。了解对方公司规模、经营状况、技术水平、人员素质、产品品种、质量等信息;对方谈判人员的地位、能力、权限、性格、爱好;谈判组成员间的关系、相互协调配合程度;对方对谈判的准备程度,以及对谈判所表现出来的信心、耐心等。

【特别提示】

对方公司及谈判人员的情况在谈判开始之前就应着手调查,通过谈判开局阶段与对方的接触和提问可进一步加深认识或加以印证,更好地把握谈判对手的真实情况,判别谈判对手的诚信度。

【拓展阅读】

开局禁忌

- 缺乏自信而举止慌乱。谈判中的一方缺乏信心,从举止表现出来的慌乱,对方一看就知,这在商务谈判中是忌讳的。缓解的办法是减轻内心的压力,理清思路。
- 急于接触实质性问题。谈判中实质性的问题就是谈判追求的己方利益。在谈判开局时,作为主谈人员应从容不迫、藏而不露。从谈人员更不可轻举妄动。不能没说几句就单刀直入,那样会"欲速则不达"。
- 过早地对对方的意图形成固定的看法。对对方的意图要分析,有的是真的,有的有"水分"。即使是对方的真实意图,也是可以改变的。高明的谈判者善于引导对方调整谈判意图,将谈判向有利于双方合作的方向引导,以保证己方利益的实现。

(资料来源:杨群祥.商务谈判[M].大连:东北财经大学出版社,2009.)

○ 任务演练

模拟椰果公司与 A 食品有限公司谈判开局

背景资料

椰果公司与 A 食品有限公司做好了前期的谈判准备工作,A 食品有限公司谈判代表应约赴椰果公司所在地参加谈判,受到椰果公司的热情接待,在欢迎宴会及前期活动结束后,双方正式开始关于椰果的购销谈判。

演练要求

(1)卖方模拟迎接买方谈判代表,见面后相互介绍、握手、问候、致意,进入谈判室,就座。

(2)买卖双方模拟营造愉快、融洽、和谐的谈判氛围。

(3)买卖双方模拟开场陈述、倡议。其间相互问答、观察,探摸对方底细。同时注意己方某些目的、意图的保密。

演练条件

商务谈判实训室(或座椅可移动教室)。

演练指导

（1）演练过程要尽可能逼真。

（2）注意礼仪规范。

（3）演练考核（见表3-2）。

表3-2　小组实训成绩评分表

实训小组_____　　　　　　　　　　　　　　　　　　实训名称：商务谈判开局

评估指标	评估标准	分项评分	得　分
模拟准备	台词资料翔实完整 道具、场景布置完备 模拟组织井然有序	40	
模拟表现	表演自然逼真 礼仪符合规范	60	
总成绩			
教师评语			签名： 年　月　日
学生意见			签名： 年　月　日

学习任务3.2　商务谈判磋商

情景展示

椰果公司与A食品有限公司交易磋商

情景一：椰果公司谈判报价与价格解释

A食品有限公司谈判代表就拟订购椰果的质量、规格、包装、数量、交货地点、运输方式、保险条件与我公司进行了磋商，谈判进展顺利，进而讨论交易价格，我方准备报价。

第一步：分析影响报价的因素

（1）市场行情。目前市场压缩椰果报价一般为8 000～10 000元/吨，市场供给充足，椰果加工原料价格上涨，椰果价格有上涨趋势。

(2) 利益需求。A 食品有限公司采购椰果注重质量、口感，也需要寻求利益最大化。我公司期望以高质量形象打入市场。

(3) 交货期要求。我公司最短的交货期为五天，A 食品有限责任公司可能会提出缩短交货期的苛刻要求，迫使我公司做出价格让步。

(4) 产品技术含量。椰果在技术与工艺上并不复杂。A 食品有限责任公司采购椰果多年，对椰果成分、质量、加工工艺较了解，对成本估算相对不难。

(5) 产品质量及特征。由于我公司椰果质量检测指标优异、口感独特，A 食品有限公司在同等价格的条件下更可能接受我公司产品。

(6) 企业声誉。我公司良好的声誉对价格有重要影响。人们对优质名牌产品的价格，或对声誉卓著企业的报价往往有信任感，易于接受。

(7) 交易性质。本次谈判是大宗交易，对方会借此压低价格。

(8) 销售时机。时值冬季，椰果销售处于淡季，价格对于买方有利。

(9) 支付方式。A 食品有限公司经营业绩很好，资金充裕，但其可能提出先货后款。我方为规避财务风险，不能接受对方先货后款的要求，为此可能要做出价格上的让步。

(10) 交易费用。本次交易由我方办理运输，运输费、保险费由买方另行支付，不计入产品价格。

第二步：确定谈判报价

我公司的目的是为了达成与 A 食品有限公司合作，再考虑此次报价的相关影响因素，确定此次谈判报价为 9 200 元/吨。

第三步：运用报价策略

(1) 从目前情况来看，A 食品有限公司处于更加有利的谈判地位。为了防止 A 食品有限公司先以苛刻的低价率先报价，而使我公司陷入不利的谈判地位，应把握时机抢先报价。

(2) 为了提高本次谈判成功的可能性，在报价之前先以雄辩的事实，充分的信息，让对方了解使用本公司产品将给其带来的利益，使对方对本公司产品产生浓厚的兴趣，在对方问价时，再向对方报价。

(3) 为了增加报价的说服力，决定采取对比报价。报价时提供目前国内主要的椰果厂商产品质量及报价的资料，证明本公司报价的合理性。

(4) 由于与 A 食品有限公司是第一次合作，为了灵活应对谈判中难以预料的情况，争取谈判的主动权，决定采取口头报价。

第四步：价格解释

A 食品有限公司谈判代表并不急于反击我公司报价，而是要求我公司给予价格解释。为了说明本公司报价的合理性，我方谈判人员进行报价阐释。

(1) 目前市场压缩椰果的价格为 8 000~10 000 元/吨，本公司椰果采用国内优质原料和先进技术加工生产，产品成本较高，加之原料价格上涨、产品利润空间较小。

(2) 以轻松随意的态度询问对方目前椰果的采购价，目的不是为了得到对方的确切回答，而是为了使对方参与谈话，以便更多地了解对方对本公司价格行情分析的态度，同时调节谈判气氛。

(3) 强调面对激烈的市场竞争，优质而有独特口感的椰果，有助于提升 A 食品有限公司奶茶的市场竞争力，形成更好的品牌声誉。

第五步：倾听 A 食品有限公司的价格评论

A 食品有限公司谈判代表在我公司价格解释后进行价格评论。

（1）A 食品有限公司根据椰果市场目前的行情，认为我公司报价太高，并希望我公司提供详细的成本计算资料。

（2）A 食品有限公司提出希望我公司提供椰果相关技术资料和数据，进一步分析我公司产品质量。

第六步：进行价格再解释

我公司采取不问不答的策略，只针对 A 食品有限公司提出的两个问题进行了价格再解释。

（1）我公司针对 A 食品有限公司提出的第一个问题进行再解释。

关于 A 食品有限公司索取成本计算依据的要求，我公司认为难以满足，理由是详细成本资料属于本公司商业机密，部门无权调用。

耐心地再一次向对方解释市场行情，与同行业其他企业价格进行横向对比，强调本公司报价的合理性，逐渐转移话题，把对方的注意力向将本公司产品与其他公司的产品做比较方面转移，强调本公司产品的相对价格优势。

（2）我公司针对 A 食品有限公司提出的第二个问题进行再解释。

提供尽可能详尽的技术资料和权威部门的鉴定文件，逐一详细解释。鼓励对方提出问题，并耐心解答，让对方满意。

情景二：A 食品有限公司讨价还价

我公司已向 A 食品有限公司报价压缩椰果 9 200 元/吨，并在 A 食品有限公司的要求下对价格进行了解释和再解释，A 食品有限公司开始讨价还价。

第一步：A 食品有限公司基于价格评述进行讨价

A 食品有限公司谈判代表认为我公司产品质优，且具有特色，但尽管考虑原料上涨、技术投入因素，9 200 元/吨的价格仍旧过高，无法接受。我方坚持解释报价的合理性，为了表明我方的诚意，将价格调整为 9 000 元/吨。

第二步：A 食品有限公司基于交易条件进行讨价

A 食品有限公司谈判代表提出该次谈判订货量较大，价格应给予优惠。我公司认为此次椰果报价已经很实，但考虑 A 食品公司订货量大，对合作有诚意，可考虑价格降为 8 900 元/吨。

A 食品有限公司提出"先货后款"，付款期 20 天。为了表达我方诚意，避免僵局，承诺对方若"先款后货"，可给予每吨降价 50 元的优惠。

第三步：A 食品有限公司还价

A 食品有限公司确定此次谈判保留价格为 9 000 元/吨，理想成交价为 8 800 元/吨，因此还价为 8 500 元/吨。并宣称 8 500 元/吨是 A 食品有限公司目前的采购价，同时表明公司并不打算在椰果采购方面做大的投入，所以高于这个价格 A 食品有限公司不能接受。

我公司认为 A 食品有限公司采购价应该高于 8 500 元/吨，对方还价 8 500 元/吨只是虚张声势。待对方说完后，指出 8 500 元/吨价格过低是无法接受的。一方面，向对方传达第一次报价没有太大的水分的信息；另一方面，也防止对方有更高的期望。

第四步：A 食品有限公司再次还价

根据我方对 A 食品有限公司还价的反应，A 食品有限公司指出这次交易对今后双方合作的重要意义，进而再次还出 8 600 元/吨的价格。我公司认为价格仍然太低，无法接受，并陷入沉默。

第五步：A 食品有限公司第三次还价

面对我公司的沉默，A 食品有限公司还出 8 650 元/吨的价格，并强调这是公司给予谈判人员此次谈判的最高价格权限，高于这个价格，谈判人员无权决定，双方谈判陷入僵局。

情景三：椰果公司打破谈判僵局

A 食品有限公司与我公司关于椰果产品购销的谈判正在进行，A 食品有限公司谈判代表以价格权限为由坚持还价为 8 650 元/吨，双方互不让步，谈判陷入僵局。为了打破僵局我方积极采取行动。

第一步：分析产生僵局的原因

我公司谈判人员根据已掌握的 A 食品有限公司的信息和前一阶段的谈判情况分析认为导致产生僵局的原因可能有以下两种。

(1) 由于双方利益差距较大导致僵局。A 食品有限公司认为我公司的报价依然太高，高于 A 食品有限公司的保留成交价格。

(2) A 食品有限公司故意制造僵局。A 食品有限公司认为我公司急于同其合作。为此，制造谈判僵局，迫使我公司让步。

第二步：确定处理僵局的原则

(1) 我公司谈判人员决定以协调双方利益为原则打破僵局。

(2) 我公司认为谈判已接近尾声，目前的价格依然高于我公司的保留成交价格，还有降价的空间，所以可以适当地做出让步，协调好双方的利益，打破僵局，促成交易。

(3) 要避免让步使对方产生更大的期望，提出更高的要求，而使我公司陷入被动的谈判地位。让步后应该向对方表示，如对方不能接受，我方将退出谈判。

第三步：顺水推舟，改变谈判地位

(1) 我公司决定暂不让步，以免让 A 食品有限公司产生更大的预期。通过前一阶段的谈判和所掌握的信息，我公司认为 A 食品有限公司理想成交价在 8 800 元/吨左右，这一价格在本公司可交易空间内，但为了不使对方产生过高预期，决定先利用僵局改变自己在谈判中的地位。

(2) 我公司要求暂时休会，并宣称由于 A 食品有限公司的还价已超出我公司的保留价格，无法达成交易。所以，谈判负责人向公司请示是否结束谈判。

(3) 向对手透露另一商家希望与我方洽谈的信息。

第四步：改变策略，变强硬为有效回应

(1) A 食品有限公司看到我公司态度强硬，而目前价格已接近己方的理想交易价格，同时还有还价的余地。为避免前面的谈判成果前功尽弃，表示椰果订购价请示公司领导再做决定。

(2) 在请示公司领导后，A 食品有限公司谈判人员重新坐到谈判桌上后宣布不再坚持 8 650 元/吨，还价至 8 700 元/吨。

(3) 我公司经请示公司领导后，表示同意，成功打破僵局，双方达成成交意向。

情景四：椰果公司拒绝提前交货要求

A食品有限公司与我公司的第一回合谈判在达成初步意向后顺利结束。双方经过价格磋商，议定8 700元/吨的价格，但在交货时间上，A食品有限公司代表要求发出订单后的两天内交货，条件比较苛刻。我公司沉着应对。

第一步：提出休会

我公司代表表示，对方提出的条件超出谈判人员的权限，要求暂时休会，待请示公司相关领导后再做决定。其目的是为了争取时间，仔细分析研究对方提出的新条件。

第二步：确定是否应该予以拒绝

我公司谈判人员分析认为，根据公司目前的生产、运输条件，最快在接到订单后五天可以交货。两天内交货，就我公司目前的条件无法做到。要满足A食品有限公司的要求，我公司必须新购置设备、增加人工，而这项投资，将会导致成本上升，若按目前的价格成交，将会使我公司亏损，因而这一条件已超出我公司可交易空间，必须予以拒绝。

第三步：评估拒绝可能造成的后果

我公司谈判代表们分析拒绝的后果如下。

(1) 如果拒绝A食品有限公司提出的要求，可能会导致谈判失败，前一阶段所做的工作和所取得的进展全部无效，前功尽弃。不过，如果答应A食品公司提出的要求，将导致我公司无利可图，甚至亏损，即使谈判成功也失去了意义。

(2) 有可能这是A食品有限公司的最后试探，试图迂回达到迫使我公司再降低价格的目的，那么我公司即使拒绝也不会导致谈判失败。

根据以上分析，我公司认为拒绝利大于弊。不拒绝将会使我公司陷入进退两难的困境，因而做出拒绝这一条件的决定。

第四步：选择拒绝的方式

我公司谈判代表研究决定认为，不能直截了当地拒绝，应采取委婉的方式拒绝对方，尽可能避免谈判的破裂。

第五步：提出恢复谈判

我公司做好谈判失败的心理准备后，向A食品有限公司提出恢复谈判。

(1) 我公司在谈判桌上算了一笔账：目前价格为8 700元/吨，我公司获利微薄，若要在A食品有限公司发出订单后的两天内交货，我公司必须要增购设备，增加直接人工费及管理费用支出，按订货量计算，我公司必定亏损。如果A食品有限公司坚持两天内交货，则订货价格不得低于8 800元/吨。

(2) 由于A食品有限公司提出这一要求的主要目的是为了试探对方的虚实，做最后的还价努力。我公司拒绝这一条件后，A食品有限公司权衡利弊，同意5天的交货期，我公司也表示可以接受。

◎ 知识储备

3.2.1 商务谈判报价

谈判双方在结束相互摸底的交谈之后，就要将话题转向有关交易内容的讨论，即开始报价。广义的报价泛指谈判的一方对另一方提出的所有要求，包括商品的数量、质量、包装、价格、装运、保险、支付、商检、索赔、仲裁等交易条件;狭义的报价指谈判一方向另一方报出商品交易价格;这里讨论的报价指狭义的报价。

1. 影响报价的因素

（1）市场行情。市场行情是指该谈判标的物在市场上的一般价格及波动范围。市场行情是市场供求状况的反映,是报价的主要依据。谈判者必须掌握市场的供求状况、商品的价格水平及变化趋势,使谈判的报价符合市场行情。

（2）产品成本。单位产品的生产成本、管理及营销费用决定最低价格。从长远看,任何产品的价格都必须高于成本费用,只有这样,才能以收入来抵偿生产成本和经营费用,否则企业将无法持续经营。

（3）谈判者需求。谈判者对产品的需求取向及需求迫切程度不同,他们对价格的接受度也各不相同。面料质地一般、款式新颖、价格较高的时装,追求时尚的年轻人可以接受,而讲求实惠的老年人则不能接受。同样的商品,急需的人较少考虑价格,而非急需的人则斤斤计较。

（4）产品技术含量。产品的技术含量越高,该产品的成本估算就越困难。同时,可以参照的同类产品也较少,价格的伸缩性也就较大。

（5）附带条件和服务。谈判标的物附带的条件和服务,如质量保证、提前交货、安装调试、免费维修、供应配件等,能为客户带来安全感和许多实际利益,人们往往愿意"多花钱,买放心""多花钱,买便利",为此支付费用。

【小链接】

有一位农夫想要为他的小女儿买一匹小马,在他居住的小城里,共有两匹小马要出售。从各方面来看,这两匹小马差不多。第一个人告诉农夫,他的小马售价为500美元,想要就带走。第二个人则为他的小马索价750美元。

但是第二个人告诉农夫。在农夫做任何决定前,他要农夫的女儿先试骑这匹小马一个月。他除了将小马带到农夫的家之外,还自备小马一个月吃草所需的费用,并且派出他的驯马人,一周一次,到农夫家去教小女儿如何喂养及照顾小马。他告诉农夫,让他们相互熟悉是非常重要的。

最后他说,在第30天结束时,他会驾车到农夫家。或是将小马取回,将马房清扫干净,或是他们付750美元,将小马留下。可想而知,农夫会买第二个人的小马,虽然,第二个人出价稍微高一点,但高得有价值,而且不需要承担任何风险。

(资料来源:天宇.如何赢得顾客的心[M].北京:中国致公出版社,2003.)

（6）产品和企业的声誉。产品和企业的声誉对价格有重要影响。人们对优质名牌产品的价格,或对声誉卓著的企业的报价往往有信任感。因此,人们宁肯出高价买优质名品,也不愿意与轻合同、不守信誉的企业打交道。

（7）交易性质。大宗交易或"一揽子"交易要比小笔生意或单一买卖更能减少价格在谈判中的阻力。在大宗交易中,万元的价格差额可能算不了什么;而在小笔生意中,蝇头小利也会锱铢必较。在"一揽子"交易中,货物质量不等,价格贵贱不同,交易者往往不会精确计算价格。

（8）支付方式。商务谈判中,货款的支付方式是现金结算,还是使用支票、信用卡结算,或以产品抵偿;是一次性付款,还是分期付款或延期付款等,这些都对价格有重要影响。

(9) 交货期。交货期如在商品销售旺季,成交价会高一些;若在销售淡季,成交价则会较低。一般而言,交货期越短,成交价相对越高;交货期越长,成交价相对越低。

(10) 竞争者报价。竞争者的报价对谈判报价的影响很直接。为争取谈判成功,应参照竞争对手的报价及交易条件确定己方报价,否则就会陷入被动。

【特别提示】

除以上因素外,还有很多影响价格的因素,如是否包含包装费用、运输费用、保险费用;国家政策;对方的谈判能力;合作预期等,这就需要谈判人员根据具体情况具体分析。

2. 报价原则

报价的高低对整个谈判进程会产生实质性影响,要成功地进行报价,谈判人员必须把握好以下原则。

(1) 确定底线。报价之前确定一个价格底线。确定价格底线是指最低(或最高)可以接纳的最终谈判价格。有了确定的价格底线,谈判人员能心中有数,避免盲目报价。

(2) 留有空间。一般来说,一方报价之后,对方立即接受的例子极为少见。通常一方报价后,对方要还价。一般来讲,除特殊情况外,卖方的价格一经报出,就不能再提高了;同样,作为买方的报价也是不能降低的。因此,对卖方来说,报价是要报出最高价,而买方则要报出最低价。

(3) 合理适度。在实际的商品买卖中,卖方希望卖出商品的价格越高越好,而买方则希望买进商品的价格越低越好。在这种冲突的对决中,谈判一方向另一方报价时,不仅要考虑报价所获利益,还要考虑该报价被对方接受的可能性,即报价成功的概率。报价的高低必须是合情合理的,能找出合适的理由为之辩护。若价格高(或低)到讲不出道理的地步,对方必然会认为你缺少诚意,或终止谈判扬长而去;或者以其人之道,还治其人之身,相对地来个"漫天杀(抬)价";或提出质问,使己方丧失信誉。

(4) 灵活变通。报价必须考虑到当时的谈判环境和与对方的关系状况,灵活应变。

如果对方为了自己的利益而向己方施加压力,则己方必须以高价(低价)反击对方,以保护己方的利益。

如果双方关系比较友好,特别是有过较长的合作关系,报价就应当稳妥一点,出价过高(过低)会有损于双方的关系。

如果己方有许多竞争对手,那就必须把要价压低(抬高)到至少能受到邀请而继续谈判的程度,否则会失去继续谈判的机会,更谈不上达成协议。

3. 报价策略

1) 报价先后

关于谈判双方中谁先报价是个微妙的问题,报价的先后在某种程度上将对谈判结果产生实质性影响。

(1) 先报价的利与弊。

① 先报价的利。先报价实际上为谈判规定了一个框架,最终的协议将在这一界限内形成。而且先报的价格在整个谈判过程中都会持续起作用。例如,卖方报价某种材料每吨1 000元,一般情况下,双方磋商结果的最终成交价不会超过1 000元。

先行报价会在一定程度上影响对方的期望水平,进而影响到对方在随后各谈判阶段的行为。尤其在报价出乎对方意料的情况下,往往会迫使对方调整原来的计划,甚至丧失追求预定利益的信念和决心。例如,卖方报价每吨1 000元的货物,买方能承受的价格却只有400元,与卖方报价相去甚远,即使经过磋商也很难达成协议,因此只好改变原部署,买方要么提价,要么放弃交易。

【小链接】

一些服装商贩就采用先报价的方法,而且他们报出的价格,一般要超出顾客拟付价格的一倍乃至几倍。一件衬衣如果卖到60元,商贩就心满意足了,而他们却报价160元。考虑到很少有人好意思还价到60元,所以,一天中只需要有一个人愿意在160元的基础上讨价还价,商贩就能赢利赚钱。

(资料来源:毛国涛. 商务谈判[M]. 北京:北京理工大学出版社,2008.)

② 先报价的弊。先报价容易为对方提供调整报价的机会,可能会使己方丧失一部分原本可以获得的利益。如卖方报价每吨8 000元,而买方事先准备的报价可能是9 000元。在卖方报价后,买方显然会调整原先的报价,其报价水平肯定将低于8 000元。这样对买方来说,后报价就使他至少获得了1 000元的利益,而这恰恰是对方所失去的。

先报价还会使对方集中力量对报价发起进攻,迫使己方一步步降价。在一方报价后,谈判对手会对该报价提出各种质疑,不断向对方施加压力,却并不透露他们自己究竟肯出多高的价格。在这种情况下,先报价的一方应坚持让对方提出他们的交易条件,以免使己方在随后的磋商中陷入被动。

【特别提示】

后报价的利弊正好和先报价相反。其有利之处是:对方在明处,可以根据对方的报价及时地修改己方的价格,以争取最大的利益。后报价的弊病也很明显,即被对方占据了主动,而且必须在对方划定的价格范围内进行谈判。

(2) 报价先后的考虑因素。一般情况下,先报价要比后报价更有利,但有时选择后报价不仅十分有效,而且是非常必要的。在选择报价先后时,谈判者应充分考虑下述几个方面的因素。

① 谈判对抗程度。在冲突程度较高的商务谈判中,能否把握谈判的主动权往往至关重要,先报价可以以此规定谈判过程的起点。并以此影响以后的谈判过程,使自己一开始就占据主动。

在较为合作的谈判场合,先报价与后报价则没有多大差别,因为谈判双方都将致力于寻找共同解决问题的途径,而不是试图用压力去击垮对方。

② 谈判实力与地位。如果我方的谈判实力强于对方,或者我方在谈判中处于相对有利的地位,那么我方先报价是有利的。尤其是在对方对本次交易的市场行情不太熟悉的情况下,先报价的好处就更大。

如果己方实力较弱,又缺乏必要的谈判经验,应让对方先报价。因为这样就可以通过对方的报价来了解对方的真实动机和交易起点,以便对己方的报价做出必要的调整。

③ 商业习惯。一般的商业习惯是,发起谈判的一方通常应先行报价。在有些商务谈判中,报价的先后次序似乎已有一定的惯例,如货物买卖谈判,多半是由卖方先报价,买方还价,与之相反的做法则比较少见。

④ 谈判双方关系。谈判对方是老客户，双方有较长时间的业务往来，彼此比较信任，而且双方合作得很好，那么，谁先报价都无所谓。

【特别提示】

若谈判双方有时出于各自的打算，都不先报价，这时可以采取"故意说错话"的方式赢得主动，如你不妨突然说一句："噢！我知道，你一定是想付30元！"对方此时可能会争辩："你凭什么这样说？我只愿付20元。"他这么一辩解，实际上就先报了价，你尽可以在此基础上讨价还价了。或者报出一个价发现对方很感兴趣，则说："我说的是那种商品，你要的这种商品要贵一些。"

2）报价方式

（1）西欧式报价。卖方先报出一个留有较大余地的价格，然后通过给予各种优惠，如数量折扣、价格折扣和支付条件上的优惠（如延长支付期限、提供优惠信贷等）来逐步接近买方的条件，最终达成交易。实践证明，这种报价方法只要能够稳住买方，往往会有一个不错的结果。

（2）日本式报价。卖方将最低价格列在价格表上，以求首先引起买主兴趣。由于这种交易价格的交易条件很难全部满足买方的需要，如果买主要求改变有关条件，则卖主就会相应提高价格。因此，买卖双方最后成交的价格往往高于价格表中的价格。

日本式报价一方面可以排斥竞争对手而将买方吸引过来，取得与其他卖主竞争中的优势和胜利；另一方面，当其他卖主败下阵来纷纷走掉时，买方原有的市场优势就不复存在了，买方想要满足一定需求，即只好任卖方一点一点地把价格抬高才能实现。

一般而言，日本式报价有利于竞争，西欧式报价则比较符合人们的心理。

4. 报价技巧

（1）加法报价。加法报价是指在商务谈判中，有时怕报高价会吓跑客户，就把价格分解成若干层次渐进提出，使若干次的报价，最后加起来仍等于当初想一次性报出的高价。

例如，文具商向画家推销一套笔、墨、纸、砚。如果他一次报高价，画家可能根本不会买。但文具商可以先报笔价，要价很低；成交之后再谈墨价，要价也不高；待笔、墨卖出之后，接着谈纸价，再谈砚价，抬高价格。画家已经买了笔和墨，自然想"配套"，不忍放弃纸和砚，文具商在谈判中便很难在价格方面做出让步了。

采用加法报价，卖方多半是靠所出售的商品具有系列组合性和配套性。买方一旦买了组件1，就无法割舍组件2和组件3了。针对这一情况，作为买方，在谈判前就要考虑商品的系列化特点，谈判中及时发现卖方"加法报价"的企图，挫败这种"诱招"。

（2）除法报价。除法报价是一种价格分解术，以商品的数量或使用时间等概念为除数，以商品价格为被除数，得出一种数字很小的价格，使买主对本来不低的价格产生一种便宜、低廉的感觉。

如保险公司为动员液化石油气用户参加保险，宣传说：参加液化气保险，每天只交保险费1元，若遇到事故，则可得到高达1万元的保险赔偿金。相反，如果说，每年交保险费365元，效果就差多了。因为人们觉得365元是个不小的数字，而用"除法报价法"说成每天交1元，人们听起来在心理上就容易接受了。

（3）组合报价。报价不仅要考虑主要商品的价格，还要考虑其配件等辅助商品的价格。

许多厂商采用组合报价,对主要商品报低价,但对辅助商品却报高价,并由此增加赢利。例如,某些设备报价相对较低,但专用耗材的价格却较高。

(4) 差别报价。差别报价是指在商务谈判中针对客户性质、购买数量、交易时间、支付方式等方面的不同,采取不同的报价。例如,对老客户或大批量需求的客户,为巩固良好的客户关系或建立起稳定的交易联系,可适当实行价格折扣;对新客户,有时为开拓新市场,也可给予适当让利;商品需求旺季报价高,需求淡季报价低;一次性付款的报价低,分期付款报价高。

(5) 浮动报价。一些长期项目或有后续费用发生的项目,考虑未来可能发生的费用,报价时可在基本价格确定后留有一定的浮动空间。例如,大型工程的工期一般短则一两年,长则五六年甚至十年以上,施工期间有许多事先无法预知的费用要发生,可以报出可确定的工程造价,后续发生的施工临时费用按双方认可的方式核算。

(6) 对比报价。在报价时将本商品的价格与另一可比商品的价格进行对比,以突出相同使用价值的不同价格;将本商品的价格与另一种商品的价格进行对比,以突出相同价格的更高使用价值,往往可以增强报价的可信度和说服力,一般有很好的效果。例如,推销员对顾客说:"这支笔是贵了些,但也只相当于两包红塔山。一支笔可以用四五年,而两包红塔山只能抽两天。"

(7) 数字陷阱。数字陷阱是指卖方抛出自己制作的商品成本构成计算表(其项目繁多,计算复杂)给买方,用于支持卖方总要价的合理性。在分类成本中"掺水分",以加大总成本,为卖方的高出价提供证明与依据。数字陷阱一般是在商品交易内容多,成本构成繁杂,成本计算方法无统一标准,或是对方攻势太盛的情形下使用。

(8) 心理报价。对于普通商品,采用尾数报价,会给人价格计算精确、相对低廉的感觉,有利于顾客接受。而对于特殊商品,如名贵西服、珠宝、豪华轿车等采用整数报价,给人高贵、气派的感觉,迎合对方心理。

【特别提示】

在报价时,一般应注意以下几个问题。

- 报价要坚定而果断地提出,没有保留,毫不犹豫,这样才能给对方留下己方认真而诚实的印象。欲言又止、吞吞吐吐必然会导致对方对自己不信任。
- 报价必须非常明确清楚,把几个要件一一讲清楚,必要时要向对方提供书面的开价单,或一边讲一边写出来,让对方看清楚,使对方准确地了解己方的期望,含混不清易使对方产生误解。
- 不要对所报价格做过多的解释、说明和辩解,也没有必要为那些合乎情理的事情进行解释和说明,因为对方肯定会对有关问题提出质询。如果在对方询问之前,己方主动地加以说明,会使对方意识到己方最关心的问题是什么,而这种问题对方有可能尚未考虑过,有时过多地说明和辩解会使对方从中找出破绽或突破口。

3.2.2 价格解释与评论

1. 价格解释

价格解释是指报价方就其报价的依据、计算方式等所做的介绍、说明或解答。

价格解释对于交易双方都有重要作用。从报价方来看,可以利用价格解释,充分表白所报价格的真实性和合理性,增强其说服力,迫使对方接受报价或缩小讨价的期望值;从交易对方来看,可以通过报价方价格解释分析讨价还价的余地,进而确定价格评论应针对的要害。

通常一方报价完毕之后,另一方会要求报价方进行价格解释。在解释时,必须遵守一定的原则,即不问不答、有问必答、避虚就实、能言不书。

(1) 不问不答是指对方不主动问的问题报价方不要回答。其实,对于对方未问到的一切问题,都不要进行解释或答复,以免造成言多必失的结果。

(2) 有问必答是指对对方提出的所有有关问题,都要一一做出回答,并且要很流畅、很痛快地予以回答。经验告诉人们,既然要回答问题,就不能吞吞吐吐、欲言又止,这样极易引起对方的怀疑,甚至会提醒对方注意,从而穷追不舍。

(3) 避虚就实是指对己方报价中比较实质的部分应多讲一些,对于比较虚的部分,或者说水分含量较大的部分,应该少讲一些,甚至不讲。

(4) 能言不书是指能用口头表达和解释的就不要用文字来书写,因为当表达中有误时,口述和笔写的东西对自己的影响是截然不同的。有些国家的商业习惯是只承认纸上的信息而不重视口头信息,因此要格外慎重。

【小链接】

某厂家向一个公司经理推销自己生产的专利产品:防克菜篮——一种可以防止短斤少两的菜篮,希望由该公司总经销。其他方面都没有问题,但是双方在价格问题上始终谈不拢,一次、两次、三次,都因价格问题而使谈判失败。第四次,厂家改变了策略,双方刚一见面,对方就说:"价格不降,我们不能接受,即使再谈也没有用。"厂家马上回答说:"经理先生,今天我不是来同您谈价格的,我是有一个问题要向您请教。"经理愉快地答应了。坐定后,厂家说:"听说您是厂长出身,曾经挽救过两个濒临倒闭的企业。您能不能给我们一些点拨?我们的菜篮正如您所说,价格偏高,所以销售第一站在您这里就受阻了。再这样下去,工厂非倒闭不可。您有经营即将倒闭的企业的经验,您能不能告诉我,如何才能降低这菜篮子的成本,达到您所要求的价格而我们又略有盈余呢?"

然后,厂家与经理逐项算账,从原材料型号、价格、用量,到生产工艺、劳务开支等,进行了详细核算,并对生产工艺进行了多方改进,结果价格只是微微降了一些。当然,对经理所付出的劳动,厂家报以真诚的感谢,送上一个礼品以示谢意,同时表示一定接受经理的意见,在工艺上进行改进,以减少生产成本。然后,当厂家再谈到总经销价格时,对方没有任何犹豫就接受了,并说:"看来这个价格的确不能再降,你们做了努力,我们试试吧。"

(资料来源:http://wenku.baidu.com/view/508cf750ad02de80d4d840c3.html.)

2. 价格评论

价格评论是指对交易一方所报价格及其解释的评析和论述。

价格评论对于谈判双方而言都有很大的影响,从接受报价方来看,可针对报价方价格解释中的不实之处,指出其报价的不合理之处,从而在讨价还价之前先压一压"虚头"、挤一挤"水分",为之后的价格谈判创造有利条件;从报价方来看,其实是对报价及其解释的反馈,便于了解对方的需求、交易欲望,以及最关切的问题,利于进一步的价格解释并对讨价还价有所准备。

价格评论的原则是:针锋相对,以理服人。具体主要包括以下技巧。

(1) 既要猛烈,又要掌握节奏。猛烈,指准中求狠。既切中要害、猛烈攻击、着力渲染,报价方不承诺降价,买方就不松口。掌握节奏,就是评论时不要像"竹筒倒豆子",一下子把所有问题都摆出来,而是要一个问题一个问题地发问、评论,把报价方一步一步地逼向被动,使其不调价就下不了台。

(2) 重在说理,以理服人。对于对方的价格评论,报价方往往会以种种理由辩解,而不会轻易就范认输。因为,认输就意味着必须降价(提价),并有损自己的声誉。所以,己方必须以"价格分析材料""报价方解释中的漏洞"等为依据,充分说理,以理服人。同时,既然是说理,评论中虽攻击猛烈,但态度、语气切忌粗暴,而应心平气和。只有在报价方死不认账,"无理搅三分"时,方可以严厉的口吻对其施加压力。

(3) 既要自由发言,又要严密组织。在价格谈判中,一方参加谈判的人员虽然都可以针对对方的报价及解释发表意见,加以评论,但是,鉴于对方也在窥测己方的意图,摸己方的"底牌",所以,绝不能每个人想怎么评论就怎么评论,而是要事先精心谋划,然后在主谈人的暗示下,其他人员适时、适度发言。这样,既显示出己方内部立场的一致,向报价方施加心理压力,又不给对方可乘之机。

(4) 评论中再侦察,侦察后再评论。交易一方进行价格评论时,报价方以进一步的解释予以辩解,这是正常的现象。对此,不仅应当允许并注意倾听,而且应善于引发,以便侦察反应。实际上,谈判需要舌头,也需要耳朵。通过报价方的辩解,可以了解更多的情况,便于调整进一步评论的方向和策略。如果又抓到了新的问题,则可使评论逐步向纵深发展,从而有利于赢得价格谈判的最终胜利。否则,不耐心听取报价方的辩解,往往之后的进一步评论就会缺乏针对性,甚至会转来转去就是那么几句话,反而使谈判陷入"烂泥潭"。

【小链接】

我国某铝厂为进口意大利 B 公司的先进技术设备,派代表前往意大利进行谈判。对方派出了公司总裁、副总裁和两名高级工程师组成的谈判小组与中方进行谈判。

谈判一开始,B 公司采用先报价、开高价的谈判手法,抛出了一个高于世界市场上最高价格的筹码。中方主谈是铝厂精通技术的厂长,也精通谈判之道,等到对方报价、吹嘘完毕后,他很有礼貌地对对方说:"我们中国人是最讲究实际的,请你们把图纸拿出来看看吧!"等到对方把图纸摊开来,中方主谈不慌不忙地在图纸上比画着,中肯而又内行地分析出哪些地方不够合理,哪些地方又不如某国家的先进……眼看对方代表面面相觑,无法下台,中方主谈又很精明地给他们一个台阶:"贵公司先进的液压系统是对世界铝业的重大贡献……"接着又不无讽刺地说:"……我们在 20 年前就研究过。"B 公司的谈判代表被深深地折服了,对方主谈由衷地说:"了不起,了不起……你们需要什么,我们就提供什么,一切从优考虑!"

结果该铝厂以极为优惠的价格引进了一套世界先进的铝加工设备,为企业节省了一大笔资金。

(资料来源:石宝明. 商务谈判[M]. 大连:大连理工大学出版社,2008.)

【特别提示】

价格评论中,作为报价方,应对策略应当是:沉着解答。不论对方如何评论、怎样提问,甚至发难,也要保持沉着,始终以有理、有利、有节为原则,并注意运用答问技巧,不乱方寸。

"智者千虑,必有一失",对于对方抓住的明显矛盾之处,也不能"死要面子",适当表现出"高姿态",会显示交易诚意,化解冲突。

3.2.3 商务谈判讨价

讨价是指谈判中一方在首先报价并进行价格解释之后,对方如认为离自己的期望目标太远,或不符合自己的期望目标,则在价格评论的基础上要求对方改变报价的行为。

1. 讨价方式

(1) 笼统讨价。笼统讨价是指从总体上提出请对方改善报价的要求。一般说法多为:"贵方价格不合理,我方难以接受,请予以改善。""我方意见已讲明,贵方应做出表明诚意的举动,否则我们无法合作。",等等。这种讨价方式可在第一次要价时,也可以在交易复杂又缺乏研究分析资料的情况下使用。

(2) 具体讨价。具体讨价是指将讨价内容分成若干部分,如技术费、设备、零件费、资料费、培训费、技术服务费等,然后以不同理由进行不同程度的讨价。这种讨价方式常用于对方第一次改善价格之后,或水分较少、内容简单的报价的讨价。

2. 讨价技巧

(1) 以理服人。讨价是启发、诱导报价方调整价格,以便为己方还价做准备。讨价是伴随着价格评论进行的,一般来说,报价方的价格解释总会有这样那样的破绽,以适当方式指出报价的不合理之处时,报价者大都有所松动。可能会以"我们再核算一下""这项费用可以考虑适当降低"等为托词,对报价做出改善。

【特别提示】

讨价务必保持平和的气氛,充分说理,以理服人,以求最大的收益;反之,此时若"硬压"对方,可能过早地陷入僵局,对谈判不利。

(2) 强调额外利益。讨价可通过强调己方交易条件给对方带来的额外利益,争取对方价格的调整。如订货量大、交货期长、服务内容少、付款方式有利于对方等。

(3) 控制次数。讨价次数既是一个客观数,又是一个心理数。俗话说"事不过三",其实就是个"心理数"。一次,理所当然;二次,理解(可以忍受);三次,可能产生反感(对抗);四次,不予理会。所以在心理上,人们可以顺利进行二次讨价,第三次就要视情况而定了。

3.2.4 商务谈判还价

所谓还价,是指谈判一方根据对方的报价和自己的谈判目标,主动或应对方要求提出己方的价格条件。

1. 还价的原则

(1) 摸清对方报价。在还价之前必须充分了解对方报价的全部内容,逐项核对对方报价中所提及的各项交易条件,注意倾听对方的解释和说明,探询其报价依据或弹性幅度。只有把这一切搞清楚,才能提出合理的还价。

(2) 还价在双方价格协议区间内。还价应掌握在双方价格协议区间内,即谈判双方互为临界点之间的范围,超过此界线,谈判难以获得成功。

【特别提示】

如果对方的报价超出己方价格谈判协议区的范围,与己方要提出的还价条件相差甚大时,不必草率地提出自己的还价,而应先拒绝对方的报价。必要时可以中断谈判,给对方一个重新出价的机会,让对方另行报价。

(3) 综合权衡。还价时要将技术、商务、财务等各方面的数字、条件和资料联系起来,综合考虑,恰当还价。

2. 还价方式

按照谈判中还价的项目,还价方式可分为总体还价和分项还价。

(1) 总体还价。总体还价即"一揽子"还价,它是与全面讨价对应的还价方式。

(2) 分项还价。分项还价即具体项目还价,它是与具体讨价对应的还价方式。

3. 还价起点

还价起点是指第一次还价的价位。还价起点的高低直接关系到双方的经济利益,也影响着价格谈判的进程和成败。确定还价起点要考虑以下因素。

(1) 报价中的水分。价格磋商中,虽然经过讨价,报价方对其报价做出了调整,但仍然存在一定水分。因此,对方重新报价中的水分是确定还价起点的第一项因素。从买方来讲,对于所含水分较少的报价,还价起点应当较高,以使对方同样感到交易诚意;对于所含水分较多的报价,或者对方报价只做出很小的调整,便千方百计地要求己方立即还价者,还价起点就应较低,以使还价与成交价格的差距同报价中的水分相适应。

(2) 成交差距。从买方来讲,卖方报价与己方准备成交的价格目标的差距越小,其还价起点应当较高;对方报价与己方准备成交的价格目标差距越大,还价起点就应较低。

【特别提示】

不论还价起点高低,都要低于己方准备成交的价格,以便为以后的讨价还价留下余地。

4. 还价技巧

(1) 投石问路。投石问路是指谈判者有意提出一些假设条件,通过对方的反应和回答,来琢磨和探测对方的意向与底细,摸清情况再予以还价。

例如,"如果我们购买的数量增加一倍,你方的价格是多少?""如果我们自己供给材料(或工具或技术)呢?""如果我们在你处购买全套设备呢?",等等。

【特别提示】

此策略一般是在市场价格行情不稳定、无把握,或是对对方不大了解的情形下使用。实施时要注意:提问要多,且要做到虚虚实实,像煞有介事;要让对方难以摸清你的真实意图。

(2) 吹毛求疵。吹毛求疵就是故意挑剔毛病,使对方的信心降低,从而为还价做好铺垫。

【小链接】

美国谈判学家罗切斯特有一次去买冰箱,他所要的冰箱每台售价为249.5美元。

罗切斯特走过去这儿瞧瞧,那儿摸摸,然后对营业员说:"这冰箱不光滑,有点儿小瑕疵。"

罗切斯特又问营业员:"你们这一型号的冰箱一共有几种颜色?"营业员告诉他有32种颜色,并马上为他拿来了样品本。

罗切斯特指着店里没有那种颜色的冰箱说:"这种颜色与我的厨房的颜色正好匹配。其他颜色与我家厨房的颜色都不是太协调。"

过了一会儿,罗切斯特又打开了冰箱,看了里面的结构后问营业员:"这冰箱附有制冰器?"营业员回答说:"是的,这个制冰器一天24小时都可以为你制造冰块,每小时只要2分钱的电费。"

罗切斯特听了后说:"哎呀,这太不好了,我孩子有哮喘,医生说绝对不能吃冰,绝对不行。你可以帮助我把这个制冰器拆下来吗?"

营业员说:"制冰器是无法拆下来的,它是和制冷系统连在一起的。"

罗切斯特又接着说:"我知道,但是这个制冰器对我根本没用,却要我付钱,这太不合算了。"

罗切斯特在购买冰箱过程中,再三挑剔,到了近乎不近情理的地步,但他指出的毛病又在情理之中,且又有购买的意愿,卖主只好耐心解释。结果罗切斯特以相当低的价格——不到200美元买回了那台冰箱。

(资料来源:刘志超. 商务谈判[M]. 广州:广东高等教育出版社,2006.)

【特别提示】

提出的挑剔问题应恰到好处,把握分寸,对提出的问题和要求不能过于苛刻,如果把针尖大的毛病说成比鸡蛋还大,很容易引起对方的反感,认为你没有合作的诚意。此外,提出的问题一定是对方商品中确实存在的,而不能无中生有。

(3) 先造势后还价。先造势后还价的基本做法是在对方开价后不急于还价,而是指出市场行情的变化态势(涨价或降价及其原因),或是强调本方的实力与优势(明示或暗示对方的弱势),构筑有利于本方的形势,然后再提出本方的要价。

运用此技巧可以给对方造成心理压力,从而使其松动价格立场,并做出让步。但运用不当,有可能吓跑对方,或使对方产生抵触情绪,从而招致对方的顽强反击,使谈判步履维艰或不欢而散。

【特别提示】

先造势后还价一般是在对方有求于与本方达成交易,且市场行情明显有利于本方,或本方优势突出的情形下使用。实施时,造势要有客观事实依据,表达的语气要肯定,还价的态度要坚决,同时根据需要,灵活掌握造势的尺度。

(4) 积少成多。积少成多是指为了实现自己的利益,通过耐心地一项一项地谈、一点一点地取,达到聚沙成塔、集腋成裘的效果。

积少成多的可行性在于:①人们通常对微不足道的事情不太计较,也不愿为了一点儿利益的分歧而影响交易关系。这样,买方便可以利用这种心态将总体交易内容进行分解,然后逐项分别还价,通过各项获得的似乎微薄的利益,最终实现自己的利益目标。②细分后的交易项目因其具体,容易寻找还价理由,使自己的还价具有针对性和有根有据,从而易于被卖方所接受。

(5) 感情投资。谈判中的人际关系因素至为重要,想使自己在谈判中提出的各项意见、建议能被对方认真倾听和充分接受,最有效的是首先必须和自己的谈判对手建立起信任与友情。还价中,感情投资的运用一般有以下要求。

① 尊重对手。对于谈判对手必须充分尊重,而绝不应敌视。要做到台上是对手,台下是朋友。要注意展示自己的修养和人格魅力。

② 互谅互让。谈判过程中要从大局出发,善于寻求共同利益,求同存异。对于一些较为次要的问题,不要过分计较并主动迎合对方,使对方觉得你能站在他的角度考虑问题,从而赢得好感。

③ 多交流沟通。注意利用谈判中的间隙机会,谈论业务范围以外对方感兴趣的话题,借以增加交流,增进友情。对于彼此之间有过交往的,要常叙旧,回顾以往合作的经历和取得的成功,增强此次合作的信心。

3.2.5 讨价还价中的让步

谈判中讨价还价的过程就是让步的过程,只有在价格磋商中相互让步,经过多轮的讨价还价互相靠拢,才能最终实现交易目标。

1. 让步的原则

(1) 只在最需要的时候让步。让步通常意味着妥协和某种利益的牺牲,对让步一方来说,做出让步的承诺就要失去一定的利益,不是迫不得已,不要轻易让步。

(2) 让步应有明确的利益目标。让步的根本目的是保证和维护己方的利益。通过让步从对方处获得利益补偿;通过让步换取对方更大的让步;通过让步来实现既定利益。

(3) 正确选择让步时机。让步的时机能够影响谈判的效果。如果让步过早,容易使对方认为是"顺带"得到的小让步,这将使对方得寸进尺;如果让步过晚,除非让步的价值非常大,否则将失去应有的作用。一般而言,主要的让步应在成交期之前,以便影响成交机会,而次要的、象征性的让步可以放在最后时刻,作为最后的"甜头"。

(4) 把握"交换"让步的尺度。谈判中"交换"让步是一种习惯性的行为,但要注意:一方在让步后应等待和争取对方让步,在对方让步前,绝对不要再让步。

(5) 让步要分清轻重缓急。让步是一种有分寸的行为,要分清轻重缓急。为了在谈判中争取主动,保留余地,一般不要首先在原则问题、重大问题上让步,也不要首先在对方还未迫切要求的事项上让步。

(6) 及时挽回失误。在商务谈判中,一旦出现让步失误,在协议尚未签订之前,应采取巧妙的方式予以收回。值得注意的是,收回让步一定要坦诚承认,及时收回,不可拖延,以免造成更大失误。

(7) 严格控制让步的次数、频率和幅度。一般认为,谈判中让步的次数不宜过多,过多不仅意味着利益损失大,而且影响谈判者的信誉、诚意和效率;频率也不可过快,过快容易鼓舞对方的斗志和士气;幅度更不可过大,过大可能会使对方感到己方报价的"水分"大,这样只能使对方攻击得更猛烈。

【特别提示】

不要让对方轻易得到己方的让步,哪怕是微小的让步,从心理学的角度分析,人们对轻易得到的东西通常是不加珍惜的。

2. 让步的实施步骤

（1）确定让步的幅度。该步骤在准备阶段就应完成，谈判人员可从以下两方面确定让步的幅度。

一是确定此次谈判对谈判各方的重要程度，可以说，谈判对哪一方的重要程度越高，那么，这一方在谈判中的实力就越弱。

二是确定己方可接受的最低条件，也就是己方能做出的最大限度的让步。

（2）确定让步的方式。不同的让步方式可传递不同的信息，产生不同的效果。在现实的商务谈判中，由于交易的性质不同，让步没有固定的模式。

（3）选择让步的时机。让步的时机与谈判的顺利进行有着密切的关系，根据当时的需要，既可我方先于对方让步，也可后于对方让步，甚至双方同时做出让步。让步时机选择的关键在于，应使己方的小让步给对方造成大满足的感受。

（4）衡量让步的结果。衡量让步的结果可以通过衡量己方在让步后具体的利益得失与己方在做出让步后所取得的谈判地位，以及讨价还价力量的变化来进行。

3. 让步的方式

让步幅度要逐步递减，给对方一种让步越来越艰难的感觉，直到最后不再让步，对方也会适可而止。

4. 让步的策略

（1）先苦后甜。先苦后甜是指在谈判中先用苛刻的条件使对方产生疑虑、压抑等心态，以大幅度降低对手的期望值，然后在实际谈判中逐步给予优惠或让步，使对方的心理得到满足而达成一致。

人们对外界的刺激总是先入为主，如果先入刺激为甜，再加一点苦，则觉得更苦；相反，若先入刺激为苦，再加一点甜，则觉得更甜。该技巧就是用"苦"降低对方的期望值，用"甜"满足对方的心理需要，因而较容易实现谈判目标。

【特别提示】

先苦后甜策略的应用是有限度的，在决定采用时要注意避免"过犹不及"，所提出的条件不能过于苛刻，要掌握分寸。

（2）步步为营。步步为营是指谈判者在谈判过程中步步设防，试探着前进。己方做出了一点让步，就缠住对方不放，要求对方也做出让步，以消耗对方的锐气，坚守自己的阵地。

【特别提示】

使用步步为营技巧应注意做到：有理有据，使对方觉得情有可原；退让小而缓，使对方感到己方的每一次让步都是做出了重大牺牲。一般情况下，己方做出一次让步后，需坚持要对方也做出一次或多次对等（或是较大）的让步，然后己方才有可能做出新一轮的让步。

（3）唱红白脸。唱白脸的人先与对方交锋，他通常强硬刻板，让对手产生极大的反感。当谈判进入僵持状态时，唱红脸的人则及时表现出体谅对方的难处，放弃己方的某些苛刻条件和要求，做出一定的让步。实际上，做出这些让步之后，所剩下的那些条件和要求恰恰是原来设计好的必须全力争取达到的目标。

【特别提示】
- 红白脸策略往往在对手缺乏经验、很需要与你达成协议的情境下使用。实施时,扮演"白脸"的,既要表现得态度强硬,又要保持良好的形象;扮演"红脸"的,应是主谈人,他一方面要善于把握谈判的条件,另一方面也要把握好出场的火候。
- 一个人也可以扮演红白脸,比如说:"如果我能做决定,我会非常愿意接受你的报价,可是我老板只关心价格。"

(4) 声东击西。声东击西又被称作"明修栈道,暗度陈仓",具体做法是在己方无关紧要的或不成问题的交易条件上纠缠不休,大做文章,通过这些次要问题的让步,在对方不知不觉中保证己方关键利益的实现。

【小链接】

大学教师卡洛斯准备购买一栋小洋楼作为消夏别墅。在与卖主商谈了几天后,基本价格已经达成了一致,并且屋主同意再出 100 美元作为房屋的清洁费用,以显示他的让步态度。其实卡洛斯心里非常明白,认真说来,这并不是对方所做出的让步,因为美国加利福尼亚州的法律明文规定,卖主必须主动把房屋打扫干净。因此卡洛斯还期望着卖主在其他方面做出让步,而卖主也了解对方这一心理企图。

在双方签约的那一天,双方约好在早上 9 点会面。会面之前,卡洛斯心里还在盘算要如何和卖主谈论壁炉和电冰箱的问题。壁炉和电冰箱都是旧的,屋主要搬到田纳西州去,估计不会把这两样笨重的东西带走。这样卡洛斯就希望能把它们列入双方交易的一部分,留下来给他使用。可是事情并没有按照卡洛斯的设想发展下去,因为还没等卡洛斯开口,房屋所有者便先转移了他的注意力,再次谈论起房屋清洁费来,并且推翻了原来的协议,表示不愿意出那 100 美元清洁费用。

屋主这一招果然很奏效,它使得卡洛斯不得不暂时搁下壁炉和电冰箱的问题,又大费口舌地同对方争论起房屋清洁费的问题。通过双方进一步辩论,屋主终于被说服维持原来的协议,支付那 100 美元清洁费,卡洛斯心里感到很高兴。后来虽然卡洛斯说服了屋主没有将壁炉和电冰箱搬走,但是并没有像卡洛斯所期望的那样包含在双方的交易价格中,而是由他另外加价购买下来。

(资料来源:吕晨钟. 学谈判必读的 95 个中外案例[M]. 北京:北京工业大学出版社,2005.)

(5) 互惠互利。谈判不仅仅是有利于某一方的洽谈,一方做出了让步,必然期望对方对此有所补偿,获得更大的让步。为了能顺利地争取对方互惠互利的让步,商务谈判人员可采取以下两种技巧。

① 当己方谈判人员提出让步时,向对方表明,我们做出这个让步是与公司政策或公司主管的指示相悖的。因此,己方同意这样一个让步,对方也必须在某个问题上有所回报,这样我们回去也好有个交代。

② 把己方的让步与对方的让步直接联系起来,表明己方可以做出这次让步,只要对方能在己方要求问题上让步,一切就不存在问题。谈判高手总是用条件句"如果……那么……"来表述自己的让步,"如果……"是明确要求对方做出的让步内容,"那么……"是己方可以做出的让步。这种表达有两个作用,一是己方的让步是以对方的让步为条件的,对方如果不做出相应让步,己方的让步也就不成立了;二是指定对方必须做出己方所需要的让步,以免对方用无关紧要的、不痛不痒的让步来搪塞。

(6) 无损让步。无损让步是己方的让步并不减少自己的利益,甚至实际未做任何让步,而对手却感到你在让步的让步技巧。

无损让步可采取以下方法。

① 向对手说明,其他大公司或者有地位、有实力的人也接受了相同的条件。

② 明示或者暗示这次谈判成功将会对以后的交易产生有利的影响。

③ 反复向对手保证他享受了最优惠的条件。

④ 尽量圆满、严密、反复地解释自己的观点、理由,详尽地提供有关证明、材料,注意不要正面反对对方的观点。

⑤ 反复强调己方某些优厚条件,如交货日期、付款方式、运输问题、售后服务甚至保证条件等。

⑥ 努力帮助对方了解自己产品的优点和市场行情。

⑦ 全神贯注地倾听对方的讲话,不要打岔,不要反驳,在恰当的时候重述对方的要求和处境。通常人们都喜欢自己被别人了解,"人们满意时,就会付出高价。"

5. 阻止对方进攻的策略

(1) 限制策略。

① 权力限制。上司的授权、公司的政策,以及交易的惯例限制了谈判人员所拥有的权力。一个谈判人员的权力受到限制后,可以很坦然地对对方的要求说"不"。如果你告诉对方"我没有权力批准这项费用,只有我们的董事长能够批准,但目前他正在国外,联系不方便。"那么对方就会意识到,在这件事上你不会怎么让步了。精于谈判之道的人都信奉这样一句名言:在谈判中,受了限制的权力才是真正的权力。

② 财政限制。这是利用己方在财政方面所受的限制,向对方施加影响,达到防止其进攻目的的一种策略。例如,买方可能会说:"我们很喜欢你们的产品,遗憾的是,公司预算只有这么多。"卖方则可能表示:"我们成本就这么多,因此价格不能再低了。"向对方说明你的困难甚至面临的窘境,往往能取得比较好的效果。

③ 资料限制。当对方要求就某一问题进一步解释时,己方可以用抱歉的口气告诉对方:实在对不起,有关这方面的详细资料己方手头暂时没有,或者没有备齐,因此暂时还不能做出答复。对方在听过这番话后,自然会暂时放下该问题,因而阻止对方咄咄逼人的进攻。

④ 其他方面的限制。其他方面的限制包括自然环境、人力资源、生产技术要求、时间等因素在内的限制,都可用来阻止对方的进攻。

【特别提示】

经验表明,限制策略使用的频率与效率是成反比的。限制策略运用过多,会使对方怀疑你的身份、能力及谈判诚意。如果对方认为你不具有谈判中主要问题的决策权,或缺乏谈判诚意就会失去与你谈判的兴趣。

(2) 不开先例。不开先例是指在谈判中,当事人一方为了坚持和实现自己所提出的交易条件而采取对自己有利的先例来约束对方,从而使对方就范,接受自己条件的一种策略。

例如,"你们这个报价,我方实在无法接受,因为我们这种型号产品售价一直是××元。"

"××公司是我们十几年的老客户,我们一向给他们的回扣是15%,因此,对你们来讲也是一样。"

【特别提示】

采用这一策略时,必须要注意另一方是否能获得必要的情报和信息来确切证明不开先例是否属实。如果对方有事实证据表明,你只是对他不开先例,那就会弄巧成拙,适得其反了。

(3) 示弱以求怜悯。在一般情况下,人们总是同情弱者,不愿落井下石。示弱者在对方就某一问题提请让步,而其又无法以适当理由拒绝时,就装出一副可怜巴巴的样子,进行乞求。例如,若按对方要求去办公司必将破产倒闭,或是他本人就会被公司解雇等,要求对方高抬贵手,放弃要求。

(4) 休会。谈判对手步步紧逼,己方无力招架时,可提请休会,避开对方锋芒,寻求应对之策。同时也可与对手私下沟通,调节谈判气氛。

6. 迫使对方让步策略

(1) 走马换将。"走马换将"是指在谈判桌上的一方遇到关键性问题或与对方有无法解决的分歧时,借口自己不能决定或其他理由,转由他人再进行谈判。这里的"他人"可以是上级、领导,也可以是同伴、委托人等。不断更换己方的谈判代表,有助于形成一种人数、气势的强势,有意延长谈判时间,将消耗对方的精力,促其做出更大让步。

(2) 以林遮木。"以林遮木"比喻人们被事物的总体所掩盖,忽略了事物的重点和要点。以林遮木策略就是,一方故意向另一方提供一大堆复杂、琐碎,甚至多半是不切实际的信息、资料,致使对方埋头查找所提供的资料,却分辨不清哪些是与谈判内容有直接关系的材料,既浪费了时间、精力,还没掌握所需情况,甚至会被对方的假情报所迷惑。以林遮木的另一种表现手法是一方故意向对方介绍较多的情况,以分散对方的注意力,遮盖真实意图或关键所在,造成对方错觉,争取更多的让步。

运用该策略可以转移对方的视线,困扰对方思维,消耗对方的体力与精力,最终实现乱中取胜。

(3) 创造竞争。创造竞争是谈判中迫使对方让步的最有效武器和策略。当一方存在竞争对手时,其谈判的实力就大为减弱,因此,在谈判中,谈判人员应注意制造和保持对方的竞争局面。

具体做法是:进行谈判前多考察几家厂商,同时邀请他们前来谈判,并在谈判过程中适当透露一些有关竞争对手的情况。在与一家厂商达成协议前,不要过早结束与其他厂商的谈判,保持竞争局面。即使对方实际上没有竞争对手,我方也可巧妙地制造假象来迷惑对方。

【小链接】

出售奥运会电视转播权,一直是主办国的一项重大权益。1980年奥运会在莫斯科举行,苏联人当然不会放过这个机会。

在苏联人出售莫斯科奥运会电视转播权之前,购买奥运会电视转播权的最高价格是1976年美国广播公司购买的蒙特利尔奥运会转播权,其售价是2 200万美元。

早在1976年蒙特利尔奥运会期间,苏联人就邀请了美国三家电视网的上层人物到圣劳伦斯河上停泊的苏联轮船阿列克赛·普希金号上,参加了一次十分豪华的晚会。苏联人的做法是分别同三家电视网的上层人物单独接触,提出的要价是21 000万美元现金! 这个价格可比历史上最高的奥运会转播权的售价要高出近10倍。之后,苏联人就把美国国家广播公司、全国广播公司和哥伦比亚广播公司的代表请到了莫斯科,请他们参加角逐。用美国广播公司体育部主任茹恩·阿里兹后来的话说:"他们要我们像装在瓶子里的三只蝎子那样互相乱咬,咬完之后,两只死了,获胜的一只也被咬得爬不起来了。"

这一招似乎很灵,三只蝎子互相乱咬的结果是:在谈判进入最后阶段时,三家电视网的报价分别是:全国广播公司7 000万美元,哥伦比亚广播公司7 100万美元,美国国家广播公司7 300万美元。

这时候,一般人都认为美国国家广播公司会占上风。因为他们以前搞过奥运会转播十次中有八次,经验丰富,而且这次的报价也最高。可是哥伦比亚广播公司突然从德国慕尼黑雇来一个职业中间人鲍克。在鲍克的帮助下,1976年11月苏联谈判代表同哥伦比亚广播公司主席佩里进行了会晤。会晤时达成一项交易,哥伦比亚广播公司同意把价格再次提高,甚至还提出了更多的让步条件。

谈判进行到这个阶段,人们都认为哥伦比亚广播公司已稳操胜券了。可是苏联人在12月初又宣布了新一轮报价。哥伦比亚广播公司的经理们又坐立不安了,于是又返回莫斯科准备最后的摊牌。

最后的摊牌日子是12月15日,苏联人向三家电视网表明:时至今日所得到的结果只不过是每家都有权参加最后一轮的报价。这使美国人极为愤怒,苏联人的这种蛮横无理的做法一时把美国人气跑了。

可是苏联人还是有办法的,第一,它宣布转播权已名花有主,属于美国SATRA公司。这是家极小的公司。苏联人的话听起来就像宣称大美人已与一位两岁的婴儿订婚那么荒唐,苏联人要的就是这个,它又使众多的追求者看到希望。第二,请中间人鲍克再次与三家电视网接触,鲍克能言善辩,长于周旋,是个架梯子的老手。经过这一番努力后,奄奄一息的斗士们终于又爬回了竞技场……

最后,苏联人以8 700万美元的价格把1980年的莫斯科奥运会的转播权售给了美国国家广播公司。这个价格是上届奥运会的4倍,比苏联人原先所实际期待的还要高出1 500万美元。

在这场谈判中苏联人充分认识到了己方所拥有的选择权,并将这种权力的效应力发挥到了极致,从而取得了辉煌的谈判利益。

(资料来源:王爱国,高中跃. 商务谈判与沟通[M]. 北京:中国经济出版社,2008.)

(4) 适当沉默。适当沉默策略是向对方发出调整价格的指令,然后保持沉默。你可以说:"你的价格我们接受不了,请重新出个价吧。""对不起,你必须调整一下价格。"然后闭口不言。

【小链接】

美国一位著名谈判专家有一次替他邻居与保险公司交涉赔偿事宜。谈判是在专家的客厅里进行的,理赔员首先发表了意见:"先生,我知道你是交涉专家,一向都是针对巨额款项谈判,恐怕我无法承受你的要价,我们公司若是只出100美元的赔偿金,你觉得如何?"

谈判专家表情严肃地沉默着。根据以往经验,不论对方提出的条件如何,都应表示出不满意,因为当对方提出第一个条件后,总是暗示着可以提出第二个,甚至第三个。

理赔员果然沉不住气了:"抱歉,请勿介意我刚才的提议,我再加一点,200美元如何?"

"加一点,抱歉,无法接受。"

理赔员继续说:"好吧,那么300美元如何?"

专家等了一会儿说道:"300美元,嗯……我不知道。"
理赔员显得有点惊慌,他说:"好吧,400美元。"
"400美元,嗯……我不知道。"
"就赔500美元吧!"
"500美元,嗯……我不知道。"
"这样吧,600美元。"
专家无疑又用了"嗯……我不知道",最后这件理赔案终于在950美元的条件下达成协议,而邻居原本只希望要300美元!
这位专家事后认为,"嗯……我不知道"这样的回答真是效力无穷。
(资料来源:王爱国,高中玖.商务谈判与沟通[M].北京:中国经济出版社,2008.)

【特别提示】

如果对方用这种策略对付你。你不要还价,只要说一句:"你出个价我们才好谈"就可以。

(5) 虚张声势。在有些谈判中,谈判者在让步时给对方造成一种错觉,似乎他们已经做出了巨大牺牲,但实际上只不过舍弃了一些微不足道的东西。本来满意了,但仍然装作不满意,不情愿成交,等待或要求对方再让步。如谈判人员说:"看起来不错,不过我要先向董事会汇报一下,这样吧,我明天给你最终答复。"第二天,这个谈判人员告诉对方:"天啊,董事会真不好对付。我原以为他们会接受我的建议,可他们告诉我,除非你能把价格再降200元,否则这笔生意怕是没希望了。"其实这个谈判人员根本没有向董事会汇报,对手却往往心甘情愿让步。

(6) 软硬兼施。具体做法是:首先让"强硬派"挂帅出阵,将对方的注意力引向自己,采取强硬立场,唇枪舌剑,寸步不让,从气势上压倒对方,给对方在心理上造成错觉,迫使对方让步,或者索性将对方主谈人激怒,使其怒中失态。

估计已获得预期效果时,让己方调和者以缓和的口气和"诚恳"的态度,与对方谈判。

【小链接】

有一回,传奇人物——亿万富翁休斯想购买飞机。他列出34项条件,而其中的11项是必须要达到的。起先,休斯亲自出马与飞机制造厂商洽谈,但怎么谈都谈不拢。最后搞得这位大富翁勃然大怒,拂袖而去。不过,休斯仍旧不死心,便找了一位代理人,帮他出面继续谈判。休斯告诉代理人,只要能达到那11项条件,他便满意了。而谈判的结果是,这位代理人居然把34项条件都达到了。休斯十分佩服代理人的本事,便问他是怎么做到的。代理人回答:"很简单,每次谈判一旦陷入僵局,我便问他们——你们到底是希望和我谈呢?还是希望再请休斯本人出面来谈?经我这么一问,对方只好乖乖地说——算了算了,一切就照你的意思办吧!"

(资料来源:石永恒.商务谈判实务与案例[M].北京:机械工业出版社,2008.)

(7) 乘胜追击。用总结性话语鼓励对方:"看许多问题已经解决了,给你的优惠也是空前的,现在就剩这些了。如果不一并解决,那不就太可惜了吗?""四个难题已经解决了三个了,剩下一个如果也能一并解决,其他的小问题就好办了,让我们再继续努力,好好讨论唯一的难题吧。如果就这样放弃了,大家都会觉得遗憾的。"以上这种说法,往往能使人继续做出让步,争取交易成功。

(8) 欲擒故纵。想要与对方达成交易,却故意装作无所谓,使对方在压力下率先做出让步。

【小链接】

刘某要在出国定居前将私房出售。经过几次磋商,他终于同外地到本城经商的张某达成意向:20万元,一次付清。后来,张某看到了刘某不小心从皮包中落出来的护照等文件,他突然改变了态度。一会儿说房子的结构不理想,一会儿说他的计划还没有最后确定。总之,他不太想买房了,除非刘某愿意在价格上做大的让步。刘某看穿了对方的心思,不肯就范。双方相持不下。

当时,刘某的行期日益逼近,另寻买主已不太可能,但刘某不动声色。当对方再一次上门试探时,刘某说:"现在没有心思跟你讨价还价。过半年再说吧,如果那时你还想要我的房子,你再来找我。"说着还拿出了自己的飞机票让对方看。张某沉不住气了,当场拿出他准备好的20万元现金。其实,刘某也是最后一搏了,他做了最坏的准备,以15万元成交。

(资料来源:陈荣杰. 案例式谈判学[M]. 呼和浩特:内蒙古人民出版社,2000.)

(9) 最后通牒。最后通牒策略是在谈判双方争执不下,对方不愿接受己方交易条件,为了逼迫对方让步,而告知对方如果在一定的考虑期限内不接受己方的交易条件,则己方就宣布谈判破裂并退出谈判。

最后通牒使用时注意以下各点。

① 最后通牒的言辞不要过硬。言辞太锋利容易伤害对方的自尊心,而言辞比较委婉易于为对方考虑和接受。

② 最后通牒的时机要恰当。一般是在己方处于有利地位或最后关键时刻才宜使用最后通牒。经过旷日持久的谈判,对方花费大量人力、物力、财力和时间,一旦拒绝己方的要求,这些成本将付之东流。这样,对方会因无法担负失去这笔交易所造成的损失而做出让步。

③ 最后通牒要留有余地。还价中最后通牒是迫使对方再做让步的一种手段,并非一定是若对方不接受条件,谈判即告破裂。若经最后较量,对方仍坚守立场,为实现交易己方也可自找台阶。

【特别提示】

最后通牒既能帮助,也可能损害提出一方的议价力量。如果对方相信,提出方就胜利了;如果不相信,提出方的气势就会被削弱。从对方的立场来讲,了解掌握这一策略也是十分必要的。因为如果不了解最后通牒的奥妙,很可能被对方的虚张声势所迷惑,付出较大的代价。

3.2.6 打破僵局

谈判进入实质阶段后,谈判各方往往会由于各种原因而相持不下,使谈判陷入僵局。僵局的出现会影响到谈判的进程,如果处理得不好,会导致谈判破裂。因此,作为谈判人员必须能够有效地控制和处理僵局。

1. 僵局产生的原因

僵局产生的原因多种多样,一般而言包括以下几种。

(1) 观点的争执。在讨价还价的谈判过程中,如果双方对某一问题各持自己的看法和主张,那么,越是坚持各自的立场,双方之间的分歧就会越大。这时,双方真正的利益被这种表面的立场所掩盖,于是,谈判变成了一种意志力的较量,当冲突和争执激化,互不相让时,便会陷入僵局。

(2) 对强迫的反抗。在谈判中,当一方向另一方提出不合理的交易条件,强迫对方接受时,被强迫一方出于维护自身利益或是维护尊严的需要,往往是拒绝接受对方强加于己方的不合理条件,从而使双方僵持不下,造成谈判陷入僵局。

(3) 沟通障碍。在谈判中,如果谈判人员抱有强烈的个人偏见或成见,形成先入为主的印象,就往往会引起对方的不满,造成谈判的僵持,使谈判破裂。此外由于谈判人员对信息的理解受其职业习惯、受教育的程度以及为某些领域内的专业知识所制约,从表面上来看,谈判人员对对方所讲的内容似乎已完全理解,而实际上这种理解却常常是主观的、片面的,甚至往往与信息内容的实质情况完全相反。

(4) 谈判人员素质低下。在商务谈判中,导致僵局出现、谈判破裂的另一个主要原因就是谈判人员素质欠佳,在谈判中举止粗鲁,用语不当,造成感情上的强烈对立,双方都感到自尊受到伤害,因而不肯做丝毫的让步,谈判便会陷入僵局。

(5) 谈判环境的改变。在谈判中,可能由于各种意外情况的出现,使谈判本来的环境发生变化,谈判者想推翻原来做出的承诺,由此而造成僵局。

以上是造成谈判僵局的几种因素。谈判中出现僵局是很自然的事情,面对僵局不要惊慌失措或情绪沮丧,更不要一味指责对方没有诚意,要弄清楚僵局产生的真实原因是什么,分歧点究竟是什么,谈判的形势怎样,然后运用有效的策略技巧突破僵局,使谈判顺利进行。

【特别提示】

谈判一方也可能故意制造谈判僵局,这是一种带有高度冒险性和危险性的谈判策略。谈判的一方有意给对方出难题,甚至引起争吵,迫使对方放弃自己的谈判目标而向己方目标靠近。使谈判陷入僵局,其目的是使对方屈服,从而达成有利于己方的交易。

2. 商务谈判僵局的处理原则

(1) 冷静地理性思考。谈判者在处理僵局时,要能防止和克服过激情绪所带来的干扰。一名优秀的谈判者必须具备头脑冷静、心平气和的谈判素养。只有这样才能面对僵局而不慌乱,通过冷静思考,理清头绪,正确分析问题,有效地解决问题。相反,冲动行事对处理僵局不仅不利,反而会带来负面效应。

(2) 协调好双方的利益。当双方在同一问题上发生尖锐对立,并且各自理由充足,均既无法说服对方,又不能接受对方的条件,从而使谈判陷入僵局时,应认真分析双方的利益所在,只有平衡好双方的利益才有可能打破僵局。让双方从各自的目前利益和长远利益两个方面来看问题,寻找双方都能接受的平衡点,最终达成谈判协议。

(3) 语言适度,避免争吵。争吵无助于矛盾的解决,只能使矛盾激化。即使一方在争吵中获胜,另一方无论从感情上还是心理上都难以接受,只能加重双方的对立情绪,不利于打破僵局,达成协议。所以,一名谈判高手是通过据理力争,而不是和对方大吵大嚷来解决问题。

3. 僵局的处理方法

(1) 转换议题。"转换议题"是指先撇开争执的问题,换一个新的议题与对方磋商。当其他议题取得成功时,再回过头来重新讨论原来陷入僵局的议题,就会比较容易地达成协议。

例如,在价格问题上双方互不相让,僵住了,可以暂时先将其搁置一旁,改谈交货期、售后服务等其他问题,如果在这些议题上双方感到满意了,再回过头重新来谈价格问题,阻力就会小一些,商量的余地也就更大一些,使谈判出现新转机。

(2) 感情联络。"感情联络"是当商务谈判陷入僵局时,谈判的一方巧妙地利用感情因素和手段,影响和改变对方的观点和立场,从而缓解谈判僵局的方法。运用此方法,可以采取向对方讲述己方谈判的诚意;叙述旧情,强调合作的成果;宴请娱乐等方式。

(3) 场外沟通。"场外沟通"是指在谈判桌以外的场合进行沟通解决。谈判中气氛紧张,容易使谈判人员产生压抑、沉闷,甚至烦躁不安的情绪。场外沟通可以不拘形式地就某些僵持问题继续交换意见,在融洽轻松的气氛中消除障碍。

(4) 多种方案选择。"多种方案选择"是一种典型的打破僵局的方法。如果双方仅仅采用一种方案进行谈判,当这种方案不能为双方同时接受时,就会形成僵局。为此,谈判者在谈判准备期间可以准备多种可供选择的方案。一旦一种方案遇到障碍,就可以提供其他的备用方案供对方选择,使谈判顺利进行下去。

(5) 更换谈判人员。谈判人员在争议问题时言语伤害了对方,或谈判人员的主张欠妥,使谈判陷入僵局,可调换人员。在这种情况下调换人员也常蕴含了向谈判对方致歉的意思,向对方发出信号:我方已做好了妥协、退让的准备,希望对方也能做出相应的灵活表示。

(6) 幽默法。当谈判中出现双方争执不下或出现尴尬局面的时候,谈判者可采用幽默的方式缓解紧张气氛,从而避免矛盾的激化。

【小链接】

有一段时期,苏联与挪威曾经就购买挪威鲱鱼进行了长时间的谈判。在谈判中,深知贸易谈判诀窍的挪威人,开价高得出奇。苏联的谈判代表与挪威人进行了艰苦的讨价还价,挪威人就是坚持不让步。谈判进行了一轮又一轮,代表换了一个又一个,还是没有结果。为了解决这一贸易难题,苏联政府派柯伦泰为全权贸易代表。柯伦泰面对挪威人报出的高价,针锋相对地还了一个极低的价格,谈判像以往一样陷入僵局。挪威人并不在乎僵局。因为不管怎样,苏联人要吃鲱鱼,就得找他们买,那是"姜太公钓鱼,愿者上钩"。而柯伦泰是拖不起也让不起,而且非成功不可。情急之余,她对挪威人说:"好吧!我同意你们提出的价格。如果我的政府不同意这个价格,我愿意用自己的工资来支付差额。但是,这自然要分期付款。"堂堂的绅士能把女士逼到这种地步吗?所以,在忍不住一笑之余,挪威谈判人员就一致同意将鲱鱼的价格降到一定标准。柯伦泰用幽默法完成了她的前任历尽千辛万苦也未能完成的工作。

(资料来源:周海涛.商务谈判成功技巧[M].北京:中国纺织出版社,2006.)

(7) 以理服人。以理服人是指用充分的有关依据、资料,用理性温和的语言和严密的逻辑推理来影响和说服对方,从而缓和关系,打破僵局。此法在运用时要考虑对方的情感和面子,严禁说教。

(8) 视而不见。对于态度强硬的谈判对手,尽可能漠视他的态度,不予理睬。

【小链接】

中意双方就合资兴建一个合资公司进行了多轮的谈判。双方争执的焦点在于,对许可产品中方和合资企业是否有出口权。意方担心扩大出口数量和多开出口渠道会打破自己的价格体系，占领自己的国际市场，故反对中方和合资企业出口。中方同样基于自己的利益不愿放弃出口权。双方互不相让，争执不下。在第三轮谈判的最后一天，意方宣布终止谈判，以示在此问题上决不让步，谈判破裂。

由于意方用终止谈判的方式向中方施加压力，以图迫使中方全面让步，因而使中方谈判代表忧心忡忡。后来，中方召集大家研究对策，经过认真分析，认识到以下几点：其一，此项目投资大，意方目光是长远的，这次来中国事先是进行过充分的可行性调查研究的。其二，意方洽谈此项目意在投石问路，打开中国市场。另外，在中国，中方公司是最佳的合作伙伴，因为无论技术还是产品，它都是一流的。再者，如果意方在此领域第一个洽谈的项目就宣告失败，那么要想在中方继续投资办厂将难上加难。因此，意方不会轻易放弃这项合作。

最后，中方公司领导班子在做出了正确的分析之后，不再担心谈判破裂，并决心耐心等待。

几天以后，意方撑不住了，主动发来电传，再次陈述他们的理由，并做了许多解释，在许多项目上做了适当的让步。中方公司经研究之后觉得可行，于是几经讨论，终于在谈判书上签了字。

（资料来源：刘园．国际商务谈判[M]．北京：首都经济贸易大学出版社，2004．）

（9）以硬碰硬。以硬碰硬即用强硬的方式对付对方的僵持。这种方式是基于确认对方确实是无理纠缠，使我方无路可退时，采取的一种强硬姿态。

【小链接】

我国 K 公司与法国 G 公司就计算机制造技术的交易在北京进行谈判。经过技术交流后，中方专家表现的赞许态度使法方感到极为自信、自得。当进入商务条件谈判时，G 公司主谈杜诺先生的态度变得非常强硬，而且不太尊重 K 公司主谈邢先生，对邢先生的说理和友善的态度全然不当回事，意思是：我就这条件，同意，就签合同；不同意，就散伙。

对于此种情况，邢先生设计了一个方案：让助手继续与杜诺先生谈判，把参与人员减少了一半，原则是能往前谈就往前谈，谈不拢也陪着杜诺先生谈。随后的谈判，中方再调整谈判时间，一天改为半天，半天时间还安排得靠后。杜诺先生坐不住了，他很严肃地对邢先生讲："我公司来京谈判是有诚意的，不论贵方有多忙，我希望应先与我公司谈。"邢先生答道："是呀！我最早是与您谈的，不正反映了我方的重视吗？""可贵方现在没有这么做。""可当我与贵方谈时，贵方并未注意我方的意见，我公司也不能浪费时间呀！""我希望邢先生跟我讲实话，是不是贵公司正在与别人谈？"说着在黑板上画了一幅图：一个大楼写着 K 公司的名字，楼内有一只乌龟，背上写着 G 公司，后门等着一个乌龟，背上写着 W 公司。然后笑着问邢先生："是不是这样？"邢先生乐了，说："您的消息真灵通……"杜诺先生马上严肃起来，庄重地说："邢先生，不管事态是否如此，我公司强烈要求给我们机会，我本人也希望与您本人直接谈判。"邢先生收住笑容，也认真地回答："我理解贵方的立场，我将向上级汇报，调整我的工作，争取能与您配合谈判该项目。"

双方恢复了谈判，一改过去的僵持，很通情达理地进行了相互妥协，最后达成了协议。

（10）休会策略。休会策略是指谈判人员为缓和谈判气氛，共同商定暂停谈判，使双方有机会冷静下来，客观地分析形势，采取相应的对策。休会须商定再次谈判的时间、地点，并在休会之前，务必向对方重申己方的意见，引起对方的注意，使对方有充裕的时间进行考虑。

【小链接】

北欧深海渔产公司的冻鱼产品质量优良,味道有自己的特色,深受各国消费者的喜爱,但从未进入我国市场。深海公司希望能在中国开展冻鱼销售业务,并在我国找到合作伙伴。经由我国某市经委介绍,该公司派代表来我国与北方某罐头制品厂进行冻鱼产品的经销谈判。该罐头制品厂在国内有广泛的销售网络,非常愿意与北欧深海渔产公司合作。因此,在开始阶段,会谈气氛十分融洽,但谈到价格问题时双方出现了较大的分歧,罐头制品厂的谈判代表表示,深海公司所提出的报价过高,按此价格进入我国市场销售,很难被中国消费者所接受。深海公司一方则表示,他们的报价已经比在国际市场上的报价降低了5%,无法继续降低价格。谈判由此进入僵局。

谈判休会期间,罐头厂公关部组织深海公司代表参观了谈判所在城市的几个大型超市,使深海公司的代表对我国消费者的消费习惯和消费水平有了初步的了解。罐头厂代表特别向深海公司代表指出,中国人口众多,人民消费水平稳步提高,市场潜力很大。超市中拥挤的人流是世界各国中所少见的。这一点给深海公司的代表留下了很深的印象,他们看到了一个未来极有发展前途的新市场。深海公司的代表在和总部的领导反复协商之后,为了在开始阶段打开中国市场,决定将冻鱼制品的报价降低30%,并向我国的经销商提供部分广告和促销费用。

(资料来源:http://wenku.baidu.com/view/f69216778e9951e79b8927e7.html.)

(11) 谈判升级。谈判中出现僵局,经多方努力仍无效果时,可以请双方领导出面,因势利导地表明对谈判局势的关注、表明己方的立场,做出适当让步,推动谈判继续进行。

(12) 有效退让。当谈判双方各持己见、互不相让而陷入僵局时,谈判人员应该明白,坐到谈判桌上的目的是为了达成协议,实现双方的共同利益。如果促使合作成功所带来的利益要大于固守己方立场导致谈判破裂的收获,那么退让就是聪明有效的做法。

【小链接】

有一次,中、美两家公司进行贸易谈判。美方代表依仗自己的技术优势,气焰嚣张地提出非常苛刻的条件让中方无法接受,谈判陷入僵持状态,无法继续进行下去。这时,美国代表团中的一位青年代表约翰·史密斯先生看不下去,站起来说:"我看,中方代表的意见有一定的道理,我们可以考虑。"美方首席代表对这突如其来的内部意见感到十分恼火,对约翰说:"你马上给我出去!"约翰只得退出会场。这时谈判会场更是乌云密布,会谈随时都会破裂。但此时美方的另一位代表向首席代表进言说:"是不是考虑一下,约翰说得也有些道理。"美方首席代表皱着眉头很勉强地点了点头。中方代表看见对方有些松动,就做了一些小让步,使会谈继续下去,取得了较好的结果。其实这一切都是美方预先设计好的策略。表面上,美方首席代表好像把自己人约翰·史密斯当成了"敌人",但他的实际目的是利用这颗棋子,使谈判在破裂的边缘上及时止步,并使中方自愿做出进一步的让步。

(资料来源:肖华. 商务谈判实训[M]. 北京:中国劳动社会保障出版社,2005.)

(13) 调解仲裁。调解是指谈判陷入僵局时,谈判双方严重对峙,甚至存在敌意,而请第三者来调停。所确定的斡旋者最好是双方熟识、信任且有较大影响力的人;仲裁是指通过专门的仲裁机构,按照仲裁规则解决纠纷,打破僵局。

【小链接】

买卖双方为了一批折价书的价格问题进行谈判,卖主甲不由分说告诉买主:这些书应该值4 000元,我绝不能少一分钱。你要就要,不要就算了!说完就离开了谈判桌。而买主认为这些书已经存放三年,根本就不值 4 000 元,加之卖主态度生硬,不允许商量,心里十分生气,也准备退场,谈判陷入僵局。这时,卖主乙出现了,谦恭地说:"我的同伴太无理了,是他不对,你们不必见怪。的确,这些书已经存放三年了,但是没有破损,而且它们又都是很有实用价值的。我看这样吧,你们出 3 600 元怎样?"尽管卖主乙只是做了一点点让步,但由于态度和缓,要求也降低了,而且似乎是合理的。再者,无论如何与这样一位和气的人交涉,要比与那个讨厌的家伙交涉愉快得多。这样,卖方同伴的出现,使谈判局面发生了改观。买卖双方最终以 3 600 元的价格成交了。

(资料来源:高美华. 零距离说服[M]. 北京:中国经济出版社,2006.)

【特别提示】

在有些谈判情形下,为了取得更有利的谈判条件,会利用制造僵局的办法来提高自己的谈判地位,促使对方让步。要注意识别,不要落入对方圈套。

3.2.7 巧妙拒绝

1. 谈判中应拒绝的问题

在谈判前,谈判人员要事先对己方应该拒绝的问题认真分析、研究,进行充分的准备。预测在谈判中可能出现的问题,并确定哪些情况下是己方要拒绝的,一般在谈判过程中出现下列情况时己方应该拒绝。

(1) 对方提出的要求违反相关法律、法规。
(2) 对方提出的要求违反交易惯例。
(3) 对方提出的要求超出了己方交易底线。
(4) 对方提供的资料与实物不符。
(5) 对方在商品价格与质量上弄虚作假。
(6) 对方谈判的目的不是为了达成协议,而是为了刺探我方情报。
(7) 对方进行虚假谈判,实际上是把我方作为对他目前真正谈判对手施加压力的筹码。

2. 拒绝方式

谈判的目的就是为了通过谈判达到双方所期望的某种交易。如果说谈判中的让步是为了成交,那么拒绝同样是为了成交。所以,在谈判中拒绝对方,要选择恰当的方式、恰当的时机,以恰当的语言,同时留有余地。商务谈判中,常见的拒绝技巧包括以下几种。

(1) 问题法。当对方提出过分要求时,根据对方的要求,提出相关的问题。目的是使对方明白己方已经了解对方的目的或企图,这时,无论对方是否回答这些问题,对方都已经明白,他们的要求过分了。

(2) 借口法。在谈判中,如果对方来头很大,或双方已经存在良好的合作关系,简单地拒绝可能会招致报复或影响目前的合作关系,可以寻找一些对方也无可奈何的借口拒绝对方,如把问题推脱给对方无法影响到的领导等。

(3) 补偿法。在谈判中,如果对方提出的要求己方无法满足,而又希望双方保持良好的关系时,那么在拒绝对方的同时,可以用提供某种服务,或对某种未来情况下的允诺等方式给予补偿,同时反复强调并非己方不想满足对方要求,而是能力达不到,来求得对方理解,实现在不损害己方利益的条件下,保持双方的合作关系。

（4）条件法。这是一种留有余地的拒绝方式,做法是在拒绝对方前,先提出对方也同样无法答应的条件(应该是己方答应对方条件后的,己方补偿性方案或防卫性方案所必须满足的条件)。对方如果能满足己方条件,则也应承诺满足对方条件;如果对方不能满足,则己方也无法满足。这是一种能获得对方理解的拒绝方法。

（5）幽默法。在谈判中,对于无法满足的要求,可以充分利用语言艺术,以幽默的方式向对方证明己方无法满足对方的要求,有时也会有非常好的效果。

（6）不说理由法。当对方准备了无可辩驳的理由时,或者己方无法在理论上与对手争高低时,或者不具备摆脱对方的条件,而又无法答应对方的要求时,可直接说"不"。这是一种强硬拒绝方式,在商务谈判中慎用。

【特别提示】

你如果处在被拒绝的地位,常用的应对技巧有以下几种。

- 直接法。将计就计,直接以事实证明接受己方条件将给对方带来的好处,拒绝所带来的危害,说服对方接受己方条件。
- 逆转法。认真倾听对方拒绝的理由,通过强调对方接受己方条件会给对方带来的好处,说服对方转换看问题的角度,使对方产生与己方相协调的观点,达到己方的目的。
- 区别法。当对方以类似产品或服务进行比较为理由,拒绝己方时,可仔细说明己方产品或服务与比较对象的区别,说服对方接受己方提出的价格条件。
- 迂回法。暂时将对方拒绝的问题搁置,留待以后解决。先讨论别的问题,选择适当的时机、方式说服对手。
- 追问法。反问对方拒绝的理由,并以这些理由为中心,完善条件,说服对方。

【小链接】

日本索尼公司的彩色电视机,以其清晰的画面、优良的品质,赢得了全世界广大顾客的信任,如今已经是誉满全球的特级名牌了。但是,在20世纪70年代中期,当它最初出现在美国商店货架上的时候,只是一种备受歧视、遭人冷落的"杂牌货"。

卯木肇担任索尼公司新任国外部部长,他选定芝加哥最大的电器零售商店马歇尔公司为推销主攻对象,希望它能成为当地销售索尼彩电的"带头牛"。第二天上班时,他兴冲冲地来到马歇尔公司,求见总经理。名片经传达人递进去,好半天才退回来,回答是"总经理不在"。接下来,卯木肇又连续吃了两次闭门羹。

第四次去撞门,总经理终于同意接见了,卯木肇高高兴兴地走进他的办公室。"我们不卖索尼的产品。"没等卯木肇开口,总经理就这样一声当头棒喝。卯木肇被这声大喝弄得迷迷糊糊,还没来得及回过神,总经理又劈里啪啦地大发议论:"你们的产品屡次降价拍卖,像一只瘪气的足球,踢来踢去没人要。"

卯木肇表示一定要接受总经理的批评,不再搞削价销售,立即着手改善商品形象。回到公司驻地后,卯木肇立即采取措施,取消削价销售,并在当地报纸上重新刊登广告,重塑商品美好形象。

卯木肇带着刊登新广告的报纸,满怀信心地再次去见马歇尔公司的总经理。不料总经理又以"索尼公司没有做好售后服务"为借口再次拒销。卯木肇微笑着接受了总经理的又一次批评,回驻地后立即设置"索尼彩电特约维修服务部",专门负责产品的售后服务和维修工作。随后又刊登大幅广告,公布"索尼彩电特约维修服务部"的地址和电话号码,并做出郑重承诺:保证随叫随到。

但是,马歇尔公司的总经理在第三次见面时继续刁难,再次提出索尼彩电在当地形象不佳,不受消费者欢迎而拒绝销售。不过,卯木肇已感到这位总经理拒绝的理由越来越少了,离成交已经不远了。

此后,卯木肇立即召集全体工作人员开会,规定从第二天起,每人每天拨五次电话,向马歇尔公司询问购买索尼彩电事宜。接连不断的询购电话搞得马歇尔公司的职员晕头转向,以为是"订购"或"催货",误将索尼彩电列入"待交货名单"。

马歇尔公司总经理终于约见了卯木肇。一见面总经理就对卯木肇吼道:"你搞什么名堂,制造舆论,干扰我公司的正常工作,太不像话了!我问你,电话是不是你安排人打的?"

卯木肇等总经理发泄一通,火气稍消一点后,镇定自若地开始与他交谈。他回避了总经理的提问,把话题岔开,大谈索尼彩电的优点,是日本国内最畅销的产品。然后,他态度十分诚恳,语气十分坚定地对总经理说:"我三番五次忍辱负重求见您,一方面是尽职尽责,为了本公司的利益;另一方面也考虑了贵公司的利益。日本国内最畅销的彩电放到马歇尔公司的柜台上,同样会成为畅销商品,一定会成为贵公司的摇钱树!"

卯木肇态度诚恳,入情入理的发言终于打动了这位总经理的心。从此索尼彩电成功打入美国市场。

(资料来源:肖华.商务谈判实训[M].北京:中国劳动社会保障出版社,2005.)

3.2.8 谈判语言技巧

1. "辩"的技巧

"辩"最能体现谈判的特征,谈判中的讨价还价就集中体现在"辩"上。作为一名谈判人员,要想训练自己的雄辩能力,在商务谈判中获得良好的辩论效果,应注意以下几点有关"辩"的技巧。

(1) 观点明确,立场坚定。商务谈判中"辩"的目的,就是论证己方的观点,反驳对方的观点。辩论的过程就是通过摆事实、讲道理来说明己方的观点和立场。为了能更清晰地论证己方观点和立场的正确性及公正性,在辩论时谈判人员要运用客观材料以及所有能够支持己方论点的证据,增强己方的辩论效果,反驳对方的观点。

(2) 辩路敏捷、严密,逻辑性强。商务谈判中的辩论,往往是在双方进行磋商的过程中遇到难解的问题时才发生的。任何成功的辩论都具有辩路敏捷、逻辑性强的特点,一个优秀的辩手,应该头脑冷静、思维敏捷、论辩严谨且富有逻辑性。

(3) 掌握大的原则,不纠缠细枝末节。在辩论过程中,谈判人员要有战略眼光,掌握大的方向、前提及原则。辩论过程中不要在枝节问题上与对方纠缠不休,但在主要问题上一定要集中精力、把握主动。在反驳对方的错误观点时,要能够切中要害,做到有的放矢。

(4) 掌握好进攻的尺度。辩论的目的是要证明己方立场、观点的正确性,反驳对方立场、观点上的不足，以便能够争取到有利于己方的谈判结果。一旦已经达到目的，就应适可而止，切不可穷追不舍，得理不饶人。在谈判中，如果对方被己方逼得走投无路，陷于绝境，往往会产生更强的敌对心理，反击的念头更强烈，这样即使对方可能暂时认可某些事情，事后也不会善罢甘休，最终会对双方的合作不利。

（5）态度客观公正，措辞准确严密。文明的谈判准则要求辩论双方不论如何针锋相对、争论多么激烈，谈判双方都必须本着客观公正的态度，准确措辞，切忌用侮辱诽谤、尖酸刻薄的语言进行人身攻击。如果某一方违背这一准则，其结果只能是损害自己的形象，降低其谈判质量和谈判实力，不仅不会给谈判带来丝毫帮助，反而可能置谈判于破裂的边缘。

（6）善于处理辩论中的优势与劣势。在商务谈判的辩论中，双方可能在某一阶段你占优势、我居劣势，而过一阶段又出现你处劣势、我占优势的局面。

当我方处于优势状态时，谈判人员要注意利用优势，注意借助语调和手势的配合渲染己方的观点，以维护己方的立场。相反，当己方处于劣势时，要记住这只是暂时的，应沉着冷静、从容不迫，不可沮丧、泄气、慌乱。在劣势状态下，谈判者只有沉着冷静，思考对策，才会对对方的优势构成潜在的威胁，从而使对方不敢贸然进犯。

（7）注意辩论中个人的举止和气度。在辩论中，一定要注意谈判者个人的举止和气度。有些行为，如语调高亢、指手画脚等都是没有气质的表现，更无气度可言。辩论中良好的举止和气度不仅会在谈判桌上给人留下良好的印象，而且在一定程度上可以左右谈判的气氛。

【特别提示】

辩论三忌。
- 忌歧视揭短。在商务谈判中，不管对方是什么身份、什么地位，都应一视同仁，不要有任何歧视。不管辩论多么激烈，都不搞人身攻击，不揭人之短，不在问题以外做文章。
- 忌本末倒置。谈判要尽量避免发生无关大局的细节之争，那种远离实质问题的争执，不但是白白浪费时间和精力，还可能使各自的立场愈发对立，导致不愉快的结局。
- 忌轻狂放纵。切忌己方处于优势时，表现出轻狂、放纵和得意忘形的姿态，招致对方的反感。

2. 说服的技巧

说服是一种设法改变他人初衷，接受自己意见的谈判技巧。从某种意义上讲，谈判的过程也就是说服的过程，谈判者在谈判中能否说服对方接受自己的观点，就成了谈判能否成功的关键。说服他人的基本技巧如下。

（1）站在他人的角度设身处地谈问题。要说服对方，谈判者就要考虑到对方的观点或行为存在的客观理由，即要设身处地为对方想一想，从而使对方对你产生一种"自己人"的感觉。这样，对方就会信任你，就会感到你是在为他着想，效果将会十分明显。

（2）抓住对方心理进行诱导劝说。诱导说服对方，关键要抓住对方的心理动态，迎合其心理。先说什么、后说什么、该说什么、不该说什么，必须自己心中有数，方能按照自己的意图改变对方的立场和观点。

（3）推敲说服用语。在商务谈判中，欲说服对方，谈判人员的言语一定要推敲。事实上，说服他人时，用语的色彩不一样，说服的效果就会截然不同。委婉生动的言语容易吸引和打动对方，使对方理解自己并信任自己，从而达到有效说服的目的。通常情况下，在说服他人时要避免用"愤怒""怨恨""生气"或"恼怒"这类字眼。即使在表述自己,如担心、失意、害怕、忧虑等情绪时,也要在用词上注意推敲,这样才会收到良好的效果。另外,忌用胁迫或欺诈的手法进行说服。

(4) 引用事实例证。在说服艺术中,运用历史经验或事实去说服别人,无疑比那种直截了当地说一番大道理要有效得多。善于劝说的谈判者都懂得,人们做事、处理问题会受到个人的具体经验影响,抽象地讲大道理的说服力远远比不上运用经验和例证去进行劝说。

(5) 运用语言技巧。

① 先肯定局部,后全盘否定。谈判人员对于对方的意见和观点持不同的看法或是双方发生分歧时,在发言中首先应对对方的观点和意见中的一部分略加肯定,然后以充分的根据和理由间接、委婉地全盘否定。

【小链接】

需方:"我们不需要送货,只要价格优惠!"

供方:"您的意见有道理,可您是否算过这样一笔账,价格优惠的总额与送货的好处相比,还是送货对您更有利。"

② 先重复对方的意见,然后再削弱对方。这种做法是谈判人员先用比较婉转的口气,把对方的反对意见重复一遍,再做回答。在重复时原意不能改变,语言顺序可以变动,这样做可以缓和谈判气氛,显得比较温和。因为在你复述对方的意见时,对方感到你是充分尊重他的意见的,心理压力相对减轻些。

【小链接】

卖方:"你方要货数量虽大,但是要求的价格折扣幅度太大了,这样的生意实在是难做。"

需方:"正像您刚才说的那样,我们要货数量大,但要求价格折扣也大。不过我们要货数量是其他企业根本无法与我们相比的,我们要求价格折扣幅度大于其他企业也是可以理解的!再说,以后我们会成为您主要的长期合作伙伴,从长远看,咱们还是互惠互利的。"

③ 用对方的意见去说服对方。谈判人员可直接或间接地利用对方的意见去说服对方,促使其改变观点。

【小链接】

我国从外国引进的3套年生产30万吨化肥的大型机械设备在生产中出现转子叶片断裂的事故,于是一场关于索赔的谈判开始了。

双方争论的焦点在于转子叶片的强度够不够。对此,对方竭力否认,认为叶片断裂纯属偶发事件,不存在技术问题,只要维修一下就可以了。中方则认为产品设计不合格,要求重新设计并赔偿中方损失10亿元人民币。谈判一开始,外方主谈就侃侃而谈,并拿出国际透平机械权威特劳倍尔教授的理论和意见做证明,强调只要把断裂的叶片顶部稍加改进就可以了。随后又将几份有关事故设计计算和分析报告递给我方主谈。

我方主谈说:"我们赞成特劳倍尔教授的理论,它应该成为我们共同遵守的准则。根据你们带来的计算书,我也用你们的数据,按特劳倍尔教授的公式和理论来计算。我想这样算出的结果会更容易让你们接受。"这一要求令对方无法反驳,只得坐下来听我方的计算。我方主谈每讲完一段就征求对方的意见,问对方是否有不同意见或者听不懂的地方。论证结束,我方主谈放下手中的笔,微笑着说:"各位先生,我用你们提供的数据和你们信服的方法来计算和证明,其结果仍然是叶片的强度不够。"

对方无话可说,只好接受中方提出的经济赔偿和重新设计叶片的要求。
（资料来源：吕晨钟．学谈判必读的95个中外案例[M]．北京：北京工业大学出版社,2005.）

④ 以提问的方式促使对方自我否定。这种做法是谈判人员不直接回答问题,而是提出问题,使对方在回答问题的过程中否定其原来的意见。

【小链接】

供方为争取一份销售合同,派一名业务员前去一零售企业洽谈。

零售方："我们目前还不需要你们的商品,××企业的货倒是很符合我们的需要。"

业务员："请问你们那么好的营业场所,柜台都摆满了吗？"

零售方："摆满说不上,但够卖的了。"

业务员："你们的营业面积有多大,经营品种有多少？"

零售方："营业厅面积足有5 000多平方米。经营品种不多。"

业务员："看来,你们柜台的商品陈列并不是很丰富,我们的这种商品是可以摆得下的吧！"

零售方："摆是没有问题的。"

业务员："我们的商品销路不错,而且我们的价格及各种优惠条件是其他企业无法相比的。"

零售方："让我考虑一下。"

零售方经过分析,认为购进这种商品有利可图,于是双方达成了协议。

（资料来源：刘园．国际商务谈判[M]．北京：首都经济贸易大学出版社,2004.）

⑤ 给对方"台阶"。当对方自尊心很强,不愿承认自己的错误,从而使你的说服无济于事时,你不妨先给对方一个"台阶"下,说一说他正确的地方,或者说一说他错误存在的客观根据,这也就是给对方提供一些自我欣慰的条件和机会。这样,他就会感到没有失掉面子,因而容易接受你善意的说服。

任务演练

模拟椰果公司与A食品有限公司交易磋商

背景资料

椰果公司与A食品有限公司谈判开局后,双方在融洽友好的气氛中开始对椰果的购销交易条件展开磋商。双方通过对合同交易内容的协商,特别是价格交易条款的反复磋商,基本达成成交意向。

演练要求

（1）买方模拟小组首先提出拟订购椰果的质量、规格、包装、数量,与卖方模拟小组商议。卖方模拟小组要根据顾客需求调查资料向买方模拟小组提出建议。

（2）买卖双方模拟小组围绕交易价格,运用相关谈判策略展开磋商。

（3）买卖双方模拟小组就合同中其他交易事项展开磋商。

演练条件

商务谈判实训室（桌椅可移动教室）。

演练指导

（1）价格磋商要将影响价格的因素以及交易合同中与之相关的条款纳入谈判。

(2) 注意谈判报价、讨价、还价、让步、制造与打破僵局以及拒绝等策略及技巧的运用。

(3) 演练考核(见表3-3)。

表 3-3 小组实训成绩评分表

实训小组_____ 实训名称:商务谈判磋商

评估指标	评估标准	分项评分	得 分
模拟准备	台词资料翔实完整 道具、场景布置完备 模拟组织井然有序	40	
模拟表现	态度自然镇定 意志顽强 随机应变 协调配合 礼仪符合规范	60	
总成绩			

教师评语	签名: 年 月 日
学生意见	签名: 年 月 日

学习任务 3.3 商务谈判结束

○ 情景展示

椰果公司与 A 食品有限公司结束谈判

我公司与 A 食品有限公司就椰果的交易经过反复的磋商,双方就基本问题都已达成一致。我公司的谈判负责人需要在谈判中审时度势,把握好时机,适时果断地结束谈判,顺利完成本次谈判的任务。

第一步:谈判结束的判定

(1) 确定结束谈判的底线:本次谈判我公司的保留价格为 8 500 元/吨,不能接受对方先货后款的要求,这是本次谈判我公司的价格和风险底线。

(2) 判定谈判是否已经进入了本公司的成交线。

(3) 分析目前谈判关键性问题是否已达成一致。

第二步:估计谈判结果

公司根据对目前谈判态势的分析认为:我公司与 A 食品有限公司在质量、数量、包装、价格、支付方式、交货方式等关键问题已协商一致,不出意外,双方能达成交易。

第三步:选择结束谈判的时机

我公司与A食品有限公司的谈判已经进入收尾阶段。在将违约责任、争议处理相关内容达成一致后,提出签订产品购销合同,以结束谈判。

第四步:选择结束谈判策略

(1)强调我公司椰果的优良质量、相对低廉的价格、A食品有限公司奶茶市场形象提升的积极作用,表达对谈判对手的敬意与赞赏。

(2)我公司决定签约后举行庆贺仪式,庆祝双方合作成功。

知识储备

3.3.1 谈判结束方式

商务谈判结束的方式存在3种:成交、中止和破裂。

1. 成交

成交就是谈判双方达成协议,交易得到实现。成交的前提是双方对交易条件经过多次磋商达成共识,对全部或绝大部分问题没有实质上的分歧。

2. 中止

谈判中止是指谈判各方在谈判过程中,因为主客观原因未能达成协议,由双方约定或单方要求暂时终结谈判。谈判中止可分为客观性谈判中止与主观性谈判中止两种。

客观性谈判中止是指谈判各方在谈判过程中,由于阻碍谈判成功的客观原因,导致谈判不能达成协议而暂时中止谈判。

主观性谈判中止是指谈判各方在谈判中由于意见分歧而暂时中断谈判。如果谈判出现了主观性谈判中止,应正确分析原因,根据己方的需要,采取措施,重新谈判。破解主观性谈判中止包括以下方法。

(1)击中要害。当主观性谈判中止出现之后,谈判人员应找准原因,直接陈述利害,说服对方真诚地回到共同寻求解决问题的途径上来。注意在语言的运用上不可刺激对方,以防对方弄假成真。

(2)以毒攻毒。谈判人员如果确定是主观性谈判中止,并坚信对方不会放弃谈判,便可采取"以其人之道,还治其人之身"的方法,以同样的理由宣布放弃谈判,以示绝不让步的强硬立场,迫使对方态度缓和,重新回到谈判桌前。

(3)找台阶。当谈判陷入主观性谈判中止时,导致这一局面的一方,由于心理和其他因素影响,一时很难放下面子,采取主动进行重新谈判。这时,破解谈判中止的方法就是主动为对方寻找下台的台阶,以便能够顺水推舟。

3. 破裂

谈判破裂是因为谈判双方分歧严重而导致交易的失败。谈判破裂是商务谈判不可避免的现象。明智的谈判者在谈判破裂的情况下,均应争取友好破裂,避免愤然破裂。

(1)友好破裂。友好破裂是指谈判双方在互相体谅对方困难的情况下结束谈判的做法。也就是谈判者通常所讲的"买卖不成仁义在"。在谈判手法上,让破裂成为一种自然结果,让对方没有误解。友好破裂的基础是相互理解、尊重、客观、留有余地。

(2) 愤然破裂。愤然破裂是指谈判双方在一种不冷静的情绪中结束未达成一致的谈判。导致愤然破裂的原因有:双方条件差距很大,互相指责对方;一方以高压方式强迫对手接受交易条件;对对方的态度、行为强烈不满,情绪激愤等。

无论哪种原因,除非是谈判策略的运用,否则愤然破裂对谈判的重建都是十分不利的,谈判中应尽量避免。

3.3.2 谈判结束阶段策略

1. 暗示对方

在谈判即将结束的时候,抓住最佳时机向对方发出信号,暗示对方尽快结束谈判。常见的谈判成交暗示信号主要有以下几种。

(1) 一再向对方保证,现在结束是对对方最有利的,并告诉对方一些理由。

(2) 谈判人员在阐明自己的立场时,完全是一种最后决定的语调,坐直身体,双臂交叉,文件放在一起,两眼盯着对方,不卑不亢,态度坦然。

(3) 回答对方的任何问题尽可能简单,常常只回答一个"是"或"否",使用短语,很少谈论据,表明确实没有折中的余地。

(4) 谈判人员用最少的言辞阐明自己的立场,话语中表达出一定的承诺,而且没有讹诈的成分,如"好了,这就是我最后的主张,现在就看你的了"。

2. 场外交易

场外交易策略是指当谈判进入结束阶段,双方将最后遗留的个别问题的分歧意见放下,东道主一方安排一些旅游、酒宴、娱乐项目,以缓解谈判气氛,争取达成协议的做法。在谈判后期,如果仍然把个别分歧问题摆到谈判桌上来商讨,往往难以达成协议,原因如下。

(1) 经过长时间的谈判,人们已感到很厌烦,继续严肃地谈下去不仅影响谈判人员的情绪,而且会影响谈判协商的结果。

(2) 谈判桌上紧张、激烈、对立的气氛及情绪迫使谈判人员自然地去争取对方让步,让步方会认为丢了面子,可能会被对方视为投降或战败方。

(3) 即使某一方主谈人或领导人头脑很清楚冷静,认为做出适当的让步以求尽快达成协议是符合己方利益的,但因同伴态度坚决、情绪激昂而难以当场做出让步的决定。

场外轻松、友好、融洽的气氛和情绪则很容易缓和双方剑拔弩张的紧张局面,轻松自在地谈论自己感兴趣的话题、交流私人感情,从而有助于化解谈判桌上遗留的问题,双方往往也会很大度地相互做出让步而促成协议。

【特别提示】

需要指出的是,场外交易的运用,一定要注意谈判对手的不同习惯。有的国家的商人忌讳在酒席上谈生意,所以必须事先弄清楚,以防弄巧成拙。

3. 最后让步

磋商阶段已消除了达成协议的主要障碍,但还要在最终协议以前,对交易条件尚存在的其他问题进行协调,做最后的让步。通常谈判人员在做最后的让步时应注意以下几个问题。

(1) 让步时间的选择。正确选择最后让步的时机,不宜太匆忙。最好把最后让步分两次进行,将重要的让步放在前面,作为成交的最后助推手段,希望得到对方的积极响应。将次要的让步放在最后时刻,作为成交的"礼物"。

(2) 让步幅度的掌握。最后的让步幅度不宜太大,否则对方会认为还有让步的余地,引起不必要的波折。但也不宜太小,否则影响不大,难以奏效。应该是既与前面的让步幅度相衔接,又使让步幅度推动最后成交。

(3) 让步与要求同时提出。在商务谈判中,谈判人员做出最后的让步时指出己方愿意这样做,但要以对方的让步作为交换。

【特别提示】

做出最后的让步后,谈判人员必须保持坚定,因为对方会想方设法来验证己方立场的坚定性,判断该让步是否是真正的终局或是最后的让步。

4. 不遗余"利"

通常,在双方将交易的内容、条件大致确定,即将签约的时候,精明的谈判人员往往还要利用最后的机会,争取最后的一点收获。

在结束阶段取得最后利益的常规做法是:在签约之前,突然提出一个小小的请求,要求对方再让出一点点。由于谈判已进展到签约的阶段,谈判人员已付出很大的代价,也不愿为这一点点小利而伤了友谊,更不愿为这点小利而重新回到磋商阶段,因此,往往会很快答应这个请求,尽快签约。

5. 总体条件交换

双方谈判临近预定谈判结束时间或阶段时,以各自的条件做整体的进退交换以求达成协议。双方谈判内容涉及许多项目,在每一个项目上已经进行了多次磋商和讨价还价。经过多个回合谈判后,双方可以将全部条件通盘考虑,做"一揽子交易"。例如,涉及多个内容的成套项目交易谈判、多种技术服务谈判、多种货物买卖谈判,可以统筹全局,总体一次性进行条件交换,使谈判进入终结阶段。

6. 金蝉脱壳

金蝉脱壳策略是以各种理由为借口,如经请示上级领导不同意按已谈妥的条件签合同等,拒绝签订合同,或提出重新谈判的建议或退出谈判。

金蝉脱壳策略是谈判下策,可以作为避免签订严重不利于本方利益合同的一种手段,或出于特殊原因,需要退出此次谈判的措施,但其会有损于己方的商业信誉与形象。

金蝉脱壳策略须审慎使用,切不可滥用。只有在市场发生了极大的变化,原来所谈交易条件无法履行或履行后须付出巨大代价的情况下,才选用此下策。实施此策略时要向对方深表歉意与遗憾,并拿出合理的理由和证据;要相机行事,果断退出。

【特别提示】

在商务谈判即将签约的时候,可谓大功告成,这时己方一定要注意为对方庆贺,赞赏对方杰出的谈判表现和取得的利益。相反,如果我们只注意自己高兴,喜形于色或用讥讽的语气与对方交谈,这纯属自找麻烦。因为如果己方这样做了,对方可能会推翻议定内容或突然提出其他要求而停止签约。

【拓展阅读】

商务谈判成功要领

- 注意对己方谈判计划和策略的保密，同时不要过早泄露自己的谈判实力和优势，以免给对方造成充裕的应付时间。
- 在谈判中要把注意倾听与善于提问结合起来，要善于捕捉对方谈话中所透露出来的信息，如有疑问应及时提出，以求澄清。
- 始终以合作的态度进行谈判。因为一场成功的谈判，必定是双方都有所得，只是所得份额不同而已，所以，谈判中要着重强调谈判成功对双方都有好处，特别强调条件对对方比较有利。
- 不论在谈判场内还是场外，要特别注意谦虚、礼貌、风度、修养，以博取对方的好感，尽力使自己成为对方的知己朋友。
- 在劝说对方让步或接受己方的条件时，要设法顾全对方的面子，因为任何商务协议都不可能在丧失面子的情况下达成。
- 永远不要满足自己在谈判上已经取得的利益，任何时候都不能暴露自己急于成交的心情，要让对方始终保持对交易没有把握的心态，以免功亏一篑。
- 当对方的进攻接近你的要害时，不要认为对方已经了解你的弱点，因为这极有可能是对方的一种试探。
- 不要被对方的恫吓吓住，恫吓往往是一种虚弱的表现。
- 不要马上接受对方的条件，即使是很有利的条件，也应在吹毛求疵、讨价还价之后才接受。
- 在不了解对方真实目的以前，不要做任何让步。

任务演练

模拟椰果公司与A食品有限公司结束谈判

背景资料

椰果公司与A食品有限公司经过反复讨价还价，双方就主要交易条件达成一致，谈判进入收尾阶段。椰果公司与A食品有限公司采取恰当方式结束谈判。

演练要求

（1）抓住恰当时机，运用恰当策略结束谈判。

（2）买卖双方模拟小组就违约责任、纠纷处理、正式合同拟定人员确定、合同审核与签字的大致安排等事项展开协商。

演练条件

商务谈判实训室（桌椅可移动教室）。

演练指导

（1）注意谈判结束策略与技巧的运用。

（2）演练考核（见表3-4）。

表 3-4　小组实训成绩评分表

实训小组_____　　　　　　　　　　　　　　　　　　实训名称：商务谈判结束

评估指标	评估标准	分项评分	得　分
模拟准备	台词资料翔实完整 道具、场景布置完备 模拟组织井然有序	50	
模拟表现	态度自然镇定 随机应变 协调配合 礼仪符合规范	50	
总成绩			
教师评语			签名： 年　月　日
学生意见			签名： 年　月　日

重点概括

本项目的内容结构如图 3-1 所示。

- 谈判开局气氛是通过谈判人员的姿态、目光、动作、语言而建立起来的洽谈氛围。谈判开局气氛的营造应该服务于谈判的目标和策略，应随谈判特点的不同而不同。营造谈判气氛要考虑谈判双方之间的关系、谈判双方的实力、谈判的主题、双方谈判人员个人之间的关系等因素。
- 开场陈述是谈判双方分别阐明对谈判有关问题的观点和立场，开场陈述有协商式、坦诚式、慎重式三种形式。倡议就是对存在的交易障碍或问题提出协调解决的方案。
- 谈判摸底就是摸清对方的谈判意图和谈判诚意，掌握对方通过谈判所要达到的目标、真正关心的经济利益所在，以及谈判对手的性格、爱好、能力、权限，对方公司的经营状况、技术水平、人员素质、产品质量等信息。谈判摸底是在双方开局的沟通过程中完成的。
- 狭义的报价指谈判一方向另一方报出商品交易价格。报价涉及市场行情、产品成本、谈判者需求、交易性质、支付方式等诸多因素影响，应根据具体情况全面分析。报价应遵循确定底线、留有空间、合理适度、灵活变通原则，注意报价策略与技巧的运用。
- 价格解释是指报价方就其报价的依据、计算方式等所做的介绍、说明或解答。价格解释必须遵守不问不答、有问必答、避虚就实、能言不书的原则。价格评论是指对交易

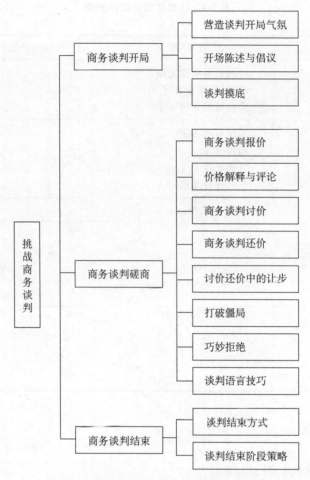

图 3-1 项目 3 的内容结构

一方所报价格及其解释的评析和论述。价格评论的原则是针锋相对,以理服人。
- 讨价是指谈判中一方在首先报价并进行价格解释之后,对方如认为离自己的期望目标太远,或不符合自己的期望目标,则在价格评论的基础上要求对方改变报价的行为。讨价技巧为以理服人、强调额外利益、控制次数。
- 还价是指谈判一方根据对方的报价和自己的谈判目标,主动或应对方要求提出己方的价格条件。还价有总体还价、分项还价的方式。还价应注意遵循摸清对方报价、在双方价格协议区间内、综合权衡的原则,还应注意还价技巧的运用。
- 谈判中讨价还价的过程就是让步的过程,只有在价格磋商中相互让步,经过多轮的讨价还价互相靠拢,才能最终实现交易目标。让步策略与阻挡对手进攻策略在让步中应配合运用。
- 沟通的障碍、观点的争执、对强迫的反抗等因素均会导致谈判僵局的产生。处理僵局的原则是冷静地理性思考、协调好双方的利益、语言适度、避免争吵。
- 谈判要掌握拒绝的技巧,拒绝首先要明确拒绝的内容,再采取恰当的方式。
- 谈判结束可根据交易条件、谈判时间来判定,谈判结束可采取相应策略以达到最终目的。

综合实训

• 案例分析 •

案例 1	五色套色印刷机生产线设备技术引进项目价格谈判

沈阳市某印刷厂需引进一套先进印刷机生产线。

供应商为德国海德堡某公司，是世界一流的该类设备的制造企业，其技术先进，在世界上首屈一指，因此，中方估计价格谈判难度将相当大。所以在考察过程中，中方就开始采取心理战术。

德方陪同中方考察的是一位技术副总监。针对他自信自己公司的技术设备最好和鄙视他国同行设备技术水准的心理，在对其考察的过程中，中方人员对该公司的生产手段、产品与制造技术水平，不做任何肯定和赞扬的表示，相反倒是多提疑问，使其忙不迭地介绍、解释。中方因此得以尽最大可能地了解、掌握该公司产品的性能、特点、质量水准及制造使用与维护的深度技术问题，包括产品存在的尚未解决的问题。另一方面，故意向他询问了解别的国家同类设备产品的技术水准与市场价格情况，使其感觉中方并非只重视他公司的产品，还关心别国的同类生产线设备和技术，并通过他将中方的态度间接反馈到他的公司，使其对销售能否成功打上问号，让其心中无数，动摇他们自认为产品好、价格高无可争辩的自信心理。同时，中方提前对使用该公司产品的用户企业进行了认真仔细的考察，重点了解和掌握存在的问题和不足，以及该公司制造的五色套色印刷机生产线的维修难点及易损备件的配备和消耗情况，以增加谈判的筹码。例如，中方在位于法兰克福郊区的一家名为迈菲尔的印刷厂车间里，看到要引进的海德堡印刷设备制造公司制造的五色套色印刷机生产线正在工作，经向管理人员了解，该印刷机在每次换纸后裁刀都会出现运行不稳和印刷轮转速不同步的问题，影响印刷品质量，需重新调整，影响生产效率。可见该公司设备制造技术及产品水准虽属世界一流，但并非完美无瑕。

考察结束开始谈判，在德方海德堡公司本部的谈判室，有关设备技术问题的技术谈判一天就谈完了。

第二天德方出场了 5 人，以施·布劳恩先生为主谈，他们首先对在中国国内第一次接触谈判的报价 218 万美元做再次强调，并充分强调他们的设备是世界一流的。这一点，中方事先已经充分估计。因此中方依据事先已掌握的德方设备生产线报价水平，提出了远低于他们可能接受的报价 170 万美元。中方这样做的目的，是避免对方提出较高的难以接受的报价不好下压。中方压低回价，必定激起对方强烈反应。果然德方的销售经理冯·克德利斯先生激动地站了起来，几乎是吼了一声："这不可能，难以想象！"他坚持他们的产品一流，无可挑剔，报价 218 万美元不能减。针对他的这一说法，中方随即使用法兰克福郊区那个生产企业生产线存在的问题反驳他：贵公司生产的五色套色印刷机生产线是有欠缺的。问题是存在的，并当场请陪同我们考察的那位技术总监先生作证，那位在场的技术总监先生没有否认，这表现了德国人实事求是的负责精神。

这时冯·克德利斯先生才慢慢地坐在了椅子上，不再坚持了。

沉寂了一阵后，德方又提出了210万美元的报价，而中方却又回报175万美元。就这样，双方争执了半天时间，未能达成一致。至此，按照中方预先研究的方案，已经达到了使德方动摇其初始报价的目的。为了扩大战果，决定暂时中止谈判，提出休息一下，另外确定时间再谈，对方同意了。

鉴于设备技术谈判双方已基本确定，以及中方最初低报价已抛出并经过第一番交锋，中方已摆脱了被动，甚至已取得了一定的主动，因此决定进一步施加心理压力，采取了不再主动提出续谈要求，以使其误以为我方不愿再谈及有可能转向他国或德国其他厂询价，迫其主动找中方约谈，以加强谈判地位。整整两天，中方除自行研究外，未向对方约谈。

到了第四天下午，德方终于沉不住气了，主动找到中方住处，提出进一步会谈。正如中方设计的那样，中方诚恳地同意续谈。在谈判室始终没有发言的施·布劳恩先生表明了态度。"我们双方可以合作，向双方都能接受的方向努力……"而且非常客气地请中方先提一个接近的报价。中方看到对方的阵脚和价格防线已动摇，即按照预定方案提出185万美元的新价。对方相互研究了一下，对中方的报价未置可否，却由冯·克德利斯先生提出了一个200万美元的回价，请中方考虑。中方人员此时感到对方让了一大步，这也再次体现了欧美洲企业的特点，10万美元，这样大幅度的一步让价在和日本、韩国的谈判中是不可能的。但同时也感到对方的价格谈判进程已接近终局了，只能有最后一次讨价机会，否则谈判将陷于绝境。中方立即进行了研究和磋商，决定抛出最后报价，并争取主动。于是中方明确表示：对200万美元报价不能接受。再次说明为表示合作诚意，中方最终可接受报价将不超过190万美元，而且条件是增加部分易损备件，否则我们将不再谈了。

最后的坚决态度无疑给了对方一个震动，德方看来没有估计到中方不远万里来到欧洲，竟然能先提出拒谈的意向，整个谈判室内气氛顿时有些紧张。这时，始终处于沉默状态的德方谈判首席代表施·布劳恩先生缓缓地坐直了身躯（看得出他不愧是一个谈判老手），在沉着冷静中突然放声大笑，笑得十分自然可亲。笑毕，他语气沉静却坚定地讲了一句话："我讲了我们双方可以合作，我认为双方都能接受的合理报价应该是193万美元，不要再争了，我们尊敬的中国客人认为可以吗？"他的一锤定音，应该说是最后的不可再争的价格，也确实在中方此次价格谈判的理想目标195万美元之内。中方人员相互交换了一下眼神后，鼓掌表示了同意。施·布劳恩先生也很兴奋，走过来和中方人员一一握手相互表示祝贺。他巧妙地在最后一轮报价200万美元和中方最后一轮报价185万美元之间取了一个中间价，还占了中方1万美元的便宜。而中方人员此刻的心情一点也不比他差，毕竟经过努力，在218万美元的基础上又压下来25万美元。据了解，该公司的同类设备技术的售价从未上下浮动过10万美元，与拥有世界一流的设备技术水准的德国公司谈判得到现在的价格结果，中方感到满意。中德双方均高兴，说明实现了双赢。

剩下的时间，中德双方就备件事宜进行了友好的磋商，顺利签约。

(资料来源：高建军，卞纪兰. 商务谈判实务[M]. 北京：北京航空航天大学出版社，2007.)

(1) 中方与德方价格谈判过程是怎样的？
(2) 为何中方在不利形势下能取得谈判成功？

案例 2　　　　　　　　中日汽车索赔谈判

日本出口到中国的一批 FP-418 货车出现了明显的质量问题,给中方造成巨大的经济损失,中日双方就有关赔偿问题展开谈判。

双方见面后,礼貌、客气地握手、寒暄。入座后中方以冷峻的口气简明扼要地介绍了 FP-418 货车在中国各地的坏损情况及用户对此的反映,展示了中方谈判的威势,恰到好处地拉开了谈判的序幕。

日方对中方的这一招早有预料,因为 FP-418 货车的质量问题是一个无法回避的事实,日方无心在这一不利的问题上纠缠。为避免劣势,日方不动声色地说:"是的,有的车子轮胎炸裂,挡风玻璃炸碎,电路有故障,铆钉震断,有的车架偶有裂纹。"日方的此番回答看起来是自责,但细细品味,却是避重就轻。

中方觉察到对方的用意,便反驳道:"贵公司代表到现场看过,经商检和专家小组鉴定,铆钉非属震断,而是剪断的,车架出现的不仅仅是裂纹,而是裂缝、断裂! 而车架断裂不能用'有的'或'偶有',最好还是用比例数据表达,更科学、准确……"

中方谈判代表用词的准确锋利,使对方一惊。他们此时深感中国谈判对手的老道。日方代表为了掩饰内心的震动,不禁淡然一笑说:"请原谅,比例数据尚未准确统计。""那么,对 FP-418 货车质量问题贵公司能否取得一致意见?"中方抓住这一问题穷追不舍。

"中国的道路是有问题的。"日方转了话题,显然答非所问。中方立即反驳:"诸位已去过现场,这种说法是缺乏事实根据的。"

中方步步紧逼,日方步步为营,谈判气氛渐趋紧张。中日双方在谈判开局不久,就在如何认定 FP-418 货车质量问题上陷入僵局。日方坚持说中方有意夸大货车的质量问题:"FP-418 货车质量问题不至于到那种严重的程度吧? 这对我们公司来说,是未曾发生过的,也是不可理解的。"

此时,中方觉得该是举证的时候了,便将有关材料向对方一推说:"这里有商检、公证机关的公证结论,还有商检拍摄的录像。如果……""不! 不! 对商检、公证机关的结论,我们是相信的,我们是说贵公司是否能够做出适当的让步。否则,我们无法向公司交代。"

至此,日方承认了 FP-418 货车的质量问题,这就为中方进一步提出的索赔要求打开了缺口。随即,双方谈判的议题升级到索赔的具体金额上——报价、讨价、还价,一场毅力和技巧较量的竞争展开了。

中方主谈胸有成竹地向对方发问:"贵公司对每辆车支付的加工费是多少?""每辆车 10 万日元,总计 5.84 亿日元。"日方接着反问道:"贵公司报价是多少?"中方立即回答:"每辆 16 万日元,此项共计 9.5 亿日元。"精明强干的日方主谈人淡然一笑,与其副手耳语了一阵,问:"贵公司报价的依据是什么?"

中方主谈人将车辆坏损各部件需如何修理、加固、花费多少工时等逐一报价。"我们提出的这笔加工费并不高。"接着中方代表运用了欲擒故纵的一招,"如果贵公司感到不合算,派员维修也可以。但这样一来,贵公司的耗费恐怕是这个数目的好几倍。"这一招很奏效,顿时把对方将住了。

日方为中方如此精确的计算所折服。自知理亏,转而以恳切的态度征询:"贵公司能否再压低一点?"中方回答:"为了表示我们的诚意,可以考虑对方的要求。那么,贵公司每辆出价多少呢?"日方答:"12 万日元。"中方问:"13.4 万日元怎么样?"日方答:"可以接受。"日方深知,中方在这一问题上已做出了让步。于是双方很快就此项索赔达成协议。日方在此项费用上共支付了 7.76 亿日元。

(资料来源:石宝明. 商务谈判[M]. 大连:大连理工大学出版社,2008.)

 问 题

(1) 中方如何营造开局气氛?
(2) 中方如何打破僵局?如何报价?
(3) 日方采用了哪些谈判策略?

【分析要求】
(1) 小组讨论,形成小组《案例分析报告》。
(2) 班级交流,教师对各小组《案例分析报告》进行点评。

【考核标准】
案例分析考核标准如表 3-5 所示。

表 3-5 小组实训成绩评分表

实训小组_____   实训名称:××××案例分析

评估指标	评估标准		分项评分	得 分
报告质量	语言精练 内容完整 观点正确 条理清晰 制作精美		55	
交流表现	代言人	仪表整洁端庄 举止动作得体 自信 声音洪亮 引申发挥 富有吸引力	35	
	团队	相互协作配合 积极主动回答提问	10	
总成绩				
教师评语				签名: 年 月 日
学生意见				签名: 年 月 日

▪ 单元实战 ▪

实战题 1　　采购销售竞赛商品谈判

【实训目标】

通过实际的校园销售竞赛商品的采购谈判活动,真实体验商务谈判过程,掌握商务谈判的基本技能。

【实训内容】

与供货商直接接触,就拟采购商品的各项交易条件与对方磋商,达成交易,总结交流。

【操作步骤】

(1) 与供货商见面、寒暄。
(2) 要求商家报价,并做价格解释。
(3) 对商家的价格解释进行评论。
(4) 采用谈判策略迫使对方让步,并争取其他有利的交易条件。
(5) 交易达成时,抓住时机,采取恰当方式结束谈判。
(6) 总结交流,教师点评。

【成果形式】

××商品采购谈判总结表见表 3-6。

表 3-6　××商品采购谈判总结表

销售竞赛组	供货商	谈判地点	谈判时间
谈判过程			
达成的交易条件			
感悟体会			

【实训考核】

采购谈判实训考核标准如表 3-7 所示。

【实训指导】

谈判表现依照学生提供的现场录像评定。

表 3-7　小组实训成绩评分表

销售竞赛小组_____　　　　　　　　　　　　　　　　　　　　　实训名称：采购谈判

评估指标	评估标准	分项评分	得　分
谈判表现	沉着镇定 有理有力 反应机敏,灵活应变 协调配合	35	
谈判成果	交易价格低 附加利益多	25	
谈判总结	内容完整 语言精练 感悟深刻	25	
代言人交流表现	仪表整洁端庄 举止动作得体 自信 声音洪亮 引申发挥 富有吸引力	15	
总成绩			
教师评语			签名： 　年　月　日
学生意见			签名： 　年　月　日

实战题 2　　　　争取销售竞赛活动赞助谈判

【实训目标】

通过与可能赞助商的沟通谈判,争取获得校园商品销售竞赛活动的赞助资金及物资,同时锻炼学生商务谈判技能。

【实训内容】

与可能赞助商沟通谈判,总结交流。

【操作步骤】

(1) 与可能赞助商见面、寒暄,拉近距离。

(2) 阐述校园销售活动的大致设计及活动中赞助商可获得的利益。

(3) 与赞助商商讨双方权利与义务。

(4) 抓住时机,结束谈判。

【成果形式】

(1) 销售竞赛活动赞助谈判总结表,见表3-8。

(2) 获得的赞助资金、物资或其他支持。

表3-8 销售竞赛活动赞助谈判总结表

销售竞赛组	赞助商	谈判地点	谈判时间
谈判过程			
获得的赞助			
投入的费用			
感悟体会			

【实训考核】

赞助商谈判实训考核标准如表3-9所示。

表3-9 小组实训成绩评分表

销售竞赛小组_____　　　　　　　　　　　　　　　实训名称:赞助商谈判

评估指标	评估标准	分项评分	得分
谈判成果	投入费用少 获得的赞助价值大	70	
谈判总结	内容完整 语言精练 感悟深刻	20	
代言人交流表现	仪表整洁端庄 举止动作得体 自信 声音洪亮 引申发挥 富有吸引力	10	
总成绩			

教师评语		签名： 年 月 日
学生意见		签名： 年 月 日

【实训指导】

(1) 强调在与可能赞助商接触过程中应注意文明礼貌,遇对方拒绝应保持冷静。

(2) 资金要安排专人管理,做好收支记录。

思考练习

名词解释

商务谈判开局　开场陈述　倡议　谈判摸底　报价　价格解释　价格评论　讨价　还价

判断题

1. 谈判开局应营造愉快、和谐、友好的气氛。　　　　　　　　　　　　　（　）
2. 谈判摸底时要注意倾听对方发言,同时注意观察对方表情、动作。　　（　）
3. 若谈判实力强于对方,先报价较为有利。　　　　　　　　　　　　　　（　）
4. 从买方来讲,对于所含水分较少的报价,还价起点应当较高,以使对方同样感到交易诚意。　　　　　　　　　　　　　　　　　　　　　　　　　　　　　　　　（　）
5. 让步时机选择的关键在于应使己方的小让步给对方造成大满足的感受。（　）

简答题

1. 营造开局气氛有哪些技巧?
2. 开场陈述的内容与技巧是什么?
3. 倡议应注意哪些事项?
4. 影响报价的因素是什么?
5. 报价原则包括哪些?
6. 先报价的利弊是什么?
7. 价格解释的原则包括哪些?
8. 价格评论的技巧是什么?
9. 让步原则包括哪些?
10. 僵局的处理办法包括哪些?
11. 巧妙拒绝的方式有哪几种?

项目 4 签订与履行商务谈判合同

知识目标

（1）掌握商务谈判合同书的内容结构和写作要求。
（2）了解商务谈判合同的签订过程。
（3）掌握签约礼仪。
（4）了解规避合同风险的方式。
（5）了解合同履行的原则及买卖双方的履约责任。
（6）了解合同变更或解除的方式。
（7）了解处理谈判合同纠纷的途径。
（8）了解索赔与理赔谈判的原则及技巧。

技能目标

（1）能按照商务谈判合同书的内容结构及写作要求拟定商务谈判合同文书。
（2）能按照商务谈判合同的签订过程及礼仪签订商务谈判合同。
（3）能采取恰当方式规避合同风险。
（4）能按履约原则及所承担的责任履行好合同义务。
（5）能采取合理合法的方式处理合同履约过程中的问题及纠纷。

训练路径

（1）案例分析。通过典型案例分析与讨论，加深学生对商务谈判签约与履约知识的理解，训练分析能力、表达能力。
（2）模拟训练。以"情景展示"内容为参照，结合相关知识，完成模拟谈判签约和履约，提升学生对知识的运用能力。
（3）实战演练。通过完成实际的谈判签约、履约任务，锻炼学生的实战能力。

学习任务 4.1 商务谈判签约

● 情景展示

椰果公司与 A 食品有限公司签订椰果购销合同

我公司与 A 食品有限公司关于椰果购销的谈判已结束,经商议,由我公司按照谈判议定的交易内容起草合同文本,准备合同签约。

第一步:起草合同文本

我公司合同专员整理谈判记录,按照商品购销合同的规范要求,起草合同文本。如此时发现有遗漏问题,要及时反映,双方再商议明确。

第二步:选择合适的签字人员

(1) 签字人的选择主要出自对合同履行的保证。本次商务合同的签订对我公司意义重大,因此应安排公司领导签字。

(2) 如果安排的签字人员不是公司法人代表,还需要准备法人代表委托书等相关法律文书。

第三步:签字前再次审核合同文本

(1) 审核文本时,应仔细认真,不漏一句话。在审核打印好的文本时,务必对照"原稿"。为了确保万无一失,审核文本时最好由两人进行。

(2) 当审核中发现问题时,应注意自己的态度,对属于谈好的条件而对方故意歪曲之处,可以明确地指正。

第四步:安排恰当的签字仪式

(1) 本次谈判签字仪式应稍为隆重一些。双方谈判人员要做好签字仪式方面的准备工作。

(2) 在签字时,专设签字桌,按合同签字礼仪操作。

(3) 签字结束后,举办庆祝宴会和舞会,表达对谈判成功的庆贺。

● 知识储备

4.1.1 商务谈判合同签订过程

1. 整理谈判记录

谈判记录是谈判达成一致的证据,在最后阶段双方要整理好谈判记录,经过查对无误,并由双方共同确认。经确认的记录是起草书面协议(合同)的主要依据。

2. 起草书面协议(合同)

谈判双方达成一致后必须签订书面协议(合同),把谈判结果以正式文件形式确定下来,作为以后双方实施交易的依据。协议(合同)将严格规定各方的权利和义务,保障双方的权益和交易的顺利进行。因此,协议(合同)条款的起草必须认真仔细,要求表述准确,内容全面,不允许有产生歧义的可能,更不允许疏忽或遗漏,以免出现后患。

3. 审核协议(合同)文本

在正式签字前对协议(合同)的文本应进行审核,要注意文本内容与谈判结果、谈判记录是否一致,还要注意文本与附件在内容上是否一致。当发现有不一致之处,应及时沟通或重新磋商,给予纠正,务必使协议文本能真实地反映谈判的结果。

【特别提示】

协议(合同)审核应注意以下3点。

- 核对协议(合同)内容与谈判记录的一致性。
- 核对各种批件,如项目批件、许可证、外汇证明、订货卡片等是否完备,以及协议(合同)内容与批件内容是否一致。
- 坚持签约前的审批、会签和交换。在协议(合同)正式签订前,要认真审查签订协议(合同)的对象商品、成交条件的内容以及协议(合同)的合法性、有效性等。

4. 确认签署人

签字人的选择主要出自对协议(合同)履行的保证,目前,在签订一般的交易协议(合同)时,签字人的确认分为以下4种情况。

(1) 成交金额不大、内容一般的协议(合同)由业务员或部门经理签字。
(2) 成交金额较大但内容一般的协议(合同)由部门经理签字。
(3) 成交金额大且内容又很重要的协议(合同)由公司经理签字。
(4) 涉及政府政策或涉及面较广的协议(合同),由政府代表、企业代表共同签字。

签署人应出示由企业最高领导人签发的授权书,若签署人就是最高领导人,则要证实其身份。对签署人的确认是己方在协议阶段借以保护自身利益的最后机会,若对对方某些情况有疑问,则应设法调查了解,或要求对协议(合同)进行公证,以免上当受骗。

5. 正式签署协议(合同)

商务谈判的协议(合同),一般只要经过双方授权签署人签字即可。重大协议(合同)正式签署时,还要举行签字仪式,有时还邀请高级领导和新闻界人士参加。

【特别提示】

签订商务谈判合同要注意以下事项。

- 注意审查对方的主体资格,主体资格就是合同当事人具有相应的民事权利能力和民事行为能力。依据《中华人民共和国合同法》规定,合同主体包括自然人、法人、其他组织3类。
  - ◆ 自然人是指年满18周岁以上的公民,且具有完全的民事行为能力的人。
  - ◆ 法人必须是按照我国的法律规定,进行过法人登记的单位。
  - ◆ 其他组织是指不具备法人资格的有一定经济能力的组织,该组织必须经工商行政机关审查登记且发给营业执照。

只有符合以上条件的自然人、法人、其他组织才能有资格签订合同,否则签订此合同可能因主体不合格而无效。

- 注意签订合同的代理人必须要有代理权,也就是有代理资格,且必须在其代理权限内,不能越权。越权签订合同在没有被追认的情况下,也会造成签订合同无效。
- 注意避免合同陷阱。尽量争取己方起草合同或协议,一般来讲,文本由谁起草,谁就掌握主动。因为口头上商议的东西要形成文字还有一个过程,有时仅仅是一字之差,意思则有很大区别。起草一方的主动性在于可以根据双方协商的内容,认真考虑后写入合同或协议的每一条款中;而对方则毫无思想准备,有时即使认真审议了合同或协议中的各项条款,但由于文化上的差异,对词意的理解也会不同,难以发现于己不利之处。
- 注意签约地点的选择。对比较重要的谈判,双方达成协议后,举行的合同缔约或签字仪式要尽量争取在己方举行。因为签约地点往往决定采取哪国法律解决合同或协议中的纠纷问题。根据国际法的一般原则，如果合同或协议中对出现纠纷采用哪国法律未作具体规定，一旦发生争执，法院或仲裁庭就可以根据合同或协议缔结地国家的法律来做出判决或仲裁。

4.1.2　商务谈判合同书

《中华人民共和国合同法》第二条规定："合同是平等主体的自然人、法人、其他组织之间设立、变更、终止民事权利义务关系的协议。"作为一种法律行为，合同的订立和履行始终受到法律的保护和监督。

1. 合同书的结构

无论哪种形式的合同书，其基本结构都是由标题、约首、正文和约尾4部分构成。

(1) 标题。标题即合同名称，它提示合同的性质和种类。标题的位置在合同首页上方居中。标题的写法包括以下几种。

① 以合同种类名称作为拟写合同的标题。如《借款合同》《租赁合同》《仓储合同》等。

② 以经营范围或标的加上合同种类名称作为拟写合同的标题。如《农副产品买卖合同》《建筑施工物资租赁合同》等。

③ 以时间期限加上合同种类名称作为拟写合同的标题。如《2009年融资租赁合同》《2010年第三季度货运合同》等。

④ 以签约单位名称加上合同种类名称作为拟写合同的标题。如《××公司××大学技术开发合同》《××厂××公司购销合同》等。

(2) 约首。约首位于标题之下，包括签订合同当事人的名称、合同编号及签约地点、时间等。当事人名称是必须写的内容。合同编号可有可无，如果经常订立合同，为便于查阅和管理，应有统一编号。签约地点、时间可以写在约首中，也可以在约尾中注明。

【特别提示】

- 为使正文叙述方便，当事人名称分别用代称。在约首中，应将当事人名称的全称写在代称的后面。代称通常写成"甲方、乙方""供方、需方""卖方、买方""借款方、贷款方""出租方、承租方""定做方、承揽方""存货方、保管方""发包方、承包方"等。
- 当事人名称可以左右并列，也可以上下分列。
- 合同编号一般写在标题下方右侧。
- 签约地点和签约时间可以写在当事人名称下方，也可以与当事人名称左右并列，将当事人名称写在约首左侧，将签约地点、签约时间写在约首右侧。

(3) 正文。正文包括开头和主体两部分。

开头部分也称引言，写订立合同的目的、根据等。如"为了……根据……经过双方充分协商，特签订本合同，以资共同遵守"，下面就进入主体。也可用"主要条款如下"或"条文如下"引入主体。开头应力求简明扼要。

主体部分也称具体内容部分、基本条款部分，写当事人协商一致的内容，形成合同书的正式条文。

(4) 约尾。约尾一般包括以下内容。

① 合同书的有效期(可以列在条文中,也可以放在合同书末尾落款下面)。

② 条款未尽事宜的处理办法。

③ 合同的份数和保存方法。

④ 合同的附件(一般为表格、图纸、资料、实样等,与合同具有同等法律效力)。

⑤ 署名落款,注明签约当事人各自单位的全称、代表人姓名(签字),并加盖单位印章或合同专用章。此外还要写上各签约单位的详细地址、电话号码、电报挂号、邮政编码及开户银行和账号。有的合同还有鉴(公)证意见、经办人签字及鉴(公)证机关署名印章。

2. 合同书的基本条款

合同书的基本条款是指合同书正文主体部分的内容,它包括3个方面。

(1) 合同书一般应该具备的条款。《合同法》第十二条中列出的 8 项合同条款。

① 当事人的名称或者姓名和住所。该项条款反映在合同书的约首和约尾中,必须如实填写。

② 标的。标的是指合同中权利和义务所指向的对象,包括货物、劳务、智力成果等。标的是一切合同必备的首要条款,而且必须明确具体地写清楚。

③ 数量。数量是合同标的的具体化,是标的的计量,它直接体现了合同双方权利义务的大小程度,必须明确规定标的的数量、计量单位和计量方法。

【特别提示】

- 标的的数量,是用重量(质量)、体积、长度、面积、个数等作为计量单位的。
- 小宗商品可以用基本计量单位,如米、平方米、立方米、千克、只等。大宗商品可以用万米、万平方米、万立方米、万吨、万只等,也可以用包装单位,如箱、包等,但必须注明每个箱、包内含多少基本计量单位。
- 有些产品必要时应当在合同上写明交货数量的正负尾差、合理磅差、自然减量或增量的单位以及计算方法。

④ 质量。质量是指标的特征和优劣程度,是标的内在质量和外观质量的综合指标。凡有统一质量标准的,可按标准执行;没有规定标准的,则由当事人双方协商确定标准,在合同书中说明。技术要求、验收标准也应规定清楚,并封样备验。在合同书中一定要将质量条款明确、具体地写清楚,以免引起纠纷。

⑤ 价款或者报酬。价款就是产品或商品的价格,在租赁合同中指租金,在借款合同中指利息;报酬是指从事劳务应得到的酬金,在承揽合同中指加工费,在保管合同中指保管费,在运输合同中指运输费等。在签订合同书时,必须对标的价款或报酬协商一致,并在合同书中明确标明支付的货币名称、数额以及计算标准、支付时间等。

⑥ 履行期限、地点和方式。期限是指合同当事人完成合同书所规定的各项义务的时间界限。它是确定合同是否按时履行的标准。合同当事人必须在规定时间内履行自己的义务,否则应承担违约或迟延履行的责任。

地点是指合同当事人履行合同义务的具体地点,如交收货地、施工地等。履行地点直接关系到履行的义务和费用,对此应做出明确约定,以便按约定地点履行合同。

方式是指合同当事人履行义务的方法,一般包括标的的交付方式、价款或者报酬的结算方式以及运输方式、计量方式、验收方式等。当事人订立合同时必须明确具体的履行方法。

⑦ 违约责任。违约责任是指当事人一方或各方,由于自身过错而未履行合同义务,依法和依约所应承担的责任。

⑧ 解决争议的方法。为解决可能在合同履行过程中出现的纠纷和争议,应将合同的变更、解除、争议、仲裁等解决纠纷、争议的办法在签订合同时就商定清楚,明确写入条款中。如发生纠纷,首先应通过协商解决,解决不了的,可以调解或仲裁、诉讼。

(2) 具体合同中所特有的必备条款。这些条款有些是按合同性质必须要具备的,有些是按有关法律法规规定必须要有的。如供用电合同中的"设计、安装、试验与接电"条款,技术合同中的"侵权和保密"条款,仓储保管合同中的"货物损耗标准和损耗处理"条款等。

(3) 当事人一方要求规定的条款或经双方协商的其他条款。

3. 合同书的写作要求

合同书是法律文书,应依照《合同法》的规定和要求,以认真严肃的态度来起草。写作中微小的疏忽和差错,都可能给以后带来麻烦。合同书写作的基本要求是要遵循法规、符合政策和原则,除此之外,还要注意以下3个方面。

(1) 条款完备、具体。合同书所必备的各构成部分不能缺少,反映合同内容的各项条款不能有遗漏。有的条款,如产品技术标准和规格、计量单位、包装标准、违约责任等,都要写得很具体,切忌含混笼统。

(2) 表述准确、严密。合同书文字表述应力求准确、严密,遣词造句要小心斟酌,不可马虎,切忌语义不明,引起歧义。

(3) 字迹清楚、文面整洁。合同书订立后,一经签字盖印,即具有法律效力。合同书要求文面整齐干净,字迹清楚工整,一般不许涂改;如果不得已要修改,应在修改处加盖双方当事人印章。

【小链接】

天津一物资公司与广州进出口公司签订了一份金额达500万元进口层板的购销合同。合同规定三个月内交货,并由物资公司交付进出口公司200万元,作为保证合同履行的定金。如果进出口公司违约,将双倍退还定金。可是进出口公司在规定期限内没有按时交货,只将200万元退还给物资公司。物资公司即状告到法院。法院最后裁定:合同上写的200万元是预付款性质的订金,而非起担保作用的定金。原来物资公司一时疏忽,错将"定金"写成了"订金",写错一字,痛失百万,只好自认倒霉。

(资料来源:王海云. 商务谈判[M]. 北京:北京航空航天大学出版社,2003.)

4.1.3 合同风险规避

1. 合同担保

担保是合同双方当事人为了保证合同的条款得以切实履行,共同采取的保证合同履行的一种法律手段。在实践中,商务谈判合同的担保一般采取以下几种形式。

(1) 合同保证。合同保证是保证人与合同当事人一方达成协议,由保证人担保当事人一方履行合同义务的全部或一部分。当债务人不履行被保证的义务时,债权人有权向保证人请求履行或赔偿损失。

（2）合同定金。合同定金是签约一方为了保证合同的履行,在未履行合同之前,预付给对方一定数额的货币或有价物作保证。如果双方履行了合同,定金可以收回或抵作价款;若对方不履行合同则应该双倍返回定金。至于定金的数额,应当定在合同规定的应支付价款或报酬的数额之内。

（3）合同留置权。合同留置权是合同当事人一方因合同关系以留置对方当事人的财物,作为担保合同履行的一种方式,一般适用于加工承揽谈判合同、货物运输谈判合同和仓储保管合同。

（4）合同抵押。合同抵押是债务人用自己的财产为债权人设定抵押权,以确保合同的履行。当合同的债务人不履行债务时,债权人可以从抵押财产的价值中优先取得偿还。如果抵押财产的价值不够补偿债务时,由债务人补足;如有剩余,则剩余部分应退还给抵押人。

（5）违约金。违约金是指合同当事人一方不履行或不适当履行合同时,必须付给对方一定数量的货币资金。违约金又分为赔偿金和罚金两种。违约金必须明确规定,有法律规定的按法律规定执行,否则由双方当事人参照有关规定商定。

2. 合同鉴定

谈判合同的鉴定是指有关合同管理机关根据双方当事人的申请,依据国家法律、法令和政策,对商务谈判合同的合法性、可行性和真实性等进行审查、鉴定和证明的一种制度。

办理合同鉴定包括以下程序。

（1）提出鉴证申请。合同双方当事人在签订合同后,根据自愿原则,有鉴证的要求,就可以在协议签订地或合同履行地的工商行政管理部门提出鉴证申请。若仅有一方当事人要求鉴证,程序亦相同。申请鉴证也可以委托他人办理。

（2）向鉴证机关提交证明材料。当事人双方或一方在向鉴证机关申请鉴证的同时,要提供一系列的证明材料,以便鉴证人审查。这些材料包括谈判合同的正副本、营业执照或副本、签约企业法定代表人或委托人的资质资格证明及其他有关材料。与此同时,还应向鉴证机关按规定标准交纳鉴证费。

（3）鉴证机关对合同进行审查鉴证。在办完以上手续后,工商行政管理部门即着手对合同进行鉴证,经过审查,符合鉴证条件要求的,即予以鉴证。由鉴证人员在合同文本上签名,并加盖工商行政管理部门的鉴证章。

3. 合同公证

所谓合同公证,即指公证机关根据当事人的申请,依法对谈判合同进行审查,证明其真实性、合法性,并赋予法律上的证据效力的一种司法监督制度。通过合同的公证,对于保护当事人的合法权益、预防纠纷、防止无效合同、促进合同的履行有重要作用。

办理合同的公证也有一定的程序。当事人申请公证应向单位所在地或合同签订地的公证处提出口头或书面申请。申请时提供营业执照、谈判合同文本等有关资料和文件。如果委托别人代理,代理人则必须有申请人委托代理的证件,表明委托的事项和权限。公证机关接受公证后,要对当事人的身份、行使权利和履行义务的能力,以及谈判合同进行审查。经过审查,如果该合同符合公证条件要求,即出具公证书给当事人;否则拒绝公证,并向有关当事人说明拒绝的理由。如果当事人对拒绝公证不服,可向上级行政司法机关提出申诉,由受理机关处理决定。申请公证需要按规定交费。

【拓展阅读】

几种商务谈判文书

1. 备忘录

备忘录如实记录谈判中曾经发生过的事实真相。如记录双方所表达的承诺、一致或不一致的意见等。

(1) 备忘录结构。备忘录由标题、正文和签署3部分组成。

① 标题。要求标题完整,如《中国石油公司与俄国××公司关于××合作的谈判备忘录》《关于京沪铁路建设合作的备忘录》。

② 正文。正文包括以下几个方面的内容。
- 谈判地点。
- 双方单位及参加的谈判人员。
- 谈判时间。
- 谈判内容。它是备忘录的主要部分,一般采用摘要记录的方法,尽可能完整地记下洽谈的问题和结果,如货物的品质、规格、数量、价格条件。

③ 签署。在备忘录后,正文右下角写上双方单位名称,日期写在签名的下一行,写明年、月、日。

(2) 谈判备忘录的写作要求。

① 记录内容须详细、完整,不可随意增减或改动。

② 语言须简洁、平实、准确。

③ 要尽量得到双方的签署,否则将被认为谈判没有结果。

(3) 备忘录的性质。备忘录所记录的是双方各自的意见、观点,有待于在下一次洽谈时进一步磋商,对谈判双方一般不具备约束力。

(4) 备忘录参考文本如下。

关于合资经营××的备忘录

中国××公司××分公司(简称甲方)与××国××公司(简称乙方)的代表,于××××年××月××日在中国××市就兴办合资项目进行初步协商,双方交换了意见,达成谅解,双方的承诺如下。

一、依据双方的交谈,乙方同意就合资经营××项目进行投资,投资金额大约×××万美元。投资方式待进一步磋商。甲方所用于投资的厂房、场地、机器设备的作价原则和办法,亦待进一步协商。

二、关于利润的分配原则,乙方认为自己的投入既有资金,又有技术,应该占60%~70%,甲方则认为应该按投资比例分成。没有取得一致意见。但乙方代表表示,利润分配比例愿意考虑甲方的意见,另定时间进行协商确定。

三、合资项目生产的××产品,乙方承诺在国际市场上销售年产量的45%,甲方希望乙方提高销售量,达到70%,其余的在中国国内市场上销售。

四、工厂的规模、合营年限以及其他有关事项,均没有详细地加以讨论,双方都认为待第二项事情向各自的上级汇报确定后,其他问题都好办。

五、这次洽谈,虽未能解决主要问题,但双方都表达了合作的愿望。期望在今后的两个月再行接触,以便进一步商洽合作事宜,具体时间待双方磋商后再定。

    中国××公司××分公司   ××国××公司
    代表:×××(签章)   代表:×××(签章)
    ××××年××月××日   ××××年××月××日

2. 意向书

意向书是经济活动中当事人经平等协商对合作事项达成初步的原则性、方向性意见后签订的备忘文件,是双方合作的愿望或初步设想的文字记录。

(1) 意向书的结构。意向书的结构较简单,大体可分以下 3 个部分。

① 标题。居中写:"意向书"等字样;也可以在"意向书"前面写明合作内容、项目,如《合资兴建××花园广场意向书》;还可以在合作内容、项目前面再加上当事人的名称,如《上海××电子有限公司与××大学联合开发××产品意向书》。

② 正文。正文一般包括序言、主体两个部分。

- 序言。写明签订意向书的单位名称及在什么时间、什么地点、就什么问题进行洽谈和探讨。单位名称要写全称,并注明甲方、乙方。还要写明签订意向书的目的。有时还写上双方负责人、总部所在地、企业资质文件(执照编号、副本、批准单位名称及批准时间、信誉资料等)。
- 主体。主体部分一般以条文形式表述合作各方所达成的具体意向,写具体的条款。

合作事项一般包含合作项目的计划规模、投资方式、合资比例、预计经济效益及其利益分配等。有时也写上意向内容具体实施的步骤、意向各方应尽的义务及承担的责任和意向的有效期限等。对未尽事宜的补充,如合作双方尚有哪些问题需要进一步洽谈,如何安排工作日程,预计达到最终协议的时间等。最后写意向书的份数、存档情况,以及必要的说明等。

意向书由于不具备按约履行的法律约束力,因此语言相对比较平和,也不写违约责任,而且一般也不规定有效期限。

③ 落款。在正文的右下方写明参与磋商、谈判各方单位的名称、谈判代表姓名、地址、开户银行、账号,并在署名下注明签署意向的日期。有时也写上单位负责人姓名。

(2) 意向书的写作要求。

① 语气要平等,态度要诚挚,以利于进一步协商。
② 不宜写入己方对关键问题的要求,以便在下一步洽谈时能进退自如,取得主动。
③ 不轻易承诺,必须谨慎从事,不可把不适当的诺言写进意向书。
④ 内容具体明确,不能含混不清、模棱两可,而要便于执行。

(3) 意向书的性质。意向书一般是将当事人议定的共同目的、合作领域和项目等记下来,内容多是概略性、轮廓性的,并不涉及具体细节。意向书不具备法律效力,对立约各方只有信誉约束力。

(4) 意向书参考文本如下。

中外合资(合作)经营企业意向书

中国_____公司(以下简称甲方)与_____国_____公司(以下简称乙方),经过友好协商,一致同意在中国秦皇岛共同举办合资(或合作)经营企业,并达成如下原则协议。

一、拟举办的合营企业暂定名称为_____有限公司;地址设在秦皇岛高新技术产业开发区。

二、合营企业的经营范围是_____。主要产品的生产规模为_____。

三、合营企业的投资总额为_____万美元,注册资本为_____万美元。其中甲方出资_____万美元,占注册资本的_____%,包括:

1. 现有厂房和设备作价_____万美元;
2. 土地使用权作价_____万美元;
3. 技术作价_____万美元;
4. 人民币现金折合_____万美元。

乙方出资_____万美元,占注册资本的_____%,包括:

1. 设备作价_____万美元;
2. 技术作价_____万美元;
3. 外汇现金_____万美元。

四、合营期限为_____年。在合营期内,甲、乙双方按各自出资额在注册资本中所占比例分享利润并承担风险和亏损。

(如采取合作经营方式,可不严格按注册资本所占比例分配权益和责任;双方可根据各自提供的合作条件,通过协商,约定利润分配比例及承担风险办法。)

五、自本意向书签订之日起一个月内,双方将按照商定的日程,相互提供有关资料,开展合营准备工作。如一方逾期不履约,另一方有权另找合营对象。

      甲方代表   乙方代表

      ××(签字)   ××(签字)

      ××××年××月××日   ××××年××月××日

3. 商务谈判纪要

商务谈判纪要是在谈判记录的基础上整理而成的,记载谈判的指导思想、谈判目的、谈判主要议程、谈判内容和结果的书面记录性文件。

(1) 商务谈判纪要的结构。商务谈判纪要主要包括3个部分:标题、正文和落款。

① 标题。由谈判事由和文件名称构成,如《关于汽车散件进口价格的会谈纪要》。

② 正文。正文一般包括开头、主体两个部分。

- 开头。综述谈判情况,包括谈判时间、地点、谈判双方国别、单位名称或谈判代表姓名、谈判目的、取得的主要成果或就哪些问题达成了初步协议。

- 主体。该部分把谈判的具体内容归类陈述,一般用条文式结构,即分条列项地用文字罗列出谈判的主要内容。在此部分通常用以下句式表达,如甲方要求、乙方同意、双方一致同意(认为)、商定等。有时候为了慎重起见,还需要在正文末尾加上一条"未尽事宜,由双方另行商定"。

谈判纪要的主要内容如下。

- 谈判的目的(议程、议题)。

- 双方取得一致意见的主要目标及其具体事项。如果是一宗具体的商品交易,那么有关这一交易的商品品种、质量等级、规格、包装、批量、价格、运输方式、付款方式等,都应该写清楚。
- 双方存在的分歧,特别是分歧的焦点。
- 双方的原则立场。
- 新的建议与设想(既包括谈判目的之内的,也包括议题之外的)。

为了留有余地,写明"未尽事宜,另行协商"字样,以便以后具体化或更趋完善。

③ 落款。双方谈判代表签名,写明谈判日期。为了明确责任,有时候谈判纪要的执笔人也要签上自己的名字。

(2) 商务谈判纪要的写作要求。

① 忠实于谈判记录。严格依照会谈记录加以整理,绝不可随意更改记录内容。撰写谈判纪要既不能妙笔生花,也不能粗枝大叶,用词造句一般不使用修辞手法。

② 抓住谈判重点、关键点。记录人员必须注意力高度集中,并利用自己的业务知识、经验,发挥自己的才能,抓住谈判要点,写好谈判纪要。

③ 条理清楚,内容完整。商务谈判纪要不同于一般的会议纪要,不必按照发言人顺序、内容来整理,只需按照会谈协定的交易要点,如品种、数量、价格、付款方式等分条整理。

④ 语言简洁,意思明确。谈判纪要要求写出谈判的要点,语言必须简明;纪要对双方有一定的约束力,词意必须明确,避免使用可能产生歧义的词语。

写作商务谈判纪要需要具备较高的业务素养、较快的反应能力、较强的归纳总结能力及较好的文字能力。

(3) 商务谈判纪要的性质。商务谈判纪要一经双方签字,即对双方具有一定的约束力。它既可以作为就已谈妥事项开展工作的依据,也是进一步谈判的依据,还可以作为双方领导决策的依据。

(4) 商务谈判纪要参考文本如下。

关于筹建裘皮工艺品公司的会谈纪要

中国畜产进出口总公司××分公司(甲方)与新加坡××裘皮中心(乙方)就建立合资公司一事于××××年××月××—××日在北京饭店举行谈判,会谈就以下几个问题达成了一致意见。

一、甲乙双方为发展中国裘皮工艺,增强两国经济技术合作,扩大裘皮业务,决定合资经营一家公司。

二、合资公司名称定为"中新××公司"。其主要任务是组织裘皮工艺品的生产及技术交流,培养设计人员和制造人员,开拓国际市场,促进两国经济技术发展,增进两国人民友好往来。

三、总公司设在中国北京,分公司设在新加坡,总公司设正副总经理各一人,总经理由甲方委派,副总经理由乙方委派。分公司设正副经理各一人,正经理由乙方委派,副经理由甲方委派。总公司、分公司各配备工作人员2~3人,工资标准另定。

四、董事会由新加坡××裘皮中心、中国畜产进出口总公司、北京工商管理部门、新加坡××有关部门代表共9人组成。董事会推选董事长一人,副董事长一人。每年召开董事会两次,研究和讨论公司重大问题。

> 五、甲乙双方共同担负筹建工作。公司总投资为28万元人民币,甲方投资占52%,乙方投资占48%。
>
> 六、公司成立后,凡由公司完成的业务,佣金由公司资金中提取。
>
> 七、凡经营所得利润,按双方投资比例分配。
>
> 八、公司一切活动必须遵守双方政府的有关法令及法规。
>
> 九、为尽早建成"中新××公司",双方应精诚合作,最大限度地提供方便。
>
> 中国畜产进出口总公司××分公司　　　　　新加坡××裘皮中心
> 代表:××(签字)　　　　　　　　　　　　代表:××(签字)
> 　　　　　　　　　　　　　　　　　　　　××××年××月××日

(资料来源:乔淑英,王爱晶. 商务谈判[M]. 北京:北京师范大学出版社,2007.)

4.1.4　签约礼仪

1. 签约仪式的准备

(1) 确定签字人与参加人。签字人通常由谈判各方商议确定,但各方签字人的身份应大体对等。参加签约仪式的人员一般都是各方参加谈判的人员,一方如要增加其他人员,应征得对方同意,但各方参加人数应基本相等。

(2) 布置签字厅。

原则:庄重、整洁。

陈设:将长方形签字桌(或会议桌)横放在签字厅内,座椅应根据签字方的情况来摆放。签署双边合同,在正面对门的一边摆两张座椅;签署多边合同,则可在中间放一张座椅,供各方签字人签字时轮流就座,或者为每位签字人各配备一张椅子。签字人签字时必须正面对门就座,除桌椅外,其他陈设则可全部免除。

文具用品:签字桌上,应放置好待签合同文本、签字笔等,涉外合同签字还应在有关各方签字人座位的正前方插放该国国旗。国内企业之间的签字也可在签字桌的两端摆上写有企业名称的席位牌。

(3) 准备待签合同文本。待签合同的正式文本按商界惯例应该由主方负责准备,但为了避免合同产生歧义,引起纠纷,主方最好能会同签约各方一起指定专人,共同负责合同的定稿、校对、印刷和装订,以确保合同内容的准确无误。

涉外合同依照国际惯例应同时使用签约各方法定的官方语言撰写,或者采用国际通行的英文、法文撰写。

待签合同文本要用A4规格的白纸印刷并装订成册,除供各方正式签字的合同正本外,最好还能各备一份副本。

(4) 规范出席人员服饰。出席签约仪式的人员服饰要整齐规范,具体是:签字人、助签人和其他参加人,男性应穿深色西服套装、同时配白色衬衣、单色领带、黑色皮鞋和深色袜子;女性则应穿套裙、长筒丝袜和黑皮鞋;服务接待人员和礼仪人员,则可穿工作制服或旗袍等礼服。

2. 签约仪式的步骤程序

（1）仪式正式开始。各方人员进入签字厅,按既定的位次各就各位。双边合同的双方签字人同时入座,助签人在其外侧协助打开合同文本,指明签字处。

【特别提示】

签订双边合同的位次,注意以右为尊,客方应在主方的右侧就座,各自的助签人在其外侧助签,其余参加人在各自主签人的身后列队站立。站立时各方人员按职位高低由中间向两边依次排列。

多边合同的座次安排,只设一张签字椅时,各方按事先商定的先后顺序,主签人及其助签人依次上前签字。

（2）正式签署。各方主签人再次确认合同内容,若无异议,在规定的位置上签名,之后由各自助签人相互交换合同文本,再在第二份合同上签名。

（3）交换各方已签好的合同文本。各方主签人起身离座至桌子中间,正式交换各自签好的合同文本,同时,热烈握手(拥抱),互致祝贺。其他成员则鼓掌祝贺。

（4）饮香槟酒庆祝。交换合同文本后,全体成员可合影留念,服务接待人员及时送上倒好的香槟酒。各方签字人和成员相互碰杯祝贺,当场干杯,将喜庆气氛推向高潮。

（5）签约仪式结束后,双方可共同接受媒体的采访。首先请双方最高领导退场,然后请客方退场,东道主最后退场。主方人员应将客方人员送至电梯口或大楼门口,握手告别,目送客人离开后再离开。

商务合同正式签署后,还要提交有关方面进行公证后,才能正式生效。签约仪式后,主方可设宴或举办酒会、舞会招待所有参加谈判和签约的人员,以示庆祝。

【拓展阅读】

舞 会 礼 仪

1. 舞会对参加者的要求

容貌整洁,服饰适宜。参加舞会之前应整理好自己的仪表,仪容仪表要美观大方。女士化妆可较白天适当浓艳一点,服饰要美观醒目、搭配合理,可以穿得华贵艳丽一些。男士着装以深色调的晚礼服和西服为主。

2. 跳舞时应具有的风度

（1）跳舞时男女双方身体应相隔一定的距离,身体应始终保持平、正、直、稳。无论前进还是后退,都要掌握好重心,身体不要摇晃。

（2）跳舞时姿态要轻盈,面带微笑,目光平视,不要紧盯着对方的面部,以免引起对方的反感。

（3）跳完一支舞以后,男方应当向女方说声"谢谢",并将女宾送回她的座位或送她离开舞池,不能舞曲一结束,扭头就走。

（4）如果多人同时去参加舞会,无论男女,在整个舞会中不要始终和同一个舞伴跳舞。如果是夫妻或恋人,可在第一曲和最后一曲共舞,其他不限。

3. 请人跳舞的礼节

在舞会上,一般都是男士邀请女士跳舞,但现在女士也可以邀请男士共舞。请人跳舞主要应注意以下几个方面。

(1) 男士如有意邀请一位素不相识的女性跳舞时,应先观察对方是否有固定的男士舞伴,以免引起误会。

(2) 邀舞时,男士应步履庄重地走到女士面前弯腰鞠躬,以15°左右为宜。同时面带微笑,轻声说:"您好,我能请您跳个舞吗?"

(3) 正常情况下,两位女士可以同舞,这意味着她们没有舞伴。但两位男士则不能共舞,因为这意味着他们不愿意向在场的女士邀舞,这是对女士的不尊重。

(4) 如果是女士邀请男士,男士一般不得拒绝。待音乐结束后,男士应将女士送到其原来的座位,女士坐下后,男士应道谢,然后再离去。

(5) 不论是男士还是女士,如果一个人单独坐在远离人群的地方,就不要去打扰。

(6) 舞厅内切忌抽烟,更不能在抽烟时请别人跳舞,那是不礼貌的行为。

4. 拒绝邀请应注意的礼节

参加舞会,接受和拒绝邀请是共同存在的,因此,邀请者与被邀请者都应彬彬有礼,落落大方。在没有特殊理由的情况下,一般不应拒绝他人的邀请,如因故拒绝应口气婉转,讲明理由,求得谅解。被拒绝者要表现得大度和宽容。

(1) 如果女士已经预约和某人跳舞,这时有人前来邀请,那么应向邀请人表示歉意。

(2) 如果已婉言谢绝了某人的邀请,在一支舞曲未结束时,不要再与其他男士共舞;否则,会被认为是对前者的蔑视,这是很不礼貌的。

(3) 如果同时有两位男士邀请同一女士,那么女士最好都谢绝。如果接受了其中一位的邀请,则应对另一位说:"对不起,等下一曲吧!"以示歉意。

(4) 如果被拒绝者再次前来邀请,在无特殊的情况下,不应再次拒绝,应愉快地接受。

(5) 如果自己带有舞伴而双方配合得很好,此时,一般很少有人前来邀请。但如果有人前来邀请,则不应拒绝,而应表现得开朗大方,更不能说一些不礼貌的话。

(6) 如果是夫妇同往参加舞会,有人前来邀请夫人,丈夫应大方地请夫人接受,绝不能代替夫人回绝。

任务演练

模拟椰果公司与A食品有限公司签订椰果购销合同

背景资料

某椰果公司与A食品有限公司关于椰果购销的谈判已结束,椰果公司做好签约准备,并与A食品有限公司正式签订椰果购销合同。

演练要求

(1) 卖方模拟小组按照双方议定的有关交易事项拟定《椰果购销合同》。

(2) 买方模拟小组对《椰果购销合同》进行审核。

(3) 卖方模拟小组布置签约场地。

(4) 买卖双方模拟小组以组长为签约人,组员为参加签约人,按照签约礼仪完成合同签订。

演练条件

商务谈判实训室(或座椅可移动教室)。

演练指导

(1) 合同文本参见表 2-7。

(2) 演练考核(见表 4-1)。

表 4-1　小组实训成绩评分表

实训小组_____　　　　　　　　　　　　　　　　　　实训名称:商务谈判签约

评估指标	评估标准	分项评分	得　分
模拟准备	资料翔实完整 道具、场景布置完备 模拟组织井然有序	50	
模拟表现	态度自然镇定 签约程序及礼仪符合规范	50	
	总成绩		
教师评语			签名: 年　月　日
学生意见			签名: 年　月　日

学习任务 4.2　履行商务谈判合同

○ 情景展示

椰果公司与 A 食品有限公司履行购销合同

我公司与 A 食品有限责任公司签订椰果购销合同后,双方按照合同规定履行义务。A 食品有限公司将货款足额打入我公司账户,我公司按照合同规定椰果的质量、规格、包装、数量加工生产,积极备货,准备按照预定交货期发货。近期由于受台风影响,我公司不得不延迟发货。我方立即将情况通报 A 食品有限公司,达成谅解,并积极争取台风过后尽早发货。

○ 知识储备

4.2.1 合同履行

1. 合同履行的概念

合同履行是指合同规定义务的执行,表现为当事人执行合同义务的行为。其包括以下含义。

(1) 商务谈判合同的履行是谈判方实施合同的行为。商务谈判的双方或多方谈判的最终目的不是为了订立合同,而是要实施合同。例如,合同中购买或者销售多少标的物必须在合同实施后才是有效的。

(2) 合同履行是当事人全面、适当地完成合同义务的行为。只有双方当事人按照合同的约定或者法律的规定,全面、正确地完成各自承担的义务,才能使合同债权得以实现,也才能使合同法律关系终止。因而,全面、正确地完成合同义务,是对当事人履约行为的基本要求。当事人无论是完全没有履行合同,或是没有完全履行合同,均应承担相应的责任。

(3) 合同履行是整个实施合同过程中的行为。当事人完成合同义务的整个行为过程,不仅包括当事人的依约交付行为,而且应包括当事人为完成最终交付行为所实施的一系列准备行为。合同的履行是一个过程,其中包括履行合同义务的准备、具体合同义务的执行、义务执行的善后等。

2. 合同履行的原则

合同履行的原则是当事人在履行合同义务时所应遵循的基本准则。在这些准则中,除了《合同法》的基本原则,如诚信、公平、平等外,还须遵循以下原则。

(1) 适当履行原则。即指当事人按规定的标的及其质量、数量,由适当的主体在适当的履行期限、地点,以适当履行方式,全面、正确地完成合同义务。

(2) 协作履行原则。即指当事人不仅适当履行自己合同的义务,而且应基于诚信原则对对方当事人进行协助,帮助其履行义务。

(3) 情势变更原则。即指合同有效成立后,因不可归责于双方当事人的原因导致情势重大变化,致使继续履行合同会显失公平,因此当事人可请求法院或仲裁机构变更或解除合同的原则。合同中往往规定因不可抗力造成合同无法履行等情形的处理办法,就是基于这一原则的考虑。谈判各方不仅要在起草和签订合同中考虑这种问题,另外在合同履行阶段也要正确处理此类问题。

3. 买卖双方的履约责任

(1) 卖方的履约责任。

① 交付货物。卖方必须按合同规定全面履行交付货物的责任。要求所交付的货物的品质、包装和数量以及交付货物的方式、地点和时间必须符合合同的规定,符合适用的法律和双方在合同中采用的或公认的国际惯例,以及双方在实践中形成的习惯做法。

② 移交与货物有关的单据。向买方移交单据是卖方履约的一大责任。在交易活动中,货物单据往往是买方提取货物,办理有关检验手续,缴纳有关税费,向承运人或保险公司请求属于其责任范围内的损害赔偿所必不可少的文件。卖方移交单据的时间、地点和方式应

按合同规定严格执行。

③ 转移货物所有权。卖方出售货物,收取货款,有责任把货物的所有权通过一定的程序转移给买方。转移所有权的前提是,卖方对出售的货物本身拥有完全的所有权,并保证不侵犯他人的权利。

(2) 买方的履约责任。

① 支付货款。支付货款是买方最主要的责任。买方必须按合同规定的时间、地点和合同规定付款方式支付货款。

② 受领货物。根据合同的规定,当卖方交付货物时买方应及时受领货物。否则如果因买方的疏忽或公然拒不受领货物而给卖方造成的经济损失,买方必须承担赔偿责任。

4. 合同履行注意的事项

(1) 履行合同条款的权利和义务时一定要注意时效性,防止和规避出现违约现象。若出现问题应及时调整,化解风险。

(2) 合同一旦签订生效,应交合同管理部门及具体相关部门,按时履行合同条款所规定的义务。对出现违反合同条款的情况及时通知企业负责人。

(3) 加强验收手续。无论是货物贸易、服务、咨询,还是工程竣工等均应严格验收手续,同时以书面形式保留验收资料。

4.2.2 合同变更

合同的变更是对原订合同的内容进行修改或补充。它是指合同在没有履行或者没有完全履行之前,由于实现合同的条件发生变化,合同关系的当事人依据法律规定的条件和程序,对原合同的某些条款进行修改或补充。

1. 当事人协商一致,可以变更合同

在一般情况下,合同的变更必须双方协商一致,并在原来合同的基础上达成新的协议。在协议未达成以前,原合同关系仍然有效。法律、行政法规规定变更合同应当办理批准、登记等手续的,依照其规定。任何一方未经过对方同意,无正当理由擅自变更合同内容的,将构成违约行为。

2. 当事人一方有权请求人民法院或者仲裁机构变更或者撤销的合同

(1) 因重大误解订立的。

(2) 在订立合同时显失公平的。

(3) 一方以欺诈、胁迫的手段或者乘人之危,使对方在违背真实意思的情况下订立的合同。

4.2.3 合同解除

1. 解除方式

(1) 协议解除。当事人双方经过协商同意,将合同解除。

合同的解除取决于当事人双方意思表示一致,而不是基于当事人一方的意思表示,也不需要有解除权,完全是以一个新的合同解除原合同。

(2) 行使解除权。解除权是指当事人在合同中约定,合同履行过程中出现某种情况,当事人一方或者双方有解除合同的权利。

解除权可以在订立合同约定,也可以在履行合同的过程中约定;可以约定一方享有解除合同的权利,也可以约定双方享有解除合同的权利。当解除合同的条件出现时,享有解除权的当事人可以行使解除权解除合同,而不必再与对方当事人协商。合同自通知到达对方时解除。对方有异议的,可以请求人民法院或者仲裁机构确认解除合同的效力。法律、行政法规规定解除合同应当办理批准、登记等手续的,依照其规定。

(3) 法院裁定。在适用情势变更原则解除合同时,由法院裁决合同解除。有下列情形之一的,当事人可以解除合同。

① 因不可抗力致使不能实现合同目的。

② 在履行期限届满之前,当事人一方明确表示或者以自己的行为表明不履行主要义务。

③ 当事人一方延迟履行主要义务,经催告后在合理期限仍未履行。

④ 当事人一方延迟履行义务或者有其他违约行为致使不能实现合同目的。

⑤ 法律规定的其他情形。

2. 合同解除的法律效力

(1) 合同解除后,尚未履行的,终止履行;已经履行的,根据履行情况和合同性质,当事人可以要求恢复原状、采取其他补救措施,并有权要求赔偿损失。

(2) 除法律另有规定或者当事人另有约定者外,债权人可请求损害赔偿的范围,不仅包括债务人不履行的损害赔偿,而且包括因合同解除而产生的损害赔偿。因合同解除而产生的所应赔偿的损害一般包括:债权人订立合同所支出的必要费用;债权人因失去同他人订立合同的机会所造成的损失;债权人已经履行合同义务时,债务人因拒不履行给付义务给债权人造成的损失;债权人已经受领债务人的给付物时,因返还该物而支出的必要费用。

【特别提示】

变更或解除一项谈判合同,一般要经过以下程序。

- 当一方需要变更或解除合同时,应该以书面形式及时向对方发出变更或解除的建议。
- 一方变更或解除合同的建议须征得另一方的同意,当对方表示同意后,有关合同的变更或解除即发挥效力。
- 变更或解除合同的建议和答复,须在双方协议期限内或有关业务主管部门规定的期限内提出和做出。
- 因变更或解除合同发生纠纷的,依据法定的解决纠纷的方式处理。

4.2.4 合同纠纷处理

1. 合同纠纷的概念

在合同履行过程中,由于一方或多方的原因,或由于不可抗力的原因,会发生合同条款乃至条款之间关系方面的争论,这就是谈判合同纠纷。

2. 处理谈判合同纠纷的途径

（1）协商处理。协商是解决合同纠纷的一种有效方式。协商处理是指争议发生后，由争议双方自行磋商，各方都做出一定的让步，在各方都认为可以接受的基础上达成谅解，以求得问题的圆满解决。协商处理气氛比较友好，省时省钱省力，是处理合同纠纷的主要方式。

（2）调解处理。调解处理是指当纠纷发生后，由第三者从中调停，促进双方当事人和解，化解矛盾求得合同纠纷的解决。

（3）仲裁处理。合同当事人的任何一方，对合同纠纷均可请求裁定，由仲裁机关做出裁决，即称作仲裁，但前提是合同中有仲裁条款或事后达成书面仲裁协议。仲裁具有行政和司法的双重性质。

（4）诉讼处理。当出现合同纠纷时，当事人中的任何一方均可向法院提起诉讼，通过司法手段解决争端。办理合同诉讼手续时，要注意以下程序。

① 起诉。起诉应在合同履行地或合同签订地向管辖内法院提出，案件才能被受理。

② 起草诉状。起诉状应写明原、被告单位的名称、所在地、法定代理人姓名和委托代理人的姓名等。法定代表人除了委托律师外，一般还可以委托法院允许的其他人担任起诉代理人，但须写委托书说明委托事项。

【特别提示】

起诉的前提是：
● 必须有明确的被告和具体的诉讼请求以及事实根据。
● 被告必须有不履行合同或不完全履行合同的行为。
● 在提出书面起诉状的同时，还要提供有关资料证件，包括合同的协议书、来往函电、单据及其他原始凭证。

③ 起诉答辩。应诉一方在接到法院送达的起诉书副本后，要在规定期限内提出答辩书并提交法院。在受理诉讼过程中，法院首先本着调解原则进行司法调解。在无法进行调解的情况下，法院以事实为依据、以法律为准绳做出判决。任何一方对第一审判决不服的，可在规定期限内向上一级法院上诉。

经上一级法院判决或驳回上诉的，就必须坚决执行，不能再行上诉。

3. 索赔与理赔

买卖双方在履行合同的过程中发生争议，对争议的处理往往归结为索赔与理赔，即交易一方认定对方违约对己方造成损害而向对方索取赔偿；被索赔的一方则对索赔的要求进行处理。

（1）索赔与理赔的准备。索赔、理赔的谈判比合同谈判更艰巨、更复杂，因此，从事此项工作的有关人员需要有充分的思想准备，并做好细致的准备工作。主要包括以下工作。

① 按规定期限取得索赔证据。索赔必须在合同规定的索赔期限内，提出有力的索赔证据。因此，必须在货物到达后，立即进行检测和鉴定，需要提出索赔的一方要在规定期限内向对方提出索赔要求。

② 查明造成损害的实际情况，分清责任。一般来说，与索赔争议有关的责任人有：卖方、买方、承运部门、保险公司及其他负责人。若事故不明，无法确定责任归属人或责任对

象,不仅解决不了索赔问题,而且会误事。

③ 认真准备必需证据和各项资料。索赔谈判涉及许多技术问题,需要大量的资料。除需要商品检验机构出具的质量检验证明外,必要的索赔证件一般还包括:提单、发票、保险单、装箱单、磅码单正本或副本以及索赔清单。

④ 认真制订索赔方案。在索赔方案中除列明索赔案情和附以必要的证件外,还要制定出索赔的策略。一般索赔方案要由企业主管业务的领导审核。涉外的重大索赔案件,要由上级领导机构审核。

(2) 索赔与理赔的原则。在进行索赔与理赔的谈判中,应遵循以下 4 项原则。

① 实事求是原则。严格按照合同规定的条款,是什么问题就解决什么问题,应该索赔或理赔多少,就索赔或理赔多少,不可任意扩大或缩小。

② 友好协商原则。尽可能通过友好协商的方式解决双方的争议。在交易活动中索赔时有发生,不能因为一次索赔把关系搞得很紧张而影响以后的贸易往来。当然,如果通过友好协商仍不能解决问题,也应区别情况,采取调解、仲裁或诉讼的方式解决。

③ 公平合理原则。在索赔与理赔的谈判中,不要借机给对方出难题;不要借机"敲竹杠",提出过分要求。索赔与理赔谈判,既要有助于问题的解决,又要注意维护和发展双方的长期业务关系。

④ 有理有节原则。索赔与理赔谈判的依据是原谈判合同中规定的损害赔偿的条款。

赔偿条款分为以下两种。

一种是罚金条款。即在规定一方违反合同规定的义务情况下,应向对方支付约定的金额,作为向对方遭受损失的赔偿。这种条款一般适用于不按期交货或延期接受货物而使对方遭受损失的赔偿。

另一种是异议索赔条款。即一方违反合同规定的义务时,另一方提出有关索赔依据、索赔办法和索赔时间。异议索赔条款通常适用于品种、质量、数量方面的损失索赔。

只有严格按照合同条款进行索赔、理赔谈判,才能做到有理、有利、有节,使谈判取得预期效果。

(3) 索赔与理赔谈判的技巧。

① 把握好时机。提出索赔的一方要在规定的期限内提出索赔要求。关于索赔期限,除原合同中有特殊规定外,通常规定货物索赔期限为货物到达目的地后的 30~45 天。超过了这个期限,即使能提供充分有力的证据,对方也会拒绝受理。

② 划清责任在先,讨论索赔在后。在索赔谈判中,要先把合同争议搞清楚,分析原因,明确责任,在此基础上再讨论索赔问题。在处理贸易争议和索赔中,不仅要掌握对方理赔的态度和可能采取的对策,还要了解有关法律、货运、储存、检验和公证手段等情况,进出口业务的索赔还要掌握国际贸易管理方面的知识,以便掌握谈判的主动权。

③ 要善于利用对方维护其信誉的心理。一个有声誉的企业,会希望尽快解决索赔纠纷,不愿意在这些问题上纠缠,以免事态扩大影响到企业业务的开展。索赔一方如能及时掌握这一点,就应当适时地给对方施加一些压力,如制造舆论,提出要通过仲裁和法律解决等,以求对方及早做出让步,从而获得满意的索赔结果。

④ 分寸适度。在索赔、理赔谈判中,既要据理力争,也要表现出充分的耐心,不要急

于求成,以免造成僵局。不到万不得已,不要轻易申请仲裁或诉讼,以免影响双方今后的合作。

任务演练

模拟椰果公司与 A 食品有限公司履行合同

背景资料

某椰果公司与 A 食品有限公司签订了椰果购销合同,A 食品有限公司将货款按期打入椰果公司账户,椰果公司按照合同规定椰果的质量、规格、形状、包装、数量加工生产,积极备货,准备按照预定交货期发货。由于受台风影响,椰果公司不得不延迟发货,为求得谅解,椰果公司及时与 A 食品有限公司沟通。

演练要求

(1)卖方模拟小组组长就受台风影响,不能按期发货的情况打电话给买方模拟小组组长,言辞恳切,讲明情况。

(2)买方模拟小组组长就此事做出回应。

演练条件

商务谈判实训室(或座椅可移动教室)。

演练指导

(1)买方的回应态度及处理此事的方法可以各有不同,要分析判别其是否恰当。

(2)演练考核(见表 4-2)。

表 4-2 小组实训成绩评分表

实训小组_____　　　　　　　　　　　　　　实训名称:商务谈判履约(卖方)

评估指标	评估标准	分项评分	得　分
模拟准备	台词翔实完整 道具、场景布置完备	50	
模拟表现	表演逼真 符合电话礼仪	50	
总成绩			
教师评语			签名: 年　月　日
学生意见			签名: 年　月　日

商务谈判履约(买方)小组实训成绩评分表如表 4-3 所示。

表 4-3　小组实训成绩评分表

实训小组_____　　　　　　　　　　　　　　　　　　　实训名称：商务谈判履约（买方）

评估指标	评 估 标 准	分项评分	得　　分
模拟准备	台词翔实完整 道具、场景布置完备	30	
模拟表现	表演逼真 符合电话礼仪	40	
反应方式	反应态度及处理方式合理合法	30	
总成绩			
教师评语			签名： 年　月　日
学生意见			签名： 年　月　日

重点概括

本项目的内容结构如图 4-1 所示。

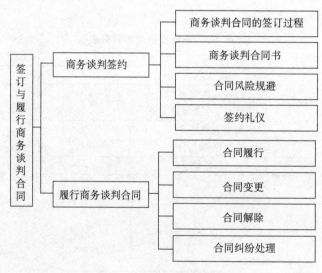

图 4-1　项目 4 的内容结构

- 商务谈判合同的签订过程包括整理谈判记录、起草书面协议（合同）、审核协议（合同）文本、确认签署人、正式签署协议（合同）5 个环节。其中审核合同文本和确认签署人资格十分重要。
- 商务谈判合同书一般由标题、约首、正文、约尾四部分构成，合同书的基本条款包括合同书一般应该具备的条款、具体合同中所特有的必备条款、当事人一方要求规定的条款或经双方协商的其他条款。合同书的写作要求条款完备、具体；表述准确、严密；字迹清楚、文面整洁。
- 规避合同风险的方式有合同担保、合同鉴定、合同公证。
- 签约仪式的准备包括确定签字人与参加人、布置签字厅、准备待签合同文本、规范出席人员服饰。
- 合同履行是当事人全面、适当完成合同义务的行为,应遵循适当履行、协作履行、情势变更原则。卖方的履约责任为交付货物、移交与货物有关的单据、转移货物所有权。买方的履约责任为支付货款、受领货物。
- 当事人协商一致,可以变更合同。因重大误解订立的、在订立合同时显失公平的、一方以欺诈、胁迫的手段或者乘人之危,使对方在违背真实意思的情况下订立的合同,当事人一方有权请求人民法院或者仲裁机构变更或者撤销。
- 合同解除有协议解除、行使解除权、法院裁定的方式。处理合同纠纷的途径有协商处理、调解处理、仲裁处理、诉讼处理的方式。索赔与理赔应遵守实事求是、友好协商、公平合理、有理有节的原则。

综合实训

■ 案例分析 ■

案例1	数控机床购销合同

甲方:某机械设备公司

乙方:某机械配件加工中心

签约地点:乙方会议室

甲乙双方经过友好协商,就乙方向甲方购入国内著名品牌数控设备签订合同。内容如下。

一、甲方向乙方提供数控机床20台,其中:A型机床6台、B型机床4台、C型机床7台、D型机床3台,均为国家标准。

二、各型号机床的单价分别为:A型机床368 900元/台;B型机床856 700元/台;C型机床327 800元/台;D型机床1 289 000元/台。单价中均含保障主机正常运行所需要的所有附属设备和附件。

三、货款总额:11 801 800元人民币。

四、内外包装采用国家规定的包装标准,包装费用全部含在设备单价之内。

五、交货地点为乙方设备车间。运输方式为短途采用汽运,长途采用集装箱铁路运输,起运站为武汉铁路货运站,终点站为牡丹江铁路货运站,铁路终点站至乙方厂区的运输业务仍由甲方负责,全部运输费用由甲方承担。

六、甲方按汽车运输、铁路运输有关货物保险的规定办理货物保险,保险费含在设备单价之内。一旦发生运输索赔,由甲方负责。

七、设备的起运时间是20××年5月7—10日,送达乙方车间的时间是6月1日至15日。货到后甲方负责立即安装调试,安装调试完毕的最迟时间不能超过7月10日。

安装调试费用由甲方承担。乙方免费负责提供安装人员的住宿和相应的工作条件及设备安装的基础条件,如水电设施等。

八、甲方为设备提供免费保修期限为三年,因乙方使用不当造成的损坏不在保修范围之内。之后的维修项目费用对乙方只收取成本价。

九、本设备单价除设备运行调试软件系统外,不包含设备生产运行所需要的软件系统。

十、合同签订之日乙方向甲方先行支付定金,定金额度为货款总价格的5‰,定金为货款的构成部分,结算方式为银行转账支付(所有货款均采取这样的结算方式),结算银行为双方的开户行;货物运送至乙方车间,乙方必须向甲方支付货款的15%;安装调试完毕,达到验收标准,乙方无异议,双方签署验收单,乙方即时向甲方支付货款的20%;设备正常运行满三个月,乙方即时向甲方支付货款的20%;设备正常运行满一年,乙方即时向甲方支付货款的15%;设备正常运行满两年,乙方即时向甲方支付货款的15%;保修期满,乙方即时向甲方结清余款。

十一、设备运输、设备安装必须按期完成,否则甲方要向乙方按延期时日支付违约金,每日为总价款的1‰;乙方必须按分期付款的约定时间按时支付货款,延期支付的,违约金为每日应付金额的3‰。

十二、本协议未尽事宜由双方协商解决,协商不成的,可向签约地法院提起诉讼。

十三、本协议一式两份,双方各执一份,本协议及其相应的电传资料、补充协议、有关附件等,具有同等法律效力。

甲方:某机械设备公司　公章　　　乙方:某机械配件加工中心　公章
法定代表人:(签字)　　　　　　　法定代表人:(签字)
委托代理人:(签字)　　　　　　　委托代理人:(签字)
　　　年　月　日　　　　　　　　　　年　月　日
单位地址:　　　　　　　　　　　　单位地址:
开户银行:　　　　　　　　　　　　开户银行:
银行账号:　　　　　　　　　　　　银行账号:
联系电话:　　　　　　　　　　　　联系电话:
邮　　编:　　　　　　　　　　　　邮　　编:

问题

该数控机床购销合同是否规范、完整?

案例2　　　　　　　　　　甲乙公司的合同纠纷

原甲公司业务员张某在火车上遇到与甲公司有长期业务关系的乙公司经理陈某,闲聊中张某得知乙公司正准备进行技术改造,需购置一台精密仪表。张某表示甲公司有这方面的业务关系,可以代为采购,双方达成协议。

乙公司按规定时间向甲公司寄去预付款10万元人民币。但到合同约定的交货日期,甲公司却以张某在与乙公司签订合同时已是下岗人员,没有该公司业务代理权为由,拒绝履行合同;乙公司却认为甲公司并没有把解除张某业务代理权的情况通知自己,且张某仍具有盖有甲公司合同专用章的空白合同书,自己没有过错。双方为此发生纠纷。经协商,甲公司同意在15日内履行合同,乙公司同意追加1‰的代理费。但15日后,甲公司仍未能购到乙公司需要的仪表。乙公司催告甲公司因时间紧迫,只能给10日的宽限期,届时仍不履行合同将解除合同并追究责任。但期限过后,甲公司仍未购到乙公司急需的精密仪表。乙公司为此损失15万元人民币。于是乙公司提出解除该合同,要求甲公司退还预付款并赔偿损失。

(资料来源:http://wenku.baidu.com/view/6f27e8c75fbfc77da269b1cc.html.)

(1) 该案例中是否存在合同的变更?
(2) 乙公司有权解除合同吗?

【分析要求】
(1) 小组讨论,形成小组《案例分析报告》。
(2) 班级交流,教师对各小组《案例分析报告》进行点评。

【考核标准】
案例分析考核标准如表 4-4 所示。

表 4-4 小组实训成绩评分表

实训小组_____   实训名称:××××案例分析

评估指标		评估标准	分项评分	得 分
报告质量		语言精练 内容完整 观点正确 条理清晰 制作精美	55	
交流表现	代言人	仪表整洁端庄 举止动作得体 自信 声音洪亮 引申发挥 富有吸引力	35	
	团队	相互协作配合 积极主动回答提问	10	
		总成绩		
教师评语				
			签名: 年 月 日	

续表

学生意见	
	签名： 年　月　日

● 单元实战 ●

实战题 1　　　　销售竞赛商品采购协议签订与履行

【实训目标】

通过签订校园销售竞赛商品的采购协议，真实体验商务谈判签约过程，掌握商务谈判签约技能。

【实训内容】

与供货商直接接触，签订拟采购商品的购买协议，并履行合同义务。

【操作步骤】

(1) 与供货商见面、寒暄。

(2) 将拟定好的采购协议交供货商，请供货商审核。

(3) 经审核无误后，买卖双方在采购协议上签字。

(4) 买方按协议要求付款，卖方履行送货上门、有质量问题商品的退换等合同义务。

【成果形式】

《×××商品采购协议》。

【实训资料】

合同内容及格式参见表 2-7。

【实训考核】

采购谈判签约与履行实训考核标准如表 4-5 所示。

表 4-5　小组实训成绩评分表

销售竞赛小组_____　　　　　　　　　　　　　实训名称：采购谈判签约与履行

评估指标	评估标准	分项评分	得　分
签约准备	拟定合同文本	40	
签约成果	双方签字的合同书	40	
履约结果	完全履行合同承诺	20	
	总成绩		

续表

教师评语	
	签名： 年　月　日
学生意见	签名： 年　月　日

实战题 2　　　　　　　　销售竞赛活动赞助签约与履行

【实训目标】

通过与赞助商签订赞助协议，明确双方权利、义务，保障双方利益实现；同时锻炼学生商务谈判签约技能。

【实训内容】

与赞助商签约，履行合同义务。

【操作步骤】

(1) 根据与赞助商商定的内容，起草合同文本。

(2) 与赞助商见面、寒暄。

(3) 将合同交给赞助商审阅。

(4) 审核无误，双方签字。

(5) 双方履行合同义务。

【成果形式】

双方签字的《销售竞赛活动赞助协议》(见表 4-6)。

表 4-6　赞助协议参考文本

赞助协议书

甲方：××××

乙方：×××××培训中心

甲乙双方本着互惠互利，共同合作的原则，经友好协商后达成书面赞助协议。

甲方为本次活动的主承办方，乙方为本次活动的赞助商。

一、甲方的义务

甲方在本次活动期间为乙方提供必要的宣传形式，包括：

1. 负责为乙方在校内(东校区)分发单页。

2. 负责为乙方制作并悬挂两条横幅(为期 5 天，东校区)。

3. 负责为乙方粘贴 10 张海报并确保在校区内粘贴满 5 天(东校区 6 张，西校区 4 张)。

续表

二、乙方的义务
1. 提供本次安全月活动经费共计贰仟元整。
2. 提供宣传所需的单页及10张海报。
3. 提供制作横幅所需的资料及文字。

三、费用支付
宣传前支付壹仟伍佰元整,宣传后支付剩余伍佰元整(合计￥2 000.00)。

四、违约责任
1. 如单方面没有履行必要的义务,从而导致另一方蒙受不必要的损失,需通过相关途径向对方做出赔偿和道歉。
2. 本合同如有未尽事宜,按《中华人民共和国合同法》规定执行。本协议一式两份,甲方一份,乙方一份,双方签字后生效。

甲方:××××　　　　　　　乙方:×××××培训中心

签名:(盖章)　　　　　　　签名:(盖章)

【实训考核】

赞助谈判签约与履行实训考核标准如表4-7所示。

表4-7　小组实训成绩评分表

销售竞赛小组_____　　　　　　　　　　实训名称:赞助谈判签约与履行

评估指标	评 估 标 准	分项评分	得　　分
签约准备	拟定合同文本	20	
签约成果	双方签字的合同书	40	
履约结果	完全履行合同承诺	40	
	总成绩		
教师评语			签名: 年　月　日
学生意见			签名: 年　月　日

【实训指导】

(1) 与商家接触要注意文明礼貌,有理有节。
(2) 开展小组销售竞赛,并按合同条款认真履行义务,获得商家肯定。

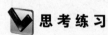

思考练习

名词解释

合同履行　　合同担保　　合同签订　　合同公证　　合同变更　　解除权

判断题

1. 为避免落入合同陷阱,必须对合同严格审核。（　）
2. 合同签署人应出示由企业最高领导人签发的授权书,或证实其为企业最高领导人身份的证件。（　）
3. 签订商务合同各方签字人的身份应大体对等,人数基本相当。（　）
4. 布置商务合同签字厅的原则是庄重、整洁。（　）
5. 当事人一方可以变更合同。（　）
6. 因不可抗力致使不能实现合同目的,当事人可以解除合同。（　）
7. 当事人一方延迟履行义务或者有其他违约行为致使不能实现合同目的,另一方当事人可以解除合同。（　）
8. 协商是处理合同纠纷的主要方式。（　）

简答题

1. 合同书一般应该具备什么条款?
2. 涉外贸易合同包括哪些内容?
3. 合同担保的形式是什么?
4. 办理合同鉴证的程序包括哪些?
5. 合同履行应注意哪些事项?
6. 合同解除的方式包括什么?
7. 处理纠纷的方式包括什么?
8. 索赔与理赔谈判有哪些技巧?

参考文献

1. 吕晨钟．学谈判必读的95个中外案例[M]．北京：北京工业大学出版社，2005．
2. 李爽．商务谈判[M]．北京：清华大学出版社，2007．
3. 毛国涛．商务谈判[M]．北京：北京理工大学出版社，2006．
4. 杨群祥．商务谈判[M]．大连：东北财经大学出版社，2009．
5. 乔淑英，王爱晶．商务谈判[M]．北京：北京师范大学出版社，2007．
6. 石宝明，王宝山．商务谈判[M]．大连：大连理工大学出版社，2007．
7. 肖华．商务谈判实训[M]．北京：中国劳动社会保障出版社，2005．
8. 孙绍年．商务谈判理论与实务[M]．北京：清华大学出版社，北京交通大学出版社，2007．
9. 范银萍，刘青．商务谈判[M]．北京：北京大学出版社，中国林业出版社，2007．
10. 刘志超．商务谈判[M]．广州：广东高等教育出版社，2006．
11. 徐文，谷泓．商务谈判[M]．北京：中国人民大学出版社，2008．
12. 杨雪青．商务谈判与推销[M]．北京：北京交通大学出版社，2009．
13. 白远．国际商务谈判[M]．北京：中国人民大学出版社，2007．
14. 冯华亚．商务谈判[M]．北京：清华大学出版社，2006．
15. 张炳达，满媛媛．商务谈判实务[M]．上海：立信会计出版社，2007．
16. 方其．商务谈判——理论、技巧、案例[M]．北京：中国人民大学出版社，2008．
17. 罗杰·道森．优势谈判[M]．刘祥亚，译．重庆：重庆出版社，2011．
18. 王建明．商务谈判实战经验和技巧[M]．北京：机械工业出版社，2015．
19. 黄卫平，丁凯，宋洋．国际商务谈判[M]．北京：中国人民大学出版社，2017．
20. 李品媛．商务谈判——理论、实务、案例、实训[M]．北京：高等教育出版社，2015．
21. 邢桂平．谈判就这么简单[M]．北京：北京工业大学出版社，2010．
22. 王方．商务谈判实训[M]．大连：东北财经大学出版社，2017．
23. 张丽芳，宋桂华．实用商务谈判[M]．北京交通大学出版社，2008．
24. 刘必荣．商务谈判高阶兵法[M]．北京：北京大学出版社，2008．
25. 金正昆．商务礼仪教程[M]．北京：中国人民大学出版社，2016．
26. 王爱国，高中玖．商务谈判与沟通[M]．北京：中国经济出版社，2008．
27. 石永恒．商务谈判实务与案例[M]．北京：机械工业出版社，2008．
28. 彼得·约翰斯顿．劣势谈判[M]．吴婷，李建敏，译．海南：南方出版社，2011．
29. 刘园．国际商务谈判[M]．北京：首都经济贸易大学出版社，2004．
30. 刘文广，张晓明．商务谈判[M]．北京：高等教育出版社，2005．
31. 高建军，卞纪兰．商务谈判实务[M]．北京：北京航空航天大学出版社，2007．
32. 陈文汉．商务谈判[M]．北京：实务清华大学出版社，2014．

附录

商务谈判相关能力测试

谈判能力测试

请选择最适合你的一项,然后把所对应的分数加起来。

1. 你认为商务谈判(　　)。
   A. 是一种意志的较量,谈判双方一定有输有赢
   B. 是一种立场的坚持,谁坚持到底,谁就获利多
   C. 是一种妥协的过程,双方各让一步一定会海阔天空
   D. 双方的关系重于利益,只要双方关系友好必然带来理想的谈判结果
   E. 是双方妥协和利益得到实现的过程,以客观标准达成合同可得到双赢结果

2. 在签订合同前,对方谈判代表说你方的合作条件很苛刻,按此条件自己无权做主,还要通过上司批准。此时你应该(　　)。
   A. 说对方谈判代表没有权做主就应该早声明,以免浪费这么多时间
   B. 询问对方上司批准合同的可能性,在最后决策者拍板前要留有让步余地
   C. 提出要见决策者,重新安排谈判
   D. 与对方谈判代表先签订合作意向书,取得初步的谈判成果
   E. 进一步给出让步,以达到对方谈判代表有权做主的条件

3. 为得到更多的让步,或者为了掌握更多的信息,对方提出一些假设性的需求或问题,目的在于摸清底牌。此时你应该(　　)。
   A. 按照对方假设性的需求和问题诚实回答
   B. 对于各种假设性的需求和问题不予理会
   C. 指出对方的需求和问题不真实
   D. 了解对方的真实需求和问题,有针对性地给予同样假设性答复
   E. 不给予清晰的答案,并可根据对方真正的需求和兴趣将计就计促成交易

4. 谈判对方提出几家竞争对手的情况,向你施压,说你的价格太高,要求你给出更多的让步,你应该(　　)。
   A. 更多地了解竞争状况,不要轻易做出让步
   B. 强调自己的价格是最合理的
   C. 为了争取合作,以对方提出竞争对手最优惠的价格条件成交
   D. 问:既然竞争对手的价格如此优惠,你为什么不与他们合作
   E. 说明对方提出的竞争对手情况不真实

5. 当对方提出如果这次谈判你能给予优惠条件,保证下次给你更大的生意,此时你应

该（   ）。

　　A. 按对方的合作要求给予适当的优惠条件

　　B. 为了双方的长期合作，得到未来更大的生意，按照对方要求的优惠条件成交

　　C. 了解买主的人格，不要以"未来的承诺"来牺牲"现在的利益"，可以其人之道，还治其人之身

　　D. 要求对方将下次生意的具体情况进行说明，以确定是否给予对方优惠条件

　　E. 坚持原有的合作条件，对对方所提出的下次合作不予理会

6. 谈判对方有诚意购买你的整体方案产品（服务），但苦于财力不足，不能完整成交，此时你应该（   ）。

　　A. 要对方购买部分产品（服务），成交多少算多少

　　B. 指出如果不能购买整体方案，就以后再谈

　　C. 要求对方借钱购买整体方案

　　D. 如果有可能，协助贷款，或改变整体方案，改变方案时要注意相应条件的调整

　　E. 先把整体方案的产品（服务）卖给对方，对方有多少钱先给多少钱，所欠的钱以后再说

7. 对方在达成合同前，将许多附加条件依次提出，要求得到你更大的让步，你应该（   ）。

　　A. 强调你已经做出的让步，强调"双赢"，尽快促成交易

　　B. 对对方提出的附加条件不予考虑，坚持原有的合作条件

　　C. 针锋相对，对对方提出的附加条件提出相应附加条件

　　D. 不与这种"得寸进尺"的谈判对手合作

　　E. 运用推销证明的方法，将已有的合作伙伴情况介绍给对方

8. 在谈判过程中，对方总是改变自己的方案、观点、条件，使谈判无休止地拖下去，你应该（   ）。

　　A. 以其人之道，还治其人之身，用同样的方法与对方周旋

　　B. 设法弄清楚对方的期限要求，提出己方的最后期限

　　C. 节省自己的时间和精力，不与这种对象合作

　　D. 采用休会策略，等对方真正有需求时再和对方谈判

　　E. 采用"价格陷阱"策略，说明如果现在不成交，以后将会涨价

9. 在谈判中双方因某一个问题陷入僵局，有可能是过分坚持立场之故，此时你应该（   ）。

　　A. 跳出僵局，用让步的方法满足对方的条件

　　B. 放弃立场，强调双方的共同利益

　　C. 坚持立场，要想获得更多的利益就得坚持原有谈判条件不变

　　D. 采用先休会的方法，会后转换思考角度，并提出多种选择等策略以消除僵局

　　E. 采用更换谈判人员的方法，重新开始谈判

10. 除非满足对方的条件，否则对方将转向其他的合作伙伴，并与你断绝一切生意往来，此时你应该（   ）。

　　A. 强调共同的利益，要求平等机会，不要被威胁吓倒而做出不情愿的让步

　　B. 以牙还牙，不合作就作罢，去寻找新的合作伙伴

C. 给出供选择的多种方案以达到合作的目的

D. 摆事实,讲道理,同时也给出合作的目的

E. 通过有影响力的第三者进行调停,赢得合理的条件

评分标准:

1. A—2分　B—3分　C—7分　D—6分　E—10分
2. A—2分　B—10分　C—7分　D—6分　E—5分
3. A—4分　B—3分　C—6分　D—7分　E—10分
4. A—10分　B—6分　C—5分　D—2分　E—8分
5. A—4分　B—2分　C—10分　D—6分　E—5分
6. A—6分　B—2分　C—6分　D—10分　E—3分
7. A—10分　B—4分　C—8分　D—2分　E—7分
8. A—4分　B—10分　C—3分　D—6分　E—7分
9. A—4分　B—6分　C—3分　D—7分　E—6分
10. A—10分　B—2分　C—6分　D—6分　E—7分

测试结果如下。

95分及以上:谈判专家。

90~94分:谈判高手。

80~89分:有一定的谈判能力。

70~79分:具有一定的潜质。

69分及以下:谈判能力不合格,需要继续努力。

(资料来源:http://wenku.baidu.com/view/5c13af01a6c30c2259019e15.html。)

观察能力测试

请选择最适合你的一项,然后把所对应的分数加起来。

1. 进入某个单位时,你(　　)。
   A. 注意桌椅的摆放　　　　　　　　B. 注意用具的准确位置
   C. 观察墙上挂着什么
2. 与人相遇时,你(　　)。
   A. 只看他的脸　　　　　　　　　　B. 悄悄地从头到脚打量他一番
   C. 只注意他脸上的个别部位
3. 你从自己看过的风景中记住了(　　)。
   A. 色调　　　　　　　　　　　　　B. 天空
   C. 当时浮现在你心里的感受
4. 早晨醒来后,你(　　)。
   A. 马上就想起应该做什么　　　　　B. 想起梦见了什么
   C. 思考昨天都发生了什么事
5. 当你坐上公共汽车时,你(　　)。
   A. 谁也不看　　　　　　　　　　　B. 看看谁站在旁边

C. 与离你最近的人搭话

6. 在大街上，你（　　）。
   A. 观察来往的车辆　　　　　　　B. 观察房的正面
   C. 观察行人

7. 当你看橱窗时，你（　　）。
   A. 只关心可能对自己有用的东西　　B. 也要看看此时不需要的东西
   C. 注意观察每一件东西

8. 如果你在家里需要找什么东西，你（　　）。
   A. 把注意力集中在这个东西可能放的地方　　B. 到处寻找
   C. 请别人帮忙找

9. 看到你亲戚、朋友过去的照片，你（　　）。
   A. 激动　　　　　　　　　　　　B. 觉得可笑
   C. 尽量了解照片上都是谁

10. 假如有人建议你去参加你不会的游戏，你（　　）。
    A. 试图学会玩并且想赢　　　　　B. 借口过一段时间再玩而给予拒绝
    C. 直言你不玩

11. 你在公园里等一个人，于是你（　　）。
    A. 仔细观察仍在旁边的人　　　　B. 看报纸
    C. 想某事

12. 在满天繁星的夜晚，你（　　）。
    A. 努力观察星座　　　　　　　　B. 只是一味地看天空
    C. 什么也不看

13. 你放下正在读的书时，总是（　　）。
    A. 用铅笔标出读到什么地方　　　B. 放个书签
    C. 相信自己的记忆力

14. 你记住领导的（　　）。
    A. 姓名　　　　　　　　　　　　B. 外貌
    C. 什么也没记住

15. 你在摆好的餐桌前（　　）。
    A. 赞扬它的精美之处　　　　　　B. 看看人们是否都到齐了
    C. 看看所有的椅子是否都放在合适的位置上

评分标准：

1. A—3 分　　B—10 分　　C—5 分
2. A—5 分　　B—10 分　　C—3 分
3. A—10 分　　B—5 分　　C—3 分
4. A—10 分　　B—3 分　　C—5 分
5. A—3 分　　B—5 分　　C—10 分
6. A—5 分　　B—3 分　　C—10 分
7. A—3 分　　B—5 分　　C—10 分

8. A—10分　B—5分　C—3分
9. A—5分　B—3分　C—10分
10. A—10分　B—5分　C—3分
11. A—10分　B—5分　C—3分
12. A—10分　B—5分　C—3分
13. A—10分　B—5分　C—3分
14. A—5分　B—10分　C—3分
15. A—3分　B—10分　C—5分

测试结果如下。

100分及以上：你是一个很有观察能力的人。对于身边的事物，你会非常细心地留意，同时，你也能分析自己和自己的行为，如此知人入微，你可以逐步做到极其准确地评价别人。

75～99分：你有相当敏锐的观察能力。很多时候，你会精确地发现某些细节背后的联系，这一点，对于你培养自己对事物的判断力非常有好处。

45～74分：你能够观察到很多表象，但对别人隐藏在外貌、行为方式背后的东西通常采取不关心的态度，从某种角度而言，你的适当"难得糊涂"，充满了大智慧。

44分及以下：基本上可以认为你不喜欢关心周围的人，不管是他们的行为还是他们的内心，你甚至认为连自己都不必过多分析。

（资料来源：http://article.zhaopin.com/pub/view/168700-25587.html.）

沟通能力测试

请选择最适合你的一项（非常不同意/非常不符合；不同意/不符合；比较不同意/比较不符合；比较同意/比较符合；同意/符合；非常同意/非常符合），然后把所对应的分数加起来。

1. 我经常与他人交流以获取关于自己优缺点的信息，以促使自我提高。
2. 当别人给我提反面意见时，我不会感到生气或沮丧。
3. 我非常乐意向他人开放自我，与他人共享我的感受。
4. 我很清楚自己在收集信息和做决定时的个人风格。
5. 在与他人建立人际关系时，我很清楚自己的人际需要。
6. 在处理不明确或不确定的问题时，我有较好的直觉。
7. 我有一套指导和约束自己行为的个人准则和原则。
8. 无论遇到好事还是坏事，我总能很好地对这些事负责。
9. 在没有弄清楚原因之前，我极少会感到生气、沮丧或是焦虑。
10. 我清楚自己与他人交往时最可能出现的冲突和摩擦的原因。
11. 我至少有一个以上能够与我共享信息、分享情感的亲密朋友。
12. 只有当我自己认为做某件事是有价值的，我才会要求别人这样去做。
13. 我在较全面地分析做某件事可能给自己和他人带来的结果后再做决定。
14. 我坚持一周有一个只属于自己的时间和空间去思考问题。
15. 我定期或不定期地与知心朋友随意就一些问题交流看法。
16. 在每次沟通时，我总是听主要的看法和事实。

17. 我总是把注意力集中在主题上并领悟讲话者所表达的思想。

18. 在听的同时,我努力深入地思考讲话者所说内容的逻辑和理性。

19. 即使我认为所听到的内容有错误,仍能克制自己继续听下去。

20. 当我在评论、回答或不同意他人观点之前,总是尽量做到用心思考。

评分标准:非常不同意/非常不符合(1分);不同意/不符合(2分);比较不同意/比较不符合(3分);比较同意/比较符合(4分);同意/符合(5分);非常同意/非常符合(6分)。

测试结果如下。

100分及以上:具有优秀的沟通技能。

92～99分:具有良好的自我沟通技能。

85～91分:自我沟通技能较好,但有较多地方需要提高。

84分及以下:你需要严格地训练自己以提升沟通技能。

(资料来源:http://www.shliuwei.com/article.aspx?pid=3&id=348.)

公关能力测试

请选择最适合你的一项(判断不清;不太符合;完全符合),然后把所对应的分数加起来。

1. 我不喜欢广交朋友。

2. 我去朋友家做客,总是问有没有我不熟悉的人也去聚会。如果有,我的热情就明显下降。

3. 我同别人的友情进展,多数是别人采取主动态度。

4. 我的文字表达能力远比口头表达能力强。

5. 我的朋友都是与我年龄相差无几的。

6. 我不习惯与别人聊天。

7. 在公共场合讲话,我不敢看听众的眼睛。

8. 我看见陌生人常常不知道该说些什么。

9. 我的要好朋友很少。

10. 在陌生的异性面前,我往往感到手足无措。

11. 我只喜欢同我谈得来的人接近。

12. 到一个新环境,我可以接连几天不讲话。

13. 如果没有熟人在场,我很难找到彼此交谈的话题。

14. 我不习惯在大庭广众之下讲话。

15. 如果在"主持会议"与"做会议记录"这两项工作中挑一样,我肯定只选后者。

16. 我很少主动到同学、朋友家去拜访、晤谈。

17. 领导在场时,我讲话特别紧张,结结巴巴,表达不清楚。

18. 参加一次新的聚会,我不会认识多少人。

19. 当别人请求我帮助而我无法满足对方要求时,我常常不知道如何处理。

20. 不到万不得已,我绝不求助于别人,这倒不是我生性好强,而是感到难以启齿。

21. 即使我觉得很有道理,也不善于去说服别人。

22. 当有人对我不友好时,我往往找不到恰当的对策。

23. 我不知道如何与嫉妒我的人相处。
24. 我最怕在交际场合碰到令人尴尬的事情。
25. 我不善于赞美别人,感到很难把话说得真切自然。
26. 如果有人话中带刺讥讽我,除了生气以外,我别无他法。
27. 我几乎没有异性朋友。
28. 参加集会,我只坐在相识的人身边。
29. 我不喜欢同比我地位高的人交朋友,我感到这种交往不自在,很拘束。
30. 我最怕同别人打交道,不敢做接待工作。

评分标准:判断不清 0 分;不太符合 1 分;完全符合 2 分。

测试结果如下。

10 分及以下:你是一个比较善于交往的人。

11~19 分:你的公关能力还可以。

20~29 分:你的公关能力比较差。

30 分及以上:你的公关能力非常差。

(资料来源:http://www.chaoshi168.com/job/news/rctest2.asp?id=46.)

合作能力测试

请根据实际情况回答下列问题,然后把所对应的分数加起来。

1. 如果某位中学校长请你今晚为毕业生作关于你公司的情况报告,而今天又有你最爱看的电视剧大结局,你会(   )。
   A. 立即接受邀请,同意去   B. 同意去,但要求改期
   C. 以其他理由拒绝

2. 如果某位重要顾客打来电话,说他们的设备出了故障,希望派人去修理,而这时主管人员及维修人员都不在,那么你会(   )。
   A. 亲自送配件   B. 打电话给维修师,让他马上去
   C. 告诉客户需延期解决

3. 如果一位与你激烈竞争的同事向你借一本经营管理的畅销书,你会(   )。
   A. 立即借给他   B. 同意借给他,但说此书无用
   C. 告诉他书丢了,或遗忘在什么地方

4. 如果某位同事为方便自己而想与你调换工作时间去休假,而你也正要休假,那么你会(   )。
   A. 马上答应   B. 告诉他你要同家人商量
   C. 拒绝调换,并说你已经加入旅游团了

5. 如果你驾车赴约途中,见到秘书的车抛锚了,你会(   )。
   A. 毫不犹豫去帮助他修车
   B. 告诉他你有事,先不能帮他,但会帮他找修理工
   C. 装作没看见

6. 如果某位同事在你下班时请你留下来听他倾吐苦水,你会(   )。

A. 立即同意　　　　　　　　　　　B. 劝他第二天再说

C. 以妻子生病为由,拒绝他

7. 如果你的同事想让你陪他去医院看他的妻子,你会(　　)。

A. 立即同意　　　　　　　　　　　B. 劝他找别人

C. 以汽车坏了等理由拒绝

8. 如果同事的儿子想选择与你同样的专业,希望你给予指导,你会(　　)。

A. 马上同意

B. 答应请求,同时声明你的建议仅供参考,而且有可能已过时

C. 只答应谈几分钟

9. 如果你在会议上的演讲很精彩,同事向你索取原稿,你会(　　)。

A. 同意,立即复印　　　　　　　　B. 同意,但并不太重视

C. 同意,但转眼即忘

10. 如果你参加了一个新技术培训班,学到了一些对周围同事有益的知识,你会(　　)。

A. 返回后立即向大家介绍,并分发材料　　B. 泛泛介绍一下

C. 把课程贬得一钱不值,或根本不介绍

评分标准:选择 A 得 3 分,选择 B 得 2 分,选择 C 得 1 分。

测试结果如下。

26 分及以上:说明你是个很善于合作的人。

18~25 分:说明你的合作能力一般。

17 分及以下:说明你的合作能力很差,让别人感到你是一个不合群的人。

(资料来源:http://jpk2007.sxftc.edu.cn/gggxylysw/jxnr_hz.htm.)